Stefan Glaser, Thomas Pfeiffer (Hrsg.)

Erlebniswelt Rechtsextremismus

Menschenverachtung mit Unterhaltungswert

Hintergünde • Methoden • Praxis der Prävention

WOCHENSCHAU VERLAG

Bibliografische Information der Deutschen Bibliothek
Die Deutsche Bibliothek verzeichnet diese Publikation in der Deutschen Nationalbibliografie; detaillierte bibliografische Daten sind im Internet über http://dnb.ddb.de abrufbar.

Diese Publikation ist das Ergebnis einer Zusammenarbeit zwischen der Landeszentrale für politische Bildung und dem Innenministerium NRW sowie der länderübergreifenden Stelle jugendschutz.net. Die Projektarbeit von jugendschutz.net zum Thema Rechtsextremismus im Internet wurde gefördert vom Bundesministerium für Familie, Senioren, Frauen und Jugend im Rahmen des Aktionsprogramms „Jugend für Toleranz und Demokratie – gegen Rechtsextremismus, Fremdenfeindlichkeit und Antisemitismus".

jugendschutz.net

Innenministerium des Landes Nordrhein-Westfalen NRW.

Bundesministerium für Familie, Senioren, Frauen und Jugend

entimon
gemeinsam gegen Gewalt und Rechtsextremismus

www.wochenschau-verlag.de

Umschlag: Ohl Design
Titelbild: imago
Lektorat: Stefan Glaser, Andreas Kost, Thomas Pfeiffer
Gesamtherstellung: Wochenschau Verlag
Gedruckt auf chlorfreiem Papier
ISBN 978-3-89974359-3

Inhalt

Alexander Groß
Vorwort 7

Stefan Glaser, Thomas Pfeiffer
Einleitung 11

1. Einführung, Hintergrund

Thomas Grumke
Rechtsextremismus in Deutschland. Begriff – Ideologie – Struktur 19

Thomas Pfeiffer
Menschenverachtung mit Unterhaltungswert.
Musik, Symbolik, Internet – der Rechtsextremismus als Erlebniswelt 36

Claus Homm
Fremdenfeindliche und rechtsextreme Orientierungen
unter Hagener Schülerinnen und Schülern 53

2. Facetten der Erlebniswelt Rechtsextremismus – am Beispiel des Rechtsextremismus im Internet

Thomas Günter
Das Internet – kein rechtsfreier Raum 71

Thomas Pfeiffer
Uraltes Denken in High-Tech-Medien.
Rechtsextremisten entdecken den Computer 87

Michael Wörner-Schappert
Was macht Hass-Seiten attraktiv?
Fallbeispiel: Musik als virtuelle Propagandawaffe 98

3. Das Thema Rechtsextremismus in der Bildungsarbeit – Ansätze und Erfahrungen

Stefan Glaser
Dem Hass die Stirn bieten. Medienpädagogische Ansätze zur Auseinandersetzung mit Rechtsextremismus im Internet 107

Klaus-Peter Hufer
„Nicht flüchten, sondern standhalten".
Rechtsextreme Störungen und Reaktionsmöglichkeiten in Veranstaltungen der politischen Bildung 128

4. Projekte für die Praxis

Siehe Übersicht auf Seite 5 f. 143

5. Anhang

Stefan Glaser/Thomas Grumke/Thomas Pfeiffer
Lese-Tipps 195

Alexandra Beyersdörfer
Materialien-Tipps 205

Michael Pechel
Surf-Tipps 211

Thomas Grumke
„Andi" – Bildungscomic und Website für Demokratie und gegen Extremismus 221

Stefan Glaser/Thomas Pfeiffer
Ansprechpartner(innen) zu den Themen Rechtsextremismus und Fremdenfeindlichkeit 225

Autorinnen und Autoren 235

Inhalt der Begleit-CD 237

Projekte für die Praxis – Übersicht

Sekundarstufe I

Volker Bußmann
Motive Jugendlicher, einer rechtsextremistischen Gruppe beizutreten. Unterrichtsstunde innerhalb der Reihe: Gewaltbereitschaft und Gewalttätigkeit in der Gruppe der Skinheads – Formen, Motive und Auswirkungen im Prozess rechtsextremistischer Beeinflussung 145

Eva Hoffmann
Learning in Tolerance – ein Präventionskonzept gegen Rechtsextremismus 148

Gero Klevenow
Politische Erziehung im Musikunterricht?
Zum Umgang mit rechtsextremer Musik in der gymnasialen Mittelstufe 150

Ralf Langner
Rechtsextremismus im Internet – eine Gefahr für die Jugend? 153

Tim Neuhaus
Erlebniswelt Rechtsextremismus – Was verbindet den Rechtsextremismus mit meiner Lebenswelt? 156

Beate Quakernack
Rassismus heute 160

Felicitas Serwe
„Dass Auschwitz nicht noch einmal sei" –
Aufklärung in der Erziehung nach Auschwitz 164

Sekundarstufe II

Sonja Bähren
Nazideutschland – ein Zeitzeuge berichtet.
Lesung von Ralph Giordano mit Expertenbefragung und Diskussion 166

Wendel Hennen
Rechtsextremismus im Internet. Eine WebQuest für einen Geschichte-Zusatzkurs in der Jahrgangsstufe 13 168

Daniela Steinkuhle
Reflexion über Sprache.
Sprache in der Politik – Sprache im Rechtsextremismus 171

Markus Wolf
Jüdisches Leben: gestern & heute 176

Außerschulische politische Bildung

Stefan Glaser
Netz ohne Nazis.
Tagesworkshop mit methodischen Elementen der Zukunftswerkstatt 179

Wendel Hennen
Rechtsextremismus im Internet – Erscheinungsformen
und Gegenmaßnahmen. Tagesseminar 183

Thomas Pfeiffer
Im Zeichen der Schwarzen Sonne – Symbole und Mythen
des Rechtsextremismus. Dreitägiges Seminar 185

Thomas Pfeiffer
Wir im Revier: für Demokratie – gegen Rechtsextremismus
Jugendkongress 189

Alexander Groß

Vorwort

Diese Publikation wirft einen tiefen Blick auf den heutigen Rechtsextremismus und macht Gefahren deutlich, die von dieser Szene ausgehen. Dies geschieht mit dem nur zu berechtigten Ziel, die Prävention gegenüber rechtsextremen Strömungen in der Gesellschaft, insbesondere in der jungen Generation, zu stärken. Damit ist Rechtsextremismusprävention gewiss mehr als die Vermittlung und Aneignung von Faktenwissen. Im umfassenden Sinne geht es darum, Jugendliche auf dem Weg zu verantwortlich denkenden und handelnden Persönlichkeiten zu begleiten und zu fördern, sie in einer humanen Orientierung zu unterstützen. Gelingen kann dies nur, wenn Jugendliche nicht vorschnell in die „rechte Ecke" gestellt werden und wenn nicht gegenüber ihren Provokationen überreagiert wird. Vielmehr müssen die persönlichen und gesellschaftlichen Wurzeln ihrer Provokationen erkannt und verstanden werden. Allerdings verfügen nicht viele dieser Jugendlichen über ein geschlossenes Weltbild, sodass ein besonnener Umgang mit solchen Zielgruppen angebracht ist. Mit ironischen Kommentaren und Pochen auf vorhandene Wissenslücken werden mögliche Zugänge zu rechtsextremen Jugendlichen eher verbaut als eröffnet.

Rechtsextremismusprävention ist Demokratieerziehung

Rechtsextremismusprävention ist vor allem Demokratieerziehung – und umgekehrt. Ohne Anspruch auf Vollständigkeit möchte ich diesem Band einige Gedanken vorausschicken, die die Grundlagen einer Erziehung zur Demokratie betreffen. Als ehemaligem Leiter der Jugendakademie Walberberg steht mir dabei nicht zuletzt die Arbeit mit sozial benachteiligten Jugendlichen vor Augen, die in diesem Zusammenhang ganz sicher nicht die einzig relevante, aber eine wichtige Zielgruppe sind. Hier finden in vielfacher Hinsicht und bereits sehr früh Ausgrenzungen statt, die den Jugendlichen oft den Weg ins Berufsleben und in eine gesellschaftliche Akzeptanz verbauen und sie für rechtsextreme Parolen und Aktionen zugänglich machen.

Ohne Zweifel ist mein Blick auf das Thema auch biografisch geprägt: durch die Ermordung meines Vaters Nikolaus Groß durch die Nationalsozialisten in der Folge des Attentats auf Hitler vom 20. Juli 1944.

Demokratie braucht Erinnerung und Vorbilder

Der 8. Mai 1945, der Tag der bedingungslosen Kapitulation, war alles andere als „die Stunde Null", denn die Erfahrungen der nationalsozialistischen Gewalt- und Willkürherrschaft prägten die deutsche Nachkriegsdemokratie mit, die sich lange Zeit auf den westlichen Teil beschränkte. Dieser schwierige und vielfach ungeliebte Prozess der Aufklärung und Wahrheitssuche über die NS-Vergangenheit ist noch lange nicht zu Ende und wird auch sicher nicht zu Ende gehen; dafür kann das, was in den Jahren von 1933 bis 1945 in Deutschland und unter deutschem Namen weltweit geschah, nicht als abgeschlossen oder geklärt bezeichnet werden. Theodor Adorno sprach vom NS-Regime als dem „monströsen Ungeheuer", und ungeheuerlich bleiben die schweren Verletzungen der Menschenrechte, die Brutalität der großen Angriffskriege und der Holocaust.

Erinnerungsarbeit wird mit zeitlichem Abstand zum NS umso wichtiger

Der Opfer zu gedenken und die mahnende Erinnerung wach zu halten ist eine pädagogische Herausforderung, die mit dem zeitlichen Abstand zu den Geschehnissen an Bedeutung gewinnt. Nicht Schuldfragen stehen im Zentrum der Auseinandersetzung – es versteht sich von selbst, dass heutige Jugendliche am Nationalsozialismus keine Schuld tragen. Das Ziel ist vielmehr Wachsamkeit, die Sensibilisierung für Unrecht, weit bevor es zu Gräueln vom Ausmaß des Holocausts kommen kann, deren Tragweite letzthin unfassbar bleiben muss. Diese Sensibilisierung kann am ehesten durch konkrete Herangehensweisen gelingen: Wie wirkte sich das Unrecht in meiner Stadt, in meinem Dorf aus? Wo lebten Jüdinnen und Juden, welchen Berufen gingen sie nach, bevor sie deportiert und ermordet wurden? Lokale Projekte wie die Aktion „Stolpersteine" des Künstlers Gunter Demnig und Gedenkstätten – in Köln das NS-Dokumentationszentrum im EL-DE-Haus – oder antifaschistische Stadtrundgänge tragen zu dieser Erinnerungsarbeit bei.

Wer sich mit dem Nationalsozialismus beschäftigt, wird blankem Hass begegnen, Fällen von Opportunismus mit verheerenden Folgen, aber auch Persönlichkeiten – jüngeren und älteren Menschen –, die sich mit großem persönlichen Risiko dem Unrecht widersetzt, die

Einbindung in ein menschenverachtendes Regime verweigert haben. Die Männer und Frauen, Jungen und Mädchen des Widerstands – sei er aus religiösen, politischen oder anderen Motiven geboren – können Leitbilder für die Gegenwart und Zukunft sein. Dies ist nicht im Sinne einer ritualisierten Verehrung zu verstehen, sondern als Ansporn zur Zivilcourage. Leitbilder aus anderem Kontext können beispielsweise auch die Dissidenten und Wegbereiter der demokratischen Bürgerbewegung in der DDR sein.

Widerstandskämpfer sind Leitbilder für Zivilcourage

Demokratie braucht Empathie für die Betroffenen

Wie ernst die Menschenwürde gemeint ist, erweist sich im Umgang mit Minderheiten, die benachteiligt sind und weniger als andere eine Lobby haben. Dies gilt beispielsweise für Flüchtlinge und Menschen mit Behinderung. In der rechtsextremen Szene werden sie als Feindbild oder als minderwertig gesehen. Den Nationalsozialisten galten Letztere bekanntermaßen als „unwertes Leben", die so genannten „Euthanasie"-Programme stehen für vielfachen Mord. In der pädagogischen Arbeit der Jugendakademie Walberberg spielt(e) der Kontakt zu Flüchtlingen und anderen Nicht-Deutschen eine wichtige Rolle, auch die Begegnung mit Menschen mit Behinderung. Demokratische Bildungsarbeit – auch im europäischen Kontext – schafft Gelegenheiten, Vorbehalte abzubauen, und fördert die Fähigkeit, die Situation anderer nachzuempfinden. Für die Lage Benachteiligter, häufig Ausgegrenzter gilt dies in besonderem Maße. In diesem Sinne geht es nicht um Bevormundung und patriarchalische Hilfen, sondern um ein einfühlsames Miteinander unter Gleichwertigen.

Demokratie braucht Werte

Von dem brasilianischen Volkspädagogen Paulo Freire stammt der Satz: „Erziehung ist niemals neutral"; denn entweder trägt sie zur Entmündigung und Unterdrückung bei oder zur Befreiung aus solchen Lebensumständen. Das gilt auch für die Demokratieerziehung; auch sie ist nicht neutral. Sie erfolgt von einem klaren Standpunkt aus: auf der Grundlage humaner Werte, für die sie – wo nötig – der Auseinandersetzung nicht aus dem Weg geht. Rechtsextremisten bemessen den Wert des Menschen nach „Blut" und „Rasse". Die Idee einer gleichen,

„Erziehung ist niemals neutral"

Menschenwürde, Gerechtigkeit und Solidarität zählen zu den wichtigsten demokratischen Werten

unveräußerlichen Menschenwürde, die alle Individuen dieser Welt über ihre Unterschiede hinweg eint, ist dagegen ein zentraler Wert der europäischen Aufklärung, im Grundgesetz verankert und auch die Basis des christlichen Menschenbildes. Demokratieerziehung macht deutlich, dass Menschenwürde ein elementarer, aber auch fragiler Wert ist – einer, der nur Bestand haben kann, wenn sich möglichst viele für ihn einsetzen. Aus der Idee der Menschenwürde leiten sich universelle Menschenrechte ab, die Rechtsextremisten bekämpfen und die für Demokratinnen und Demokraten zu den höchsten Schutzgütern zählen: etwa das Recht auf freie Meinungsäußerung oder die Religionsfreiheit. Mit Menschenwürde und Menschenrechten sind andere demokratische Werte eng verbunden: beispielsweise Zivilcourage, länderübergreifende Gerechtigkeit und Solidarität. Für die Jugendakademie war in diesem Zusammenhang die Verbindung mit lateinamerikanischen Gruppen besonders wichtig: Vor allem in Zeiten, in denen praktisch flächendeckend auf dem Subkontinent Diktatoren und Militärregime herrschten und die Menschenrechte mit Füßen traten, war die Unterstützung christlich-oppositioneller Gruppen in Chile und in anderen lateinamerikanischen Ländern fester Bestandteil des pädagogischen Konzepts. Dies galt für den Kontakt zu Betroffenen vor Ort und zu Familien im Exil, unter anderem mit den protestierenden Müttern und Frauen von Verschwundenen.

Der Kreativität sind keine Grenzen gesetzt

Soweit es dazu beiträgt, Menschlichkeit und Sensibilität gegenüber Unrecht zu fördern, sind der pädagogischen Kreativität keine Grenzen gesetzt. In der Jugendakademie waren und sind vor allem Mittel des Theaters besonders wichtig. Nicht zuletzt die Methode des „unsichtbaren Theaters“, die den öffentlichen Raum als Spielort einbezieht, hat häufig dazu beigetragen, Reflexion und Diskussionen anzustoßen. Für die Rechtsextremismusprävention und damit die Demokratieerziehung in der Bildungsarbeit liefert das vorliegende Buch zahlreiche wertvolle Anregungen. Ich wünsche diesem Band daher viele Leserinnen und Leser, vor allem viele Menschen, die die im Folgenden enthaltenen Ideen mit Jugendlichen aufgreifen, um Ausgrenzung entgegenzutreten und humanes Engagement zu stärken.

Alexander Groß, geb. 1931, war von 1969 bis 1992 Leiter der Jugendakademie Walberberg (bei Köln). Sein Vater, der Widerstandskämpfer gegen den Nationalsozialismus Nikolaus Groß, wurde am 23. Januar 1945 in Berlin-Plötzensee hingerichtet.

Stefan Glaser/Thomas Pfeiffer

Einleitung

Jugendliche sind zur wichtigsten Zielgruppe des Rechtsextremismus geworden

Ein neuer, moderner Rechtsextremismus ist auf den Plan getreten und fordert die politische Bildung heraus. Jugendliche sind dabei die Zielgruppe Nummer eins. Websites als interaktives Medium zur Ansprache, kostenlose Musik-CDs als Köder, ein breites Bekleidungssortiment als Ausdruck eines rechtsextremistischen[1] Lifestyles, Konzerte, Demonstrationen und Sonnenwendfeiern als Events mit Unterhaltungswert: All das steht für eine neue Qualität rechtsextremistischer Propaganda. Inzwischen offenbaren die Protagonisten ihre menschenverachtenden Vorstellungen nicht immer unmissverständlich. Rechtsextremistische Gruppen und Medien halten aggressive Aussagen vielfach mit Bedacht zurück, deuten Feindbilder nur an und verbannen einschlägige Parolen und Symbole zugunsten von unverdächtigen Zeichen und Codes in die Schublade. Mit dieser Strategie der Tarnung wird zum Beispiel der Slogan „Deutschland den Deutschen – Ausländer raus!" in das zynische Bekenntnis „Wir sind keine Ausländerfeinde. Wir lieben das Fremde – in der Fremde" verwandelt. Zu den vorgeblichen Antworten auf Zukunftsängste zählt die Idee der Volksgemeinschaft, die Geborgenheit suggeriert und den Ausschluss aller Nicht-Deutschen propagiert. Gerade an Jugendliche richtet die rechtsextremistische Szene ihre wichtigsten Werbebotschaften: „Kameradschaft" und Zusammenhalt in unsicheren Zeiten.

Programm der Fortbildung 2006 auf CD-ROM

Mit welchen Mitteln sprechen Rechtsextremisten Jugendliche an? Welche Botschaften vermitteln Websites und Musik der Szene? Öffnet diese Erlebniswelt dem Rechtsextremismus ein Tor zur Jugendkultur? Wie können Schule und außerschulische Jugendbildung gezielt zur Aufklärung beitragen? Fragen wie diesen gehen der Band und die beigefügte CD-ROM nach. Den Anstoß zu dieser Publikation gaben die Fortbildungsreihen „Rechtsextremismus im Internet", die jugendschutz.net – die gemeinsame Stelle aller Bundesländer zur Wahrung des Jugendschutzes im Internet –, das Schul- und das Innenministerium NRW sowie die Landeszentrale für politische Bildung NRW in den Jahren 2004 bis 2006 gemeinsam im Landesinstitut für Schule in Soest veranstaltet haben.

Die Soester Seminare richteten sich an Lehramtsanwärter(innen) und Fachkräfte aus der außerschulischen Jugendbildung und fanden in jeweils zwei dreitägigen Blöcken statt: Im ersten Teil standen Erscheinungsbild, Agitations- und Rekrutierungsformen des zeitgenössischen Rechtsextremismus – insbesondere die Websites der Szene – im Mittelpunkt. Der zweite Teil rückte Methoden und Materialien in den Fokus, um in Schule und außerschulischer Jugendarbeit Aufklärung zu leisten und für das Problem zu sensibilisieren. Diese Publikation gibt wesentliche Inhalte der Fortbildungen wieder und dokumentiert Projektideen, die Teilnehmende in die Tat umgesetzt haben.

Thesen, die der Publikation zu Grunde liegen

Dem Konzept der Fortbildungen lag eine Reihe von Thesen zu Grunde, die auch die Basis dieser Publikation bilden:

- Den Rechtsextremismus im Internet zu analysieren setzt voraus, ihn in einen größeren Kontext zu stellen, den wir als „Erlebniswelt Rechtsextremismus“ bezeichnen. Eine realistische Einschätzung des Gefahrenpotenzials ist nur möglich, wenn sämtliche Aspekte dieser Erlebniswelt einbezogen werden.
- Rechtsextremistische Botschaften sind auch für Jugendliche problematisch, die nicht erkennbar in diese Szene verstrickt sind. Während für die Arbeit mit rechtsextremistischen Kadern und Mitläufern vornehmlich Konzepte aus der Jugendsozialarbeit Anwendung finden, legt dieser Band den Schwerpunkt auf die politische Bildungsarbeit und Ansätze, um solchen Einstellungen und Handlungen vorzubeugen.
- Der rechtsextremistische Inhalt von Websites, Liedern und Texten ist nicht immer auf den ersten Blick sichtbar. Gerade Propaganda in seriöser Verpackung kann wesentlich problematischer sein als ungeschminkt geäußerter, mitunter vulgärer Rassismus. Sie bietet Anschlussmöglichkeiten an vorhandene, oftmals diffuse Vorurteile gegen Migrantinnen und Migranten sowie andere Minderheiten. Solche Einstellungen sind auch bei Jugendlichen deutlich über den Kreis des organisierten Rechtsextremismus hinaus verbreitet.
- Jugendliche können den menschenverachtenden Charakter rechtsextremistischer Angebote entschlüsseln. Ihre Medienkompetenz in diesem Sinne zu fördern setzt einen offensiven Umgang mit

rechtsextremistischen Materialien in der Bildungsarbeit voraus. Nach den Erfahrungen der Herausgeber wecken entsprechende Bildungsprojekte keine „schlafenden Hunde“, sondern greifen ein existierendes Problem auf, um Jugendliche zu sensibilisieren und für die Auseinandersetzung mit dem Rechtsextremismus zu stärken. Diese pädagogische Beschäftigung muss didaktisch-methodisch mit Bedacht vorbereitet und sorgsam begleitet werden.

Bildungsprojekte wecken keine „schlafenden Hunde“

- Wissen allein immunisiert nicht gegen feindselige Einstellungen. Neben kognitiven sind soziale Kompetenzen entscheidend. Wer fähig ist, sich in die Lage gesellschaftlicher Minderheiten zu versetzen, wer die Situation der tatsächlichen oder potenziellen Opfer fremdenfeindlicher Gewalt nachempfinden kann, wird Hassbotschaften nicht annehmen, sondern deutlich zurückweisen. Gespräche mit Zeitzeugen oder Exkursionen in die Lebenswelt von Betroffenen können zur Herausbildung von Empathiefähigkeit beitragen. Mögliche Ziele liegen oft vor der Haustür, zum Beispiel die örtliche Moschee, die örtliche Synagoge oder die örtliche Unterkunft von Asylbewerbern.
- Das Thema einer Bildungsveranstaltung ist für Jugendliche vor allem dann relevant, wenn es mit ihrer Lebenswelt zu tun hat und wenn ihre eigene Sicht gefragt ist. Viele Jugendliche begegnen unterschiedlichen Facetten des Rechtsextremismus in ihrem Alltag, beispielsweise in Form von Kleidungsstilen, Musik oder auf Websites. Statt mit erhobenem Zeigefinder vor der rechtsextremistischen Gefahr zu warnen, sollten Bildungsprojekte diese Erfahrungen einbeziehen. Die Anknüpfung an den unmittelbaren Lebenshorizont kann über Projekte oder Unterrichtsreihen hinausgehende Impulse setzen und vorurteilsbehaftete Einstellungen sowie Verhaltensweisen reflektieren und verändern helfen.

Erfahrungen einbeziehen statt Zeigefinger erheben

- Eine Methode ist weder pauschal geeignet oder ungeeignet noch ist sie Selbstzweck im pädagogischen Prozess. Ihr Wert hängt davon ab, ob sie für das betreffende Lern-Setting geeignet ist. Grundsätzlich gilt es zu prüfen, ob eine Arbeitsform oder Vorgehensweise zur individuellen Lerngruppe, dem begleitenden Pädagogen/der begleitenden Pädagogin und den Lerninhalten passt. Für die Auseinandersetzung mit der Erlebniswelt Rechtsextremismus haben sich besonders handlungsorientierte Ansätze bewährt, die Teilnehmenden auch eine angeleitete, aber weitgehend selbstständige Befassung mit rechtsextremistischen Materialien ermöglichen.

- Die Fähigkeit, sich Medieninhalten kritisch zu nähern und ihre Botschaften zu hinterfragen, ist eines der wichtigsten Lernziele. Bildungsarbeit, die an der Lebenswelt Jugendlicher anknüpft, sie als Mitgestalter des gemeinsamen Lernens ernst nimmt und in der – mit Lust am Experiment – kreative Methoden erprobt werden, ist Teil einer Erlebniswelt „Aufklärung und Demokratie“. Kognitive Auseinandersetzung, positive (Gruppen-)Erfahrungen und praktische Formen der Zivilcourage bilden dabei eine feste Einheit. Die Motivation der Teilnehmenden, sich mit dem Thema in Schule und außerschulischer Arbeit auf diese Weise auseinanderzusetzen, ist aller Erfahrung nach außergewöhnlich hoch.

Demokratische Erlebniswelt stärken

Der Band gliedert sich in fünf Abschnitte. Hintergrundinformationen, Materialien und weitere Anregungen für die pädagogische Praxis zu jedem Kapitel befinden sich auf der begleitenden CD-ROM.

Das erste Kapitel beleuchtet Hintergründe des Rechtsextremismus im modernen Gewand. Thomas Grumke geht Begriff, Ideologie und Struktur des Rechtsextremismus nach – er sieht ihn heute als eine vielgestaltige Bewegung und verweist auf neue Muster der Agitation: „Das ideologische Arsenal von Volk und Nation wird von Rechtsextremisten um Kampfbegriffe wie Globalisierung, Kapitalismus, Imperialismus und Identität erweitert und so auch international kompatibel gemacht.“ An den grundlegenden Inhalten hat sich wenig geändert. Vieles dagegen an den Vermittlungsformen: Insbesondere an Beispielen aus rechtsextremistischen Liedern und anhand entsprechender Websites zeichnet Thomas Pfeiffer das Porträt einer Erlebniswelt, in der Freizeitaktivitäten und menschenverachtende Botschaften verschmelzen. Feindbilder und Identitätsangebote sind der inhaltliche Kern dieser Erlebniswelt – zeitgenössischer Look, moderne Medien, Unterhaltungsangebote und vorgebliche „Kameradschaft“ prägen das nach außen getragene Erscheinungsbild. Rechtsextremismus allerdings auf seine sichtbaren Formen zu reduzieren verengt das Problem: Claus Homm weist am Beispiel der Stadt Hagen darauf hin, dass in einer Kommune ohne nennenswerte rechtsextremistische Szene fremdenfeindliche Einstellungen bei nicht wenigen Jugendlichen vorkommen. In einer Schülerbefragung ist der Autor diesen Einstellungen nachgegangen und den Faktoren, die zu ihrem Entstehen beitragen. Er spricht sich für eine Prävention aus, die nicht erst dem manifesten Rechtsextremismus begegnet, sondern schon entsprechenden Einstellungen: „Präventive Maßnahmen müs-

Globalisierung und Kapitalismus als Kampfbegriffe des Rechtsextremismus

Prävention muss sich an alle richten

sen sich – wie die Ergebnisse der Schülerbefragung zeigen – an alle Altersklassen, Geschlechter, Schulformen, Stadtbezirke und auch an Migranten richten. Eine spezielle, durch diese oder ähnliche Kriterien zu bestimmende Zielgruppe gibt es nicht."

Der zweite Abschnitt vertieft das Thema Erlebniswelt anhand des Rechtsextremismus im Internet. Thomas Günter nimmt zunächst die Rechtslage in den Blick, die den Rahmen für die Ahndung von rechtsextremistischen Straftaten bildet. Das Netz nimmt zwar eine Sonderstellung unter den medialen Verbreitungsformen ein, ein rechtsfreier Raum ist es jedoch keinesfalls. Grundsätzlich gilt: „Was offline illegal ist, bleibt auch bei der Verbreitung im Internet illegal." Somit greifen alle einschlägigen Strafrechtsbestimmungen – etwa Volksverhetzung oder das Verbot, bestimmte Symbole öffentlich zu zeigen – auch im Netz. Was sie bedeuten, macht der Autor an vielen Beispielen deutlich. Der „Sonderstellung" der Computernetze sind sich Rechtsextremisten allerdings sehr wohl bewusst gewesen, als sie frühzeitig solche Technik aufgriffen. Uraltes Denken und High-Tech-Medien sind für die Szene seit Langem keine Widersprüche, argumentiert Thomas Pfeiffer: Schon bei den ersten computertechnischen Gehversuchen erhoffte sich der deutsche Rechtsextremismus, die Vernetzung nach innen zu stärken (Gegenöffentlichkeit), seine internationalen Verbindungen auszubauen, geheim zu kommunizieren und seine Breitenwirkung zu erhöhen. Der Multimedialität des Internets geht Michael Wörner-Schappert am Beispiel rechtsextremistischer Musik nach. Rechtsextremisten setzen sie als Propagandamittel, Identifikationsangebot und Provokationsmöglichkeit gezielt ein, und so ist Musik zu einem zentralen Element auf Websites geworden, mit denen sich Rechtsextremisten an Jugendliche wenden. Der Autor sieht sie als „Leimrute, die den Weg zu nahezu allen anderen virtuellen Inhalten und Ausprägungen des heutigen Rechtsextremismus öffnet".

Was offline illegal ist, bleibt im Internet illegal

Musik als zentrales Lockmittel rechtsextremistischer Websites

Was bedeutet all dies für die Praxis der Prävention? Dieser Frage widmet sich das dritte Kapitel. Stefan Glaser stellt medienpädagogische Überlegungen zur Arbeit mit Jugendlichen an und beschreibt Praxisbeispiele aus Projekten von jugendschutz.net, die auch den roten Faden der Skizzen im vierten Abschnitt bilden. In seinem Beitrag erläutert er Fragen, die im Vorfeld eines Workshops geklärt werden müssen, und den möglichen Ablauf solcher Veranstaltungen. Erfahrungen anderer Art sind Ausgangspunkt der Ausführungen von Klaus-Peter Hufer: rechtsextremistische Störungen in Veranstaltungen der politischen Bildung.

Im Zuge einer „Wortergreifungsstrategie“ treten rechtsextremistische Agitatoren zunehmend bei öffentlichen Bildungsveranstaltungen auf und versuchen diese zu dominieren. „Nicht flüchten, sondern standhalten“ fordert der Autor in Anlehnung an ein Wort Horst-Eberhard Richters und meint damit konkret: entschieden widersprechen, kompromisslos auf die Fortsetzung des Vortrags pochen, gegebenenfalls vom Hausrecht Gebrauch machen. Klaus-Peter Hufer geht von persönlichen Erlebnissen aus der politischen Erwachsenenbildung aus. Sein Beitrag weitet den Blick über den Tellerrand dieses Bandes hinaus und macht deutlich, „dass Rechtsextremismus kein alleiniges oder auch nur vorrangiges Jugendphänomen und Prävention altersunabhängig notwendig ist“. Tatsächlich bestätigen praktisch alle empirischen Studien auf diesem Gebiet denselben Befund: Rechtsextremistische Einstellungen sind bei älteren Bevölkerungsgruppen verbreiteter als bei den jungen.

Rechtsextremismus ist kein Jugendphänomen

Die 15 Projektskizzen im vierten Abschnitt dieses Bandes spiegeln eine breite Palette möglicher Herangehensweisen wider. Die Autorinnen und Autoren näherten sich kreativ dem Thema und arbeiteten mit sehr unterschiedlichen Gruppen von Jugendlichen. Die Projekte fanden im schulischen oder außerschulischen Rahmen statt. Von der Förderschule bis zum Gymnasium wurde das Thema zum Beispiel im Deutsch-, Geschichts-, Politik- und Musikunterricht oder im Rahmen von freiwilligen Arbeitsgemeinschaften aufgegriffen. Einige Projekte waren umfangreich und aufwändig, andere setzten punktuelle Akzente und ließen sich somit leichter in den Unterrichtsalltag integrieren. Die Projektskizzen sind nicht als schlichte Muster zur Wiederholung gedacht – sie legen Erfahrungen offen, liefern Anregungen und machen Mut, Elemente zu erproben, mit eigenen Ideen zu kombinieren und Ansätze fortzuentwickeln.

Projektskizzen liefern Anregungen für die Praxis

Im Anhang finden sich Hinweise auf weiterführende Informationsquellen: Lese-Tipps, Materialien-Tipps und Surf-Tipps. Beispielhaft stellt Thomas Grumke eine – ungewöhnliche – Publikation samt Website genauer vor: den Bildungscomic „Andi“, den der Verfassungsschutz NRW als Broschüre und im Internet veröffentlicht hat. Das Heft ist nicht nur von einem positiven Bezug auf die Demokratie getragen, es macht auch deutlich, „was hinter rechtsextremistischen Geschichten, Mythen und Symbolen steckt: keine edlen, fleißigen und guten ‚Kameraden‘, sondern oft historische Verklärung von Verbrechen, Selbstdarsteller und Geschäftemacher“. Eine Adressenliste möglicher Ansprechpartner(innen) zum Thema Rechtsextremismus rundet den Band ab.

Diese Publikation ist durch eine breite, vertrauensvolle Zusammenarbeit von Institutionen und Einzelpersonen möglich geworden. Ein herzlicher Dank gilt zunächst allen, die an den drei Fortbildungsreihen „Rechtsextremismus im Internet“ beteiligt waren. Zur intensiven Auseinandersetzung mit dem Thema, die nicht zuletzt für die Veranstalter sehr anregend war, haben Teilnehmende, Vortragende und Organisator(inn)en gleichermaßen beigetragen. Für die Mitwirkung an den Veranstaltungen in allen drei Jahren danken wir dem Ministerium für Schule und Weiterbildung NRW.

Viele aus dem Kreis der Fortbildungen haben Beiträge für diesen Band und die beigefügte CD-ROM erarbeitet, weitere Autorinnen und Autoren haben unsere Einladung gerne aufgegriffen, sich an der Publikation zu beteiligen. Sie wäre nicht entstanden ohne die spontane und engagierte Unterstützung durch die Landeszentrale für politische Bildung Nordrhein-Westfalen und den Wochenschau Verlag – insbesondere danken wir Herrn Prof. Dr. Andreas Kost in der Landeszentrale NRW sowie Herrn Bernward Debus und Frau Dr. Birgit Wolter für die verlegerische Begleitung. Für vielfältige Unterstützung sind wir darüber hinaus Frau Carola Holzberg im Innenministerium NRW dankbar.

Der Blick auf die Erlebniswelt Rechtsextremismus macht deutlich, wie wichtig Aufklärung ist: Jugendkulturelle Angebote der Szene, die mit Gruppengefühl, Mythen und Action verbunden sind, fordern den kritischen Blick auf die politischen Botschaften, die mit diesen Angeboten verknüpft sind. Hinter der modernen Fassade lauern alte Feindbilder und Gewalt(fantasien), die es zu entlarven gilt. Wir wollen mit dieser Publikation Anstöße liefern, das Thema aufzugreifen und – im Hinblick auf Demokratie, Empathie und Toleranz – mit Jugendlichen das Wagnis Lernen einzugehen. Aufklärungsarbeit zielt darauf, dass sie Codes und Strategien der rechtsextremistischen Szene erkennen, mit Hintergründen von Migration und den Verbrechen des Nationalsozialismus vertraut sind und die Situation anderer nachempfinden können. Auf diese Weise kann politische Bildung dazu beitragen, dass Jugendliche rechtsextremistische Behauptungen entschieden ablehnen und Zivilcourage zeigen. In Bildungsveranstaltungen erweist sich diese Altersgruppe keineswegs als „unpolitisch“, in aller Regel liegen ihnen eine freiheitliche Gesellschaft und ein vertrauensvolles Zusammenleben mit Menschen unterschiedlicher Herkunft, Kultur und Hautfarbe genauso am Herzen wie den meisten Erwachsenen. Sich hierüber zu verständigen, gegenseitig

Moderne Fassade – alte Feindbilder

Jugendliche sind nicht „unpolitisch“

zu unterstützen und gemeinsam für ein demokratisches Miteinander zu engagieren ist nicht nur notwendig, sondern kann Spaß machen: Lernenden und Lehrenden.

Mainz und Düsseldorf im März 2007

Anmerkung

1 In dieser Publikation kommen die Formulierungen „rechtsextremistisch" und „rechtsextrem" vor. Beide sind praktisch als Synonyme zu verstehen – unterschiedlich ist allenfalls der Verwendungszusammenhang: Während die Sicherheitsbehörden stets die Formulierung „rechtsextremistisch" verwenden, ist in Wissenschaft und Medien die Bezeichnung „rechtsextrem" verbreiteter. Die Autor(inn)en dieses Bandes verwenden durchgängig die von ihnen bevorzugte Formulierung.

1. Einführung, Hintergrund

Thomas Grumke

Rechtsextremismus in Deutschland Begriff – Ideologie – Struktur

Am Anfang des 21. Jahrhunderts gehört Rechtsextremismus zur Normalität fast aller westlichen Demokratien. Dies gilt auch für Deutschland. Im Jahr 17 der deutschen Einheit sind – im Bewusstsein eines nicht ganz kleinen Teils der Bevölkerung – erhebliche Verschleißerscheinungen der repräsentativen Demokratie festzustellen. Vor diesem Hintergrund verbreitern und intensivieren sich demokratiefeindliche Diskurse in der Gesellschaft.[1] Dabei stehen die Ethnisierung gesellschaftlicher Verhältnisse – also die Verknüpfung gesellschaftlicher Missstände mit bestimmten ethnischen Gruppen, denen negative Eigenschaften zugeschrieben werden – sowie Absagen an die Menschenrechte im Mittelpunkt. Teilweise ist eine Kontrastgesellschaft entstanden, die sich einer demokratischen Bindung verschließt. In Deutschland besteht ein heterogenes Netzwerk rechtsextremistischer Gruppierungen, die in einigen Orten als kulturelle, politische und geistige Institutionen etabliert sind und vereinzelt sogar die lokale Öffentlichkeit dominieren.

Demokratiefeindliche Diskurse verbreitern sich

Heute kann Rechtsextremismus als internationales, modernes und vielschichtiges Phänomen beschrieben werden (vgl. Minkenberg 1998; Greven/Grumke 2006) – sogar als Erlebniswelt (vgl. den Beitrag von Thomas Pfeiffer in diesem Band). Althergebrachte eindimensionale Forschungsansätze sind immer weniger in der Lage, den modernen Rechtsextremismus zu erklären, der sich als „normale Pathologie westlicher Industriegesellschaften“ (Scheuch/Klingemann 1967: 12 f.)

festgesetzt hat. Entlang den Feldern Begriff, Ideologie/Mobilisierung und Struktur/Aktion gibt dieser Beitrag eine kursorische Einführung in das Phänomen Rechtsextremismus.

1. Der Begriff

Eine allgemein anerkannte Definition des Rechtsextremismus gibt es nicht

Eine gerichtliche Definition des Begriffes Rechtsextremismus existiert nicht – ebenso wenig eine in der politikwissenschaftlichen Diskussion allgemein anerkannte. Hinzu kommt, dass der Rechtsextremismus kein einheitliches, ideologisch geschlossenes Phänomen ist, sondern eine Vielzahl unterschiedlicher Strömungen, ideologischer Ausrichtungen und Organisationsformen umfasst. Im Folgenden findet eine Annäherung an den staatlichen und den politikwissenschaftlichen Rechtsextremismusbegriff statt.

1.1 Der Rechtsextremismusbegriff aus Sicht staatlicher Institutionen[2]

Behörden wie der Verfassungsschutz sprechen vom „politischen Extremismus" als Sammelbegriff für diejenigen politischen Gesinnungen und Bestrebungen, die den demokratischen Verfassungsstaat bzw. seine fundamentalen Werte und Regeln bekämpfen. Es geht also um politische Bestrebungen, die sich gegen die Prinzipien der freiheitlichen demokratischen Grundordnung (FdGO) richten, wie sie das Bundesverfassungsgericht in zwei Entscheidungen aus den Jahren 1952 und 1956 konkretisiert hat. Diese Prinzipien der FdGO sind im folgenden Schaubild zusammengestellt:

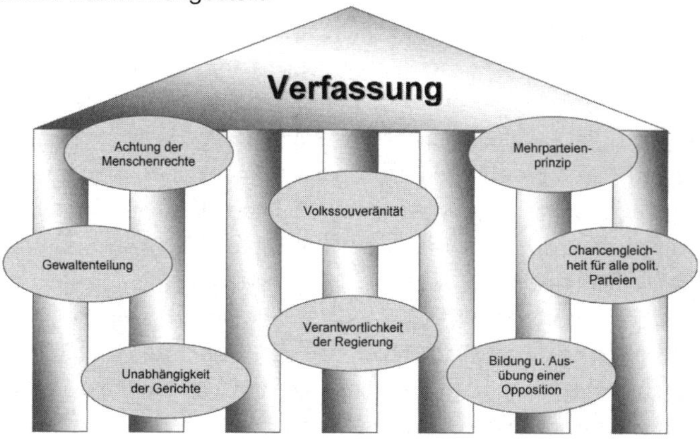

Abbildung 1: Wertprinzipien der freiheitlichen demokratischen Grundordnung

Es handelt sich hier um die elementaren Ordnungsprinzipien jeder Demokratie. Zentral ist der unlösbare Zusammenhang von demokratischer Willensbildung – das heißt: politischen Beteiligungsmöglichkeiten für alle Bürgerinnen und Bürger – und rechtlich geschützter individueller Freiheit. Extremisten wollen das freiheitlich-demokratische politische System überwinden. In dem oben beschriebenen Sinne ist Rechtsextremismus schlicht die rechtsgerichtete Variante des politischen Extremismus.

Anders verhält es sich mit dem Begriff „radikal", der umgangssprachlich oft benutzt wird, um eine Gruppierung vom demokratischen Spektrum abzugrenzen. Extremisten werden vielfach als „Linksradikale" oder „Rechtsradikale" bezeichnet. Die staatliche Definition trennt allerdings deutlich zwischen verfassungsfeindlichen „Extremisten" und verfassungskritischen „Radikalen" (siehe Abbildung 2).

Unterscheidung zwischen Extremismus und Radikalismus

Abbildung 2: Das Extremismus-Modell

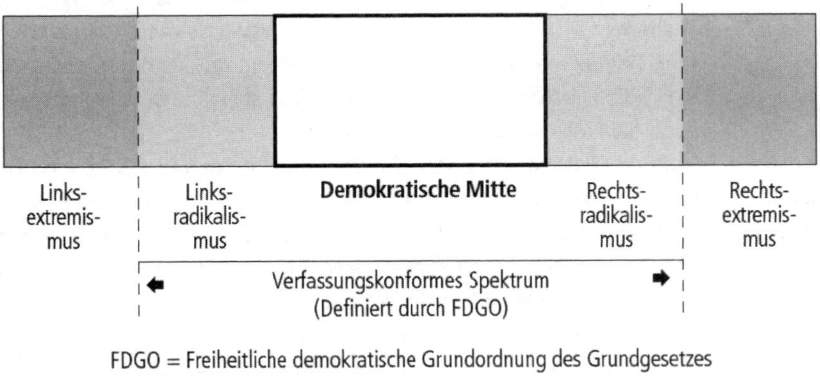

Quelle: Stöss 2005: 20

Beobachtungsobjekt des Verfassungsschutzes sind nur extremistische Bestrebungen – nicht radikale Auffassungen. Solange der Verfassungsschutz keine Anhaltspunkte dafür hat, dass eine radikale Gruppierung auf die Beseitigung wesentlicher Merkmale der freiheitlichen demokratischen Grundordnung hinarbeitet, haben die Behörden keinen Beobachtungsauftrag. Radikale politische Handlungen können im Einzelfall die Vorstufe zu extremistischen Aktivitäten sein, müssen es aber keineswegs.

1.2 Der politikwissenschaftliche Rechtsextremismusbegriff

Die folgende Annäherung an einen politikwissenschaftlichen Rechtsextremismusbegriff knüpft an die Arbeiten von Minkenberg (1998), Gessenharter (1998) und Stöss (2000, 2005) an. So weist Wolfgang Gessenharter zu Recht auf ein „eher diffus wirkendes disparates Einstellungs-, Verhaltens- und Organisationsfeld“ im Rechtsextremismus hin (1998: 33). Dem werde – so Kritiker des staatlichen Rechtsextremismusbegriffs – ein eher eindimensionales, verhaltens- und verfassungszentriertes Verständnis des Rechtsextremismus nicht gerecht. Um den Rechtsextremismus als gesellschaftliches Phänomen erfassen zu können, müssen – so Michael Minkenberg – „auch Kräfte und Bewegungen“ berücksichtigt werden, „die die geltende demokratische Ordnung als solche nicht in Frage stellen, jedoch durch Rückgriff auf den ultranationalistischen Mythos eine Extremisierung nach rechts und damit eine Revision der Verfassungswirklichkeit bzw. einzelner Normen anstreben“ (1998: 34). Bei Rechtsextremismus, wie er hier verstanden wird, handelt es sich also um ein Phänomen, das vom Neonazismus bis in die Mitte der Gesellschaft reicht und sowohl die Verhaltens- als auch die Einstellungsebene einschließt.

Rechtsextremismus umfasst Einstellungen und Verhaltensweisen

In der Politikwissenschaft werden diese beiden Dimensionen des Phänomens Rechtsextremismus – Verhaltens- und Einstellungsebene – in der Regel unterschieden. Während meist in der öffentlichen Diskussion und auch in Teilen der Fachwissenschaft die Verhaltensebene – also Wahlverhalten, Mitgliedschaft in rechtsextremistischen Vereinigungen, das Verüben von Gewalt oder öffentlicher Protest und Provokation – im Mittelpunkt steht, wird die Einstellungsebene oft vernachlässigt. Einstellungen sind aber dem Verhalten in der Regel vorgelagert (wenn sie auch nicht zwangsläufig in konkretes Handeln münden).

In diesem Beitrag schließe ich mich der Definition von Stöss an (2000: 20 ff.; vgl. auch Stöss 2005), die der Komplexität des rechtsextremistischen Einstellungsmusters gerecht wird und ihm folgende Bestandteile zurechnet: Autoritarismus, Nationalismus, Fremdenfeindlichkeit (in ethnischer, rassistischer und sozioökonomischer Spielart), Antisemitismus und Pro-Nazismus (vgl. Abbildung 3; zu den Begriffen vgl. vertiefend: Stöss 2000: 25 ff.). Es wird deutlich, dass die beiden Dimensionen des Rechtsextremismus sorgfältig auseinanderzuhalten sind, jedoch nur gemeinsam den Rechtsextremismus vollständig abbilden können. Nicht jede Person, die über ein rechtsextremistisches Einstellungsmuster verfügt, wird auch politisch aktiv oder verübt gar eine Gewalttat. Es ist daher plausibel, dass die Zahl der Personen mit einem geschlossenen rechtsextremistischen Weltbild wesentlich höher ist als die Zahl der Personen, die durch entsprechendes Verhalten in Erscheinung treten. Im Umkehrschluss kann aber gelten, dass ein rechtsextremistisches Einstellungsmuster die notwendige Voraussetzung für rechtsextremistisches Verhalten darstellt (vgl. ebd.: 25).

Abbildung 3: Dimensionen des Rechtsextremismus

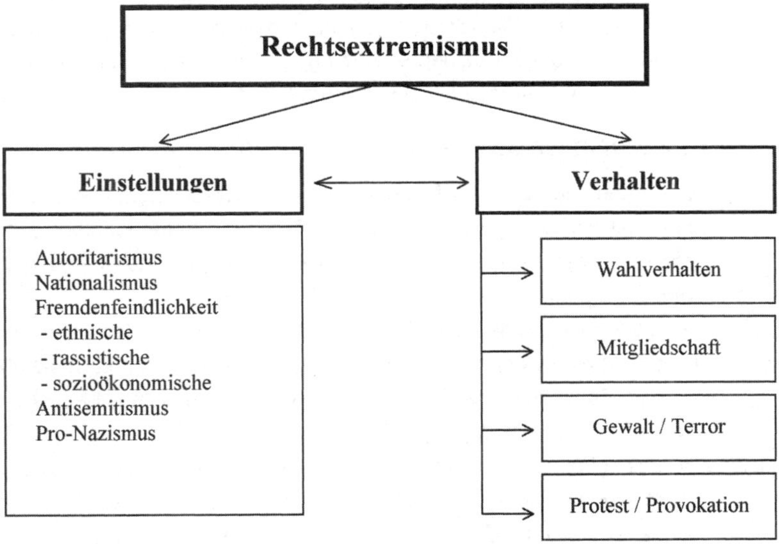

Quelle: Stöss 2000: 22

Nicht jeder Rechtsextremist vertritt alle genannten Elemente rechtsextremistischer Einstellung. Es ist aber anzunehmen, dass die Mehrzahl der Elemente zu Grunde liegt, wenn sich eine Person entschließt, in rechtsextremistischen Gruppen oder Organisationen aktiv zu werden. Auch die jüngste Einstellungsforschung nimmt diese Einstellungselemente zum Maßstab, um ein geschlossenes rechtsextremistisches Weltbild der Befragten zu bestimmen (z.B. Decker/Brähler 2006). Die meisten Untersuchungen seit den frühen 1980er Jahren kommen zu dem Ergebnis, dass etwa 10 bis 15 Prozent der Deutschen ein entsprechendes Einstellungsmuster aufweisen.

10 bis 15 Prozent der Deutschen weisen ein rechtsextremistisches Einstellungsmuster auf

Eine ähnliche Größenordnung geht auch aus aktuellen Studien hervor: Je nach Konzept und Bemessungsverfahren sprechen die Untersuchungen von einem „rechtsextremen Einstellungspotenzial in Deutschland", das Fichter, Stöss und Zeuner zufolge im Jahr 2003 bei 19,9 Prozent lag (vgl. Fichter/Stöss/Zeuner 2004), oder von „geschlossenem rechtsextremen Weltbild", das laut Oliver Decker und Elmar Brähler im Jahr 2006 8,6 Prozent der Menschen in Deutschland aufwiesen (Decker/Brähler 2006: 133). Das „rechtspopulistische Potenzial" nach Wilhelm Heitmeyer lag 2006 bei etwa 25 Prozent (vgl. Heitmeyer 2007). Zu solchen Potenzialen werden diejenigen Befragten gezählt, die nicht nur einer einzelnen Aussage, sondern einer Liste von Statements mit fremdenfeindlichem oder nationalistischem Gehalt überwiegend zugestimmt haben (zu weiteren Ergebnissen der Einstellungsforschung vgl. auch die Beiträge von Claus Homm und Klaus-Peter Hufer in diesem Band).

1.3 Merkmale des Rechtsextremismus

Zwischen Verfassungsschutzbehörden und Wissenschaft sowie innerhalb der Forschung besteht hinsichtlich der konkreten ideologischen Merkmale der rechtsextremistischen Szene weitgehende Übereinstimmung. Folgende Vorstellungen sind charakteristisch:

Rassismus
- die Ablehnung des Anspruchs auf gleiche Rechte für alle Menschen auf Grund einer unterstellten rassischen bzw. ethnischen Ungleichheit. Der Antisemitismus ist eine im Rechtsextremismus besonders verbreitete Ausprägung dieses Denkens.

Volksgemeinschaft
- das Leitbild einer Volksgemeinschaft, in welcher der Staat und eine ethnisch homogene Bevölkerung zu einem Kollektiv verschmelzen

Kollektivismus
- der Vorrang der Gemeinschaft vor dem Individuum, der eine strikte Unterordnung des Bürgers unter die Staatsräson verlangt

Nationalismus
- ein Nationalismus, der in der Regel von einer feindseligen Haltung gegenüber anderen Staaten und Völkern geprägt ist. Eine Besonderheit stellt das Konzept des „Ethnopluralismus" dar: Es geht zwar nicht ausdrücklich davon aus, dass die eigene ethnische Gruppe höherwertig sei als andere, sieht aber eine räumliche Trennung von Ethnien vor („Deutschland den Deutschen – die Türkei den Türken").

Verharmlosung des NS
- eine verharmlosende oder verherrlichende Darstellung des Nationalsozialismus. Damit ist oft die Leugnung des Holocausts und der deutschen Schuld am Zweiten Weltkrieg – der so genannte „Geschichtsrevisionismus" – verbunden.

Diese Auffassungen werden mit Positionen kontrastiert, die von Rechtsextremisten strikt abgelehnt und politisch bekämpft werden. Dazu gehören

- die Idee von universellen Menschenrechten
- das Eintreten für Multikulturalismus
- der Wertepluralismus der liberalen Demokratie, wie er in parlamentarisch-demokratischen Systemen zum Ausdruck kommt.

1.4 Rechtsextremismus als soziale Bewegung

„Formiert sich eine neue soziale Bewegung von rechts?“

Die Frage, ob der zeitgenössische Rechtsextremismus als soziale Bewegung bezeichnet – und damit mit früheren sozialen Bewegungen seit der Studenten-Bewegung in seinen Strukturen und Erscheinungsformen verglichen – werden kann, ist seit Jahren in den Sozialwissenschaften umstritten. Schon 1992 fragte Hans-Gerd Jaschke: „Formiert sich eine neue soziale Bewegung von rechts?“ und rief damit ablehnende wie auch zustimmende Reaktionen hervor (vgl. Bergmann/Erb 1994; Hellmann/Koopmans 1998; Rucht 2002 sowie den Beitrag „Erlebniswelt“ von Thomas Pfeiffer in diesem Band).

Wie Dieter Rucht zu Recht anmerkt, könnte diese Frage getrost ignoriert werden, wenn es nur um Begrifflichkeiten ginge (Rucht 2002: 75). Der analytische Nutzen, der unter anderem von Richard Stöss eingefordert wurde (vgl. Stöss 1994: 53), liegt meines Erachtens schlicht darin, dass der moderne Rechtsextremismus gar nicht mehr anders verstanden werden kann: Schon vor fast 20 Jahren forderte Klaus von Beyme, dass das Studium von Rechtsextremismus nicht allein aus Parteien- und Wahlforschung bestehen dürfe, da der gesamte politische Kontext dieses Phänomens so nicht erfasst werden könne (von Beyme 1988: 16). In der Tat sind die eher partikularen Ansätze der Parteien- und Wahlforschung oder der Jugend- und Gewaltforschung kaum in der Lage, das komplexe, heterogene und mittlerweile sich internationalisierende Phänomen voll zu erfassen. Selbstverständlich ohne einen wissenschaftlichen Alleinvertretungsanspruch formulieren zu wollen, stellt die Bewegungsforschung ein „fruchtbares Anregungs- und Analysepotential“ bereit, das „Chancen für eine stärker integrative Sichtweise und Interpretation des Rechtsextremismus“ bietet, ohne sich auf Kriterien wie legal/illegal oder parteiförmig/nicht parteiförmig zu beschränken (Rucht 2002: 84; vgl. für die Vielfalt der Ansätze in der Bewegungsforschung: Hellmann/Koopmans 1998).

2. Ideologie und Mobilisierung

Rechtsextremisten haben eine eigene Begriffs- und Gedankenwelt aufgebaut. Bei der extremistischen Rechten liegen sowohl eine sehr ausgeprägte Ideologie und kollektive Identität[3] als auch ein daran ausgerichteter Lebensstil vor. Es sind vor allem die ideologischen Elemente des völkischen Nationalismus, des (biologischen wie kulturellen) Rassismus und des Antisemitismus, die der rechtsextremistischen Bewegung in unterschiedlichen Variationen und Vermischungen ein gemeinsames Bewusstsein verschaffen.

Welche Faktoren tragen zum Wir-Gefühl bei?

Wie Bergmann und Erb (1998) nachgewiesen haben, eignet sich der Ansatz der kollektiven Identität besonders gut zur Untersuchung extremistisch rechter Bewegungen. Dieser Ansatz nimmt die Faktoren in den Blick, die zum Wir-Gefühl der Bewegung beitragen. So zieht auch der deutsche Rechtsextremismus markante Grenzen innerhalb des Gesellschaftssystems – er übt „an der Gesellschaft gleichsam Fundamentalkritik von außen" (Bergmann/Erb 1998: 149). Die Selbstwahrnehmung, politisch verfolgt und – sowohl als „weiße Rasse" als auch individuell – bedroht bzw. den Repressionen eines als illegitim empfundenen Staates ausgesetzt zu sein, verstärkt die kollektive Identität der extremistischen Rechten noch einmal erheblich und bildet die vielleicht sogar wichtigste Klammer, die diese Bewegung zusammenhält. Die kollektive Identität als Gegenbewegung – oder, wie sich Teile der Szene bezeichnen: als „Nationaler Widerstand" – wird also hauptsächlich über Konflikte mit dem „System" und Dritten konstruiert (vgl. ebd.: 152, 164). Darüber hinaus kommen die gemeinsame Bewegungsgeschichte (Mythen und Märtyrer-Legenden), gemeinsame kulturelle Praktiken (Rituale, Symbole, Mode), gemeinsame Treffpunkte (zum Beispiel lokale Jugendclubs, Szeneläden, die jährlichen Rudolf-Heß-Gedenkmärsche oder Demonstrationen zum 1. Mai) sowie gemeinsame Szene-Medien zum Tragen (zum Beispiel so genannte Zines oder Internetseiten).

Heldenkult schweißt zusammen: Verherrlichung von Rudolf Heß auf einem T-Shirt

Als neue Kampfbegriffe haben sich Antiimperialismus und auch eine vehement vertretene, antikapitalistisch verbrämte Ablehnung der Globalisierung etabliert (vgl. Greven/Grumke 2006). Das ideologische Arsenal von Volk und Nation wird von Rechtsextremisten um Kampfbegriffe wie Globalisierung, Kapitalismus, Imperialismus und Identität erweitert und so auch international kompatibel gemacht. Schon seit geraumer Zeit bemüht sich das rechtsextremistische Spektrum, die „soziale Frage“ mit seinen politischen Inhalten zu besetzen und sich als „Rächer der sozial Benachteiligten“ zu stilisieren (vgl. Grumke/Klärner 2006). Teile der rechtsextremistischen Szene propagieren einen nationalen oder völkischen Sozialismus, der sich gegen den „bankrotten“ westlichen Parlamentarismus und eine „kapitalistische Plutokratie“ richtet. Auch der rechtsextremistische Gerechtigkeitsbegriff ist in völkischen Kategorien verhaftet, bezieht sich auf die Solidarität des Volkes mit seinen Angehörigen und kommt nur denen zugute, die als zum eigenen Volk gehörig akzeptiert werden.

Nationaler Widerstand sprengt das System: Aufkleber aus der rechtsextremistischen Szene

Nicht zuletzt ist dies eine Reaktion auf die in Deutschland bestehende soziale Ächtung rechtsextremistischer Gruppierungen und der Versuch, Anerkennung und Legitimität zu gewinnen. So lässt sich feststellen, dass klassische, vergangenheitsbezogene Themen – etwa die Forderung nach Rückgabe der deutschen Ostgebiete, nach einem Ende der Entschädigungszahlungen für die Opfer des Nationalsozialismus oder die Holocaust-Leugnung – zurückgestellt werden. Völlig aufgegeben werden sie keineswegs. Stattdessen werden aktuelle politische und soziale Probleme wie die hohe Arbeitslosigkeit, Kürzungen im Sozialbereich oder die Internationalisierung von Märkten in den Vordergrund gestellt. Die Hinwendung zu sozialen Themen und ein verstärktes lokalpolitisches Engagement lassen sich daher in erster Linie als Versuche der extremistischen Rechten interpretieren, diese soziale Ächtung zu überwinden und Akzeptanz in der Bevölkerung zu gewinnen.

Rechtsextremisten greifen aktuelle soziale Probleme auf

Mäßigung und der Versuch, Akzeptanz zu gewinnen, bedeuten jedoch nicht, dass sich die politischen Ziele von Rechtsextremisten geändert hätten. Sie betreiben weiterhin bewusst eine Ethnisierung des Sozialen, die immer wieder Raum für rassistische Ressentiments schafft und eine Klientel ansprechen soll, die über fremdenfeindliche Einstellungen verfügt. Das heißt: Trotz aller taktischen Windungen setzen Rechtsextremisten weiterhin auf eine radikale und revolutionäre Umgestaltung der Gesellschaft nach völkischen Kriterien. Eine Antwort auf die Frage, ob die extremistische Rechte eine Alternative innerhalb des parlamentarisch-demokratischen Systems oder eine Alternative zu diesem System anbietet, gibt Holger Apfel – der Vorsitzende der NPD-Fraktion im sächsischen Landtag und stellvertretende Parteivorsitzende

– in einer für Rechtsextremisten typischen Manier. In einem Interview des Mitteilungsblattes ‚Klartext. Informationen der NPD-Fraktion im Sächsischen Landtag', das im Februar 2006 dem Parteiorgan ‚Deutsche Stimme' beigelegt war, sagte er:

„Wir sind nicht der Reparaturbetrieb des Systems"

„[W]ir werden einen Teufel tun, uns von unseren Gegnern ins Hamsterrad der parlamentarischen Niederungen stecken zu lassen. Grundsätzlich gilt für unsere Arbeit: Wir sind nicht der Reparaturbetrieb eines untergehenden Systems. Unseren politischen Einsatz leisten wir für die Demokratie im Sinne einer Herrschaft des Volkes und nicht der zurzeit herrschenden parlamentarischen Demokratie [...]."

Im Hinblick auf die ideologische Standfestigkeit der extremistischen Rechten ist allerdings auch bemerkenswert, was der frühere NPD-Aktivist Jürgen Schwab in einem Beitrag des rechtsextremistischen Internet-Forums ‚störtebeker.net' im Mai 2005 folgendermaßen auf den Punkt brachte:

„Welcher NPD-Politiker wäre schon in der Lage, einem überdurchschnittlich gebildeten Bürger zu erklären, was überhaupt ‚Volksgemeinschaft' ist, worin der soziologische Unterschied von Gemeinschaft und Gesellschaft besteht, der von Staat und Gesellschaft, Volk und Nation, Demokratie und Parlamentarismus, und so weiter und so fort."

Die zentralen rechtsextremistischen Akteure mögen in der Lage sein, für einige Menschen politische Sozialisationsangebote zu machen und Normalisierungseffekte für ihre Positionen in Teilen der Bevölkerung zu erzielen. Über ein in sich geschlossenes, voll entwickeltes Theoriegebäude verfügt der Rechtsextremismus jedoch nach wie vor nicht.

3. Struktur und Aktion

Rechtsextremismus ist kein vorübergehendes Phänomen

Die Existenz rechtsextremistischer Organisationen gehört zu den Konstanten in der Geschichte der Bundesrepublik Deutschland (zur Entwicklung des Rechtsextremismus in Deutschland vgl. Schubarth/Stöss 2001; Grumke/Wagner 2002; Stöss 2005 und Klärner/Kohlstruck 2006).

So zog in einer ersten Welle rechtsextremistischer Wahlerfolge die ‚Sozialistische Reichspartei' (SRP) in der Anfangsphase der jungen Republik bis zu ihrem Verbot 1952 in die Landtage von Niedersachsen und Bremen ein – die 1964 gegründete NPD konnte in einer zweiten Welle in den Jahren 1966 bis 69 in sieben Landtage einziehen,[4] scheiterte aber bei den Bundestagswahlen 1969 knapp an der Fünf-Prozent-Hürde.

Ende der 1980er Jahre kam es zu einer dritten Welle, in deren Verlauf die ‚Republikaner' (REP) bei Landtagswahlen in Baden-Württemberg, den Senatswahlen in Berlin und bei den Europawahlen 1987 zum Teil deutlich über fünf Prozent der Stimmen erzielten. Seitdem sind in den 1990er Jahren immer wieder Wahlerfolge der ‚Republikaner', der ‚Deutschen Volksunion' (DVU) und in jüngster Zeit auch der NPD bei Kommunal- und Landtagswahlen erfolgt (vgl. Arzheimer 2004).

Szene ist ausdifferenziert und vernetzt

In Deutschland besteht eine stark ausdifferenzierte und vernetzte Szene mit drei Wahlparteien, einer Reihe von übergreifenden Bewegungsorganisationen und zahllosen aktiven Kleingruppen („groupuscules"[5]). Mit der NPD existiert eine Partei, die sich vor allem in Ostdeutschland als Wahlpartei mit vitalen lokalen Strukturen etabliert hat und gleichzeitig als zentrale Bewegungsorganisation mit guten Kontakten zum nicht parteilich organisierten Spektrum fungiert. Es sind regelmäßige größere Mobilisierungen, Feste, Aufmärsche und – wenn auch nicht gleich stark in allen Bundesländern – eine ausgeprägte Demonstrationspolitik zu verzeichnen. Ferner verfügt der deutsche Rechtsextremismus über eine Vielfalt an Propagandamitteln wie Zeitungen und Zeitschriften, Versandhandlungen und Internetseiten (vgl. Pfeiffer 2002).

Betrachtet man das aktuelle Erscheinungsbild der extremistischen Rechten in der Bundesrepublik, dann dominieren also auf den ersten Blick die Parteien. Mit insgesamt etwa 21.500 Mitgliedern organisierten sie 2005 aber nur noch ca. 55 Prozent der aktiven Rechtsextremisten; 1999 waren es noch ca. 72 Prozent.[6] Auch das sehr gute Abschneiden der NPD und der DVU bei den Landtagswahlen in Sachsen bzw. Brandenburg am 19. September 2004 (9,2 bzw. 6,1 Prozent) sowie der NPD in Mecklenburg-Vorpommern am 17. September 2006 (7,3 Prozent) kann nicht über die strukturelle Schwäche rechtsextremistischer Parteien in Deutschland hinwegtäuschen. Bei den Landtagswahlen in Schleswig-Holstein und Nordrhein-Westfalen 2005 konnte die NPD nicht annähernd an ihren Erfolg in Sachsen anknüpfen und verfehlte die Fünf-Prozent-Hürde deutlich.

NPD betreibt eine intensive Bündnispolitik

Die NPD ist heute sowohl eine klassische Wahlpartei als auch – im Tandem mit ihrer Nachwuchsorganisation ‚Junge Nationaldemokraten' (JN) – eine Organisation, die sich mit einer sozialen Bewegung identifiziert und sich für die Einlösung der Bewegungsziele einsetzt. Dabei operiert, kooperiert oder konkurriert die NPD durchaus mit anderen, auch informellen, dezentralen Gruppen auf einem Feld, das vor allem durch hohe symbolische Integration und gemeinsame Deutungsmuster gekennzeichnet ist (vgl. Minkenberg 1998: 240).

Die DVU, die im Rahmen des „Deutschlandpaktes" bei einer Reihe der jüngsten Wahlen der NPD den Vortritt gelassen hatte, steht vollkommen unter dem Regime des Vorsitzenden Dr. Gerhard Frey. Die Folgen sind ein kaum ausgeprägtes Parteiinnenleben und rückläufige Mitgliederzahlen, was die DVU zu einer Phantompartei macht, die hauptsächlich zum Vertrieb von Freys Druck- und Medienerzeugnissen dient.

REP verlieren an Bedeutung

Die ‚Republikaner' schnitten jüngst sehr schlecht bei Wahlen ab (Bundestagswahl 2002: 0,6 Prozent, Bundestagswahl 2005: 0,3 Prozent, Landtagswahlen 2006 in Sachsen-Anhalt 0,5 Prozent und in Rheinland-Pfalz 1,7 Prozent) und konnten ihre Sitze im baden-württembergischen Landesparlament nicht verteidigen. Ferner ist die Partei durch andauernde innerparteiliche Auseinandersetzungen und die faktische Auflösung ganzer Landesverbände in Nord- und Ostdeutschland stark geschwächt. Die ‚Republikaner' erscheinen heute wie zu ihren Anfangszeiten allenfalls als „südwestdeutsches Phänomen". Die Wiederwahl des Bundesvorsitzenden Schlierer auf dem Bundesparteitag der REP im Dezember 2006 führte zu ersten Austritten von Mitgliedern des extremistischen Flügels. Ob und inwieweit es zur vollständigen Abspaltung des extremistischen Flügels kommen wird, bleibt abzuwarten.

Diese Entwicklung lässt sich aber keineswegs als ein Niedergang des Rechtsextremismus im Allgemeinen begreifen – lediglich seine Hauptträger, seine charakteristischen Strukturen und Aktionsformen haben sich verändert (vgl. dazu auch Klärner/Kohlstruck 2006). Neben dem traditionellen, parteiförmigen Spektrum des Rechtsextremismus hat sich in Deutschland seit den 1980er/1990er Jahren ein bewegungsförmiger Flügel gebildet, der mehrheitlich von Jugendlichen und jungen Erwachsenen meist männlichen Geschlechts dominiert wird und heute weitgehend das Erscheinungsbild des organisierten Rechtsextremismus bestimmt. Man kann hier von einem deutlichen Umbruch sprechen, der durch eine Verjüngung und Dynamisierung sowie einen gravierenden Anstieg fremdenfeindlicher Gewalttaten geprägt war.

Verjüngung und Dynamisierung prägen den Rechtsextremismus

In Deutschland hat sich zudem eine rechtsextremistische „Demonstrationspolitik" mit hoher Frequenz öffentlicher Aktionen etabliert (vgl. Virchow 2006). Diese Demonstrationen finden beinahe wöchentlich – mitunter an mehreren Orten gleichzeitig – in allen Teilen des Landes statt. Die Teilnehmerzahlen bewegen sich meist im Bereich von 150 bis 400 Personen – einzelne Großereignisse (wie das Pressefest des NPD-Organs ,Deutsche Stimme', der Rudolf-Heß-Marsch[7], die Demonstration am Soldatenfriedhof in Halbe oder zum 1. Mai) ziehen aber bis zu 7.000 Teilnehmer an. Diese aktionistische, für Jugendliche interessante Politikform umfasst auch die Forderung nach „nationalen Zentren" sowie eine „Wortergreifungsstrategie" – also die Teilnahme an Veranstaltungen politischer Gegner mit dem Ziel, diese zu stören und umzufunktionieren (vgl. den Beitrag von Klaus-Peter Hufer in diesem Band). Rechtsextremisten haben zudem ihre Agitation und Selbstdarstellung modernisiert. Sie thematisieren verstärkt aktuelle politische Fragen – wie den Irak-Krieg oder die soziale Frage. Vornehmlich junge Neonazis bezeichnen sich selbst als „Autonome Nationalisten". Sie propagieren einen „revolutionären nationalen Sozialismus" und einen völkischen Antikapitalismus. Strategisch, optisch und semantisch bedienen sie sich bei linksextremistischen „Autonomen", einschließlich „schwarzer Blöcke" und der Forderung nach militanten Kampfformen.

4. Fazit und Ausblick

Wie gezeigt, besteht eine vitale rechtsextremistische soziale Bewegung in Deutschland, die über eine starke kollektive Identität und über eine erhebliche Mobilisierungsstärke verfügt. Während die rechtsextremistische soziale Bewegung über intern weithin akzeptierte Ideologiemuster und Feindbilder verfügt, ist sie in Bezug auf ihre Strukturen und Strategien immer noch eher heterogen. Dennoch hat sich Rechtsextremismus als soziale Bewegung – auch „Volksfront von rechts" genannt – etabliert und wird auf absehbare Zeit nicht verschwinden.

Prozess der Globalisierung leistet dem Rechtsextremismus Vorschub

Die Kontextbedingungen in Zeiten der Globalisierung sind für Rechtsextremismus günstig. Dass die Globalisierung der Entstehung bzw. Verbreitung von Rechtsextremismus Vorschub leistet, kann als gesichert gelten (vgl. Stöss 2004; Greven/Grumke 2006). Globalisierungsprozesse machen vielen Menschen schlicht Angst. „So wird die Angst vor scheinbar Unbewältigbarem transportiert in Angst vor etwas, das abzuwehren nicht völlig aussichtslos ist, in Angst vor Kriminalität, vor Asozialen, vor Minderheiten und dergleichen, oder es wird – was oft auf das Gleiche hinauskommt – der Bedrohung eine Struktur unterstellt" (Welzk 1998: 38). Die Prozesse und Zumutungen der Globalisierung wirken als Humus für den Rechtsextremismus.

Die von Rechtsextremisten propagierte völkische Re-Nationalisierung und Re-Ethnisierung der Politik ist eine fundamentale Alternative zur freiheitlich-demokratischen Gesellschaftsordnung und muss entsprechend ernst genommen werden. Der sich beschleunigende soziale und politische Wandel leistet der Mobilisierung der extremistischen Rechten Vorschub.

Besonders vielschichtig ist die Situation in Ostdeutschland, wo eine mobilisierungsfördernde „doppelte Modernisierung" festzustellen ist: Die nachgeholte Systemtransformation fällt zusammen mit dem aus Westdeutschland importierten Modernisierungsschub (vgl. Minkenberg 1998). Zu beobachten ist eine alltagskulturelle rechtsextremistische Dominanz in Teilen des ländlichen Ostdeutschlands, die der Journalist Toralf Staud zugespitzt als „Faschisierung der ostdeutschen Provinz" bezeichnet hat (vgl. Staud 2005). In seinem Buch „Moderne Nazis" und auf seiner Website macht Staud anhand einer Fülle von Beispielen klar, wie sich diese Entwicklung seiner Beobachtung nach vor Ort niederschlägt:

„Faschisierung der ostdeutschen Provinz"

„In Teilen Sachsens, aber auch in Brandenburg, Thüringen, Sachsen-Anhalt und Mecklenburg-Vorpommern gelten Freiheiten und Grundrechte heute nur noch eingeschränkt. ‚National Befreite Zonen' gibt es dort nicht, aber Gegenden, die von den Organen des Rechtsstaates nur noch mühsam erreicht werden. In denen rechte Jugendcliquen vorgeben, was auf der Straße erlaubt ist und was nicht. Und wo in den Köpfen der Bevölkerung ein völkisches Weltbild herrscht – übrigens weit über die Wählerschaft der NPD hinaus und praktisch unwidersprochen. [...] Stück für Stück wird so die Gesellschaft homogener, kommt dem völkischen Ideal der NPD näher." (ebd.)

Soweit eine vitale demokratische Zivilgesellschaft, etablierte parteipolitische Strukturen und – allgemein – eine verwurzelte demokratische Kultur schwächer ausgeprägt sind, können Rechtsextremisten mit ihren reduktionistischen Welterklärungen punkten. Die „Abwicklung der BRD" – die der NPD-Vorsitzende Udo Voigt in der Euphorie des Wahlerfolgs in Sachsen in einem Interview angekündigt hatte – ist nicht in Sicht. Doch – wie anfangs angesprochen – verbreitern und intensivieren sich demokratiefeindliche Diskurse in der Gesellschaft. Gerade Rechtsextremisten in Deutschland können hierauf aufsatteln.

Anmerkungen

1 Vgl. hierzu nur die neueren Studien der Einstellungsforschung wie Heitmeyer (2002–2007) und Decker/Brähler 2006.
2 Zur Erfüllung seiner Funktion als Frühwarnsystem in der wehrhaften Demokratie ist beispielsweise der Verfassungsschutz Nordrhein-Westfalen durch das Verfassungsschutzgesetz NRW berechtigt, über eine Organisation zu berichten, wenn tatsächliche Anhaltspunkte für den Verdacht einer verfassungsfeindlichen Bestrebung vorliegen. Für eine Berichterstattung ist es nicht Voraussetzung, dass sich Verdachtsmomente bis zur Einschätzung als „verfassungsfeindlich" verdichtet haben.
3 Nach Schmittke zeichnet sich kollektive Identität dadurch aus, dass sich die Beteiligten äußerst stark mit einer sozialen Gruppe identifizieren und sich ihrer Zugehörigkeit zu dieser Gruppe ständig bewusst sind. Diese Gruppe verbinden gemeinsame Werte und Interpretationsmuster sozialer Realität. Beides bildet die „nicht verhandelbare Basis für politische Mobilisierung" (vgl. Schmittke 1995: 24 f., 30).
4 Bayern (1966), Baden-Württemberg (1968), Bremen (1967), Hessen (1966), Niedersachsen (1967), Rheinland-Pfalz (1967), Schleswig-Holstein (1967).
5 Roger Griffin hat für das nicht-parteiliche, oftmals splitterhafte Spektrum den Begriff der „groupuscular right" vorgeschlagen (Griffin 2003). Obwohl sie autonome und fest geformte Einheiten sind, verfügen groupuscules aber nur über eine kleine Zahl aktiver Mitglieder und minimale öffentliche Sichtbarkeit oder gar Unterstützung. Trotzdem könnten sie durch die Fähigkeit, sich relativ einfach mit anderen, vergleichbaren Einheiten zu verbinden, Einfluss und Bedeutung erlangen. In diesem Sinne bilden „groupuscules" eine nicht hierarchische, führerlose und polyzentrische Bewegung mit fließenden Übergängen und ständig wechselnden Bestandteilen (vgl. hierzu auch Grumke/Klärner 2006: 11 ff.).
6 Vgl. die Jahresberichte des Bundesamtes für Verfassungsschutz.
7 Der zentrale Heß-Gendenkmarsch in Wunsiedel wurde 2005 und 2006 vom Bundesverfassungsgericht verboten. Es fanden jedoch kleinere Ersatzveranstaltungen statt.

Literatur

Arzheimer, Kai 2004: Wahlen und Rechtsextremismus, in: Bundesministerium des Innern (Hrsg.): Extremismus in Deutschland. Erscheinungsformen und aktuelle Bestandsaufnahme, Berlin, S. 56-81

Bergmann, Werner/Erb, Rainer 1994: Eine soziale Bewegung von rechts? Entwicklung und Vernetzung einer rechten Szene in den neuen Bundesländern, in: Forschungsjournal Neue Soziale Bewegungen, H. 2/1994, S. 80-98

Bergmann, Werner/Erb, Rainer 1998: „In Treue zur Nation". Zur kollektiven Identität der rechtsextremen Bewegung, in: Hellmann/Koopmans 1998, S. 149-165

Decker, Oliver/Brähler, Elmar 2006: Vom Rand zur Mitte. Rechtsextreme Einstellungen und ihre Einflussfaktoren in Deutschland, Berlin

Fichter, Michael/Stöss, Richard/Zeuner, Bodo 2004: Gewerkschaften und Rechtsextremismus, Studie im Auftrag der Hans-Böckler-Stiftung, Berlin, www.polwiss.fu-berlin.de/projekte/gewrex/gewrex_downl.htm

Gessenharter, Wolfgang 1998: Neue extreme Rechte, intellektuelle Neue Rechte und Rechtsextremismus: Zur theoretischen und empirischen Neuvermessung eines politisch-ideologischen Raumes, in: Gessenharter, Wolfgang/Fröchling, Helmut (Hrsg.): Rechtsextremismus und neue Rechte in Deutschland: Neuvermessung eines politisch-ideologischen Raumes? Opladen, S. 25-66

Greven, Thomas/Grumke, Thomas (Hrsg.) 2006: Globalisierter Rechtsextremismus? Die extremistische Rechte in der Ära der Globalisierung, Wiesbaden

Griffin, Roger 2003: From slime mould to rhizome: an introduction to the groupuscular right, in: Patterns of Prejudice, H. 1/2003, S. 27-50

Grumke, Thomas/Klärner, Andreas 2006: Rechtsextremismus, die soziale Frage und Globalisierungskritik. Eine vergleichende Studie zu Deutschland und Großbritannien seit 1990, Berlin

Grumke, Thomas/Wagner, Bernd (Hrsg.) 2002: Handbuch Rechtsradikalismus. Personen – Organisationen – Netzwerke, vom Neonazismus bis in die Mitte der Gesellschaft, Opladen.

Heitmeyer, Wilhelm (Hrsg.) 2002 ff.: Deutsche Zustände, Frankfurt/M.

Hellmann, Kai-Uwe/Ruud Koopmans (Hrsg.) 1998: Paradigmen der Bewegungsforschung. Entstehung und Entwicklung von Neuen sozialen Bewegungen und Rechtsextremismus, Opladen

Jaschke, Hans-Gerd 1992: Formiert sich eine neue soziale Bewegung von rechts? Folgen der Ethnisierung sozialer Konflikte, in: Blätter für deutsche und internationale Politik 37, Heft 12, S. 1437-1447

Minkenberg, Michael 1998: Die neue extreme Rechte im Vergleich – USA, Frankreich, Deutschland, Opladen/Wiesbaden

Pfeiffer, Thomas 2002: Für Volk und Vaterland. Das Mediennetz der Rechten – Presse, Musik, Internet, Berlin

Röpke, Andrea/Speit, Andreas (Hrsg.) 2004: Braune Kameradschaften. Die neuen Netzwerke der militanten Neonazis, Berlin

Rucht, Dieter 2002: Rechtsextremismus aus der Perspektive der Bewegungsforschung, in: Grumke/Wagner 2002, S. 75-86

Scheuch, Erwin K./Klingemann, Hans-Dieter 1967: Theorie des Rechtsextremismus in westlichen Industriegesellschaften, Hamburger Jahrbuch für Wirtschafts- und Gesellschaftspolitik, 12. Jg., Tübingen, S. 11-29

Schmittke, Oliver 1995: Kollektive Identität in der politischen Mobilisierung territorialer Bewegungen, in: Forschungsjournal Neue Soziale Bewegungen 8, Heft 1, S. 24-31

Schubarth, Wilfried/Stöss, Richard (Hrsg.) 2001: Rechtsextremismus in der Bundesrepublik Deutschland. Eine Bilanz, Opladen

Staud, Toralf 2005: Moderne Nazis: die neuen Rechten und der Aufstieg der NPD, Köln, www.moderne-nazis.de

Stöss, Richard 1994: Forschungs- und Erklärungsansätze – ein Überblick, in: Kowalsky, Wolfgang /Schroeder, Wolfgang (Hrsg.): Rechtsextremismus. Einführung und Fortschungsbilanz, Opladen, S. 23-66

Stöss, Richard 2000: Rechtsextremismus im vereinten Deutschland, 3. Aufl., Berlin

Stöss, Richard 2004: Globalisierung und rechtsextreme Einstellungen, in: Bundesministerium des Innern (Hrsg.): Extremismus in Deutschland, Berlin, S. 82-97

Stöss, Richard 2005: Rechtsextremismus im Wandel (hrsg. von der Friedrich-Ebert-Stiftung), Berlin, http://library.fes.de/pdf-files/ostdeutschland/02930.pdf

Virchow, Fabian 2006: Dimensionen der „Demonstrationspolitik" der extremen Rechten in der Bundesrepublik Deutschland, in: Klärner/Kohlstruck 2006, S. 68-101

von Beyme, Klaus von 1988: Right-Wing Extremism in Post-war Europe, in: Beyme, Klaus von (Hrsg.): Right-Wing Extremism in Western Europe, Sonderheft der West European Politics, H. 2/1988, London, S. 1-18

Thomas Pfeiffer

Menschenverachtung mit Unterhaltungswert

Musik, Symbolik, Internet – der Rechtsextremismus als Erlebniswelt

Erscheinungsbild des Rechtsextremismus hat sich modernisiert

Das Gesicht des Rechtsextremismus in Deutschland hat sich verändert. Zum einen hat sich das Erscheinungsbild dieser Szene modernisiert – eine Entwicklung, die insbesondere seit den 1990er Jahren zu beobachten ist. Zwar bedienen sich Rechtsextremisten nach wie vor auch der Symbole und der Ästhetik des Nationalsozialismus, doch dominiert mittlerweile ein modernes Gewand. Häufig wirkt der Rechtsextremismus keineswegs altbacken oder ewiggestrig, vielmehr spricht er die Symbolsprache des 21. Jahrhunderts: Rockmusik ist zum wichtigen Träger ideologischer Botschaften geworden, Volksverhetzung taucht nicht selten in modernem Web-Design auf. Zum anderen hat sich das Aktionsfeld der Szene verlagert. Standen in der Vergangenheit Wahlkämpfe und ideologische Debatten im Vordergrund, versucht die Szene heute unmittelbarer – und wirksamer – Einfluss zu gewinnen. Sie zielt auf den Alltag ihrer potenziellen Anhänger, das heißt: die Lebenswelt insbesondere von Jugendlichen. Die Kombination von Freizeit- und Unterhaltungswert mit politischen Inhalten, die um einen fremdenfeindlichen Kern und die Verherrlichung, zumindest die Verharmlosung des Nationalsozialismus kreisen, ist zum Kennzeichen des zeitgenössischen Rechtsextremismus geworden. Diese Verbindung kann als „Erlebniswelt Rechtsextremismus" bezeichnet werden. Das „Projekt Schulhof" – der Versuch der rechtsextremistischen Szene, eine Musik-CD kostenlos an Kinder und Jugendliche zu verteilen – steht stellvertretend für den breiten Fächer der Bemühungen, junge Menschen mit jugendgerechten Mitteln anzusprechen und politische Inhalte möglichst en passant zu vermitteln. Merkmale, Botschaften und Erscheinungsweisen der Erlebniswelt Rechtsextremismus nimmt der folgende Beitrag in den Blick. Dies geschieht überwiegend am Beispiel der Musik mit rechtsextremistischen Inhalten, des so genannten „Rechtsrock".

Aktionsfeld hat sich verlagert

Erlebniswelt Rechtsextremismus – was ist das genau?

Keltenkreuz

Schwarze Sonne

Generell ist unter einer „Erlebniswelt Rechtsextremismus“ die Verbindung von Lebensgefühl, Freizeitwert und politischen Botschaften in dieser Szene zu verstehen. Der Begriff meint somit alle Formen, in denen Anhänger der Szene – besonders gilt dies für Jugendliche – aktiv werden, etwas unternehmen können, somit im Kontext des Rechtsextremismus Unterhaltung finden. Erlebnisangebote sind eng an entsprechende Gruppen gebunden. In der Regel handelt es sich dabei nicht um fest und formal-hierarchisch strukturierte Organisationen, sondern eher um lose Kreise oder Cliquen. In dem Maße, in dem die Anbindung an die Szene enger wird, ideologische Prämissen zur Überzeugung werden, verdichten sich Unterhaltung und Gruppenzugehörigkeit zum Lebensgefühl. Gemeinsame Kleidung wird zu mehr als einer beliebigen Mode: Sie symbolisiert das Bekenntnis zu einem gemeinsamen „way of life“, sie ist Teil eines Ehrenkodex. Auf ähnliche Weise schweißen Symbole – zum Beispiel das stilisierte Keltenkreuz oder die „Schwarze Sonne“ – die Szene zusammen. Dasselbe gilt für Codes – etwa die 14 als Kürzel für die „14 words“, eine rassistische Parole mit 14 Wörtern.* Gerade in der jüngeren Vergangenheit hat der Rechtsextremismus eine breite Palette an Unterhaltungsmöglichkeiten entwickelt: seien es Konzerte, Rechtsrock-CDs – die häufig in der Gruppe gehört werden –, Demonstrationen oder Veranstaltungen wie das Pressefest des NPD-Organs ‚Deutsche Stimme‘ und nicht zuletzt das Internet, wo zurzeit rund 1.000 deutschsprachige Seiten von Rechtsextremisten abrufbar sind. Mitunter sind rechtsextremistische Seiten im World Wide Web technisch aufwändig und optisch ansprechend gemacht – sie unterhalten mit Diskussionsforen, Musik und anderen interaktiven Elementen.

Gruppenzugehörigkeit als Lebensgefühl, Kleidung als Code, Unterhaltungsangebote und Wertvorstellungen, die von der Erwachsenenwelt abgrenzen, sind Elemente, die sich in praktisch allen Jugendkulturen finden und nicht in jedem Fall problematisch sind. In der Erlebniswelt Rechtsextremismus ist all dies an politische Botschaften gebunden, die allgegenwärtig sind und mal offen, mal verdeckt aus Symbolen,

*14 words: We must secure the existence of our people and a future for white children (Wir müssen die Existenz unseres Volkes sichern und eine Zukunft für weiße Kinder). In der Abbildung (rechtsextremistischer Aufnäher) kommen zudem vor: 88 (für: Heil Hitler) und White-Power-Faust.

Bildern und (Lied-)Texten sprechen. Diese Botschaften lassen sich in zwei Gruppen einteilen:

a) Feindbilder

Cover der Band ‚Landser'

Das Plattencover der Berliner Band ‚Landser' („Ran an den Feind") ist ein treffendes Beispiel für Feindbilder, ohne die die Erlebniswelt Rechtsextremismus nicht denkbar ist. Es zeigt eine weiße Faust mit dem ‚Landser'-Emblem – ein Schwert und ein L für ‚Landser' –, die den geradezu klassischen Feindbildreigen der rechtsextremistischen Szene zerschlägt: Hierzu zählen Schwarze, Juden – auf dem Cover sind sie präzise im Stile des nationalsozialistischen Kampfblattes ‚Stürmer' dargestellt –, Asiaten, Homosexuelle oder Punks, die stellvertretend stehen können für alle politischen Gegner. Die hier dargestellten Feindbilder sind nahezu vollständig; der demokratische Verfassungsstaat und seine Vertreter – insbesondere die Polizei – ließen sich ergänzen. Die Band ‚Landser' – deren Verurteilung als kriminelle Vereinigung der Bundesgerichtshof im März 2005 bestätigt hat – ist in weiterer Hinsicht typisch für diese Erlebniswelt. Sie ist eine Kultband der Szene, weil sie wie kaum eine andere Band menschenverachtende Botschaften, Feindbilder – in ihren Texten reichen diese bis zur Verherrlichung des Mordes – mit einem fast durchgängig launigen Unterton verbindet: mit einem provokanten Gestus und einem zynischen Wortwitz. Es liegt auf der Hand, dass solche Elemente des Humors – zählt man den Zynismus hinzu – ein entscheidender Bestandteil der Erlebniswelt sind. Hinzu kommt, dass offenbar gerade ‚Landser'-CDs über die Szene hinaus Verbreitung finden, das heißt: dass sie als Kopien bei nicht wenigen Jugendlichen präsent sind, die nicht in rechtsextremistische Zusammenhänge eingebunden sind.

b) Identitätsangebote

Aus: Archiv der Jugendkulturen: Reaktionäre Rebellen

Ähnlich bedeutsam wie die Feindbilder sind die Identitätsangebote, die von rechtsextremistischen Veröffentlichungen und Liedtexten ausgehen. Die Abbildung zeigt eine Zeichnung aus einer Zeitschrift (Fanzine) der rechtsextremistischen Skinhead-Szene. Der Slogan „Heute wie damals – im Kampfe vereint" gibt die Botschaft aus: „Gehörst Du zu uns, bist Du ein Krieger" – also jemand, so ließe sich die Parole verstehen, der für die gemeinsamen Sache ein hohes Risiko einzugehen bereit ist, der sich nicht durch leere Worte auszeichnet, sondern durch Gewalt. Abgebildet sind – in einer Reihe mit einem bewaffneten Skinhead

– ein germanischer Krieger oder Wikinger sowie ein Soldat, sei es der Wehrmacht oder des Ersten Weltkriegs. Diese Zeichnung wiederum impliziert die Aussage: „In unseren Reihen bist Du nicht allein und unbedeutend, vielmehr stehst Du in der langen Kette heldenhafter Vorgänger und Ahnen. Du gewinnst Bedeutung nicht, weil Du bist, wie Du bist, sondern weil Du zu einem machtvollen Kollektiv gehörst.“ Da Identitätssuche zweifellos bei Jugendlichen eine zentrale Rolle spielt, könnten solche Identitätsangebote verführerisch sein.

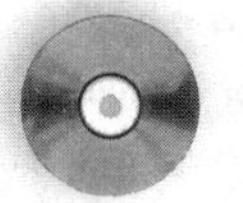

Weitere Abbildungen auf der CD-ROM

Vielfalt der Erlebniswelt

Je vielfältiger die Erlebniswelt, desto größer die potenzielle Breitenwirkung. Zwei Beispiele rechtsextremistischer Selbstdarstellungen im Internet zeigen, dass Action großgeschrieben wird, um Anhänger zu gewinnen. Das erste Beispiel stammt von der Internetseite, die parallel zum neonazistischen „Projekt Schulhof“ geschaltet wurde – die Bundesprüfstelle für jugendgefährdende Medien hat diese Seite inzwischen indiziert, im Netz ist sie nicht mehr verfügbar. Unter der Überschrift „Geh mit uns auf Reisen“ umriss die Seite werbewirksam die Erlebnisangebote der Szene: „Fast jedes Wochenende besteht die Möglichkeit mit uns auf Reisen zu gehen. Sei es mit Kameraden auf ein Konzert zu fahren, oder den Protest gegen die Missstände in diesem Staat in Form von Demonstrationen irgendwo in Deutschland auf die Straße zu tragen. Oftmals lassen sich auch Demo und Konzert zeitlich und räumlich verbinden. Neben Rednerveranstaltungen zu geschichtlichen und aktuellen politischen Themen wird auch auf Liederabenden, teilweise untermalt von Gitarren, bis in die frühen Morgenstunden hinein gesungen. Da wir Nationalisten sehr naturverbunden sind, organisieren auch viele Gruppen Wanderungen, teilweise über mehrere Tage, durch unsere deutschen Lande. Zeltlager, Kulturreisen, Wikingerfeste und Fußballturniere sind in vielen Kameradschaften fester Bestandteil ihrer Freizeitaktivitäten. Der kameradschaftliche Geist wird durch solche Aktionen gestärkt und man lernt sein direktes Umfeld schnell kennen. Natürlich darf der Spaß bei allen unseren Aktivitäten nicht zu kurz kommen.“ Die Seite streicht den Eventcharakter politischer Veranstaltungen heraus. Spaß und Gruppengefühl werden mit Liederabenden und Naturromantik verbunden. Insgesamt bietet der Text wenig provokante jugendkulturelle Aktivitäten an – politische Aktionen werden genannt, aber inhaltlich nicht spezifi-

„Geh mit uns auf Reisen“

„... der Spaß darf nicht zu kurz kommen“

ziert: Der Text setzt – auch durch seine gestelzte Sprache – eher auf die seriöse Ummantelung rechtsextremistischer Jugendangebote.

Werbe-Clip präsentiert Gruppenerlebnisse

Beispiel zwei: Die neonazistische Kameradschaft ‚Freie Nationalisten Rhein-Neckar' hat Anfang 2006 ein gut zweiminütiges Werbevideo ins Internet gestellt. Der Beitrag ist im Stil eines Video-Clips produziert: Im Hintergrund ist das Lied „Die Straße frei" der Berliner Band ‚Spirit of 88' zu hören – verständlich ist vor allem der Refrain:

„Komm reih dich ein, die Straße frei
Schließ dich uns an, komm sei dabei
Kamerad, reich mit deine Hand – Nationaler Widerstand!"

Zum Kameradschaftsangebot im Text und zum stakkatoartigen, treibenden Skinhead-Rock passen die Bilder: Der Clip zeigt Gruppenerlebnisse unterschiedlicher Art, darunter Ausschnitte aus einem Skin-Konzert, Fackelzüge, Abende am Lagerfeuer, Geländewanderungen im Schnee – Sequenzen zeigen Kampf- und Erlebnissportarten wie Kickboxen und Free Climbing, Spiele wie Tauziehen oder Hammerwerfen, aber auch gewaltsame Auseinandersetzungen mit der Polizei. Der Film legt nahe, dieses Aktivitäten seien in den Reihen des „Nationalen Widerstands" gang und gäbe – er erzeugt ein aktivistisch-antibürgerliches Image dieser Szene, das sie beim Betrachter interessant machen soll. Politische Inhalte sind den Bildern kaum zu entnehmen, abgesehen von schwarz-weiß-roten Fahnen, die gelegentlich wehen. Die Flagge des Kaiserreiches ist bei Rechtsextremisten beliebt – wohl nicht zuletzt, weil ihre Farben der Hakenkreuzfahne des Nationalsozialismus entsprechen. Die alte Reichsflagge ist in der Szene sehr viel präsenter als die schwarz-rot-goldene Flagge der Bundesrepublik Deutschland.

Musik-Angebot ist breit gefächert

Besonders breit gefächert ist das Musik-Angebot der Szene. Der Rechtsrock ist kein eigener Stil, vielmehr greifen Rechtsextremisten Musikelemente aus praktisch allen populären Sparten, zumindest vereinzelt, auf – darunter schnelle und aggressive Rhythmen, die an Punk und Metal-Stile angelehnt sind, aber auch Balladen kommen vor sowie Coverversionen bekannter Schlager oder Pop-Stücke. Zur rechtsextremistischen Musikpalette tragen ca. 140 Skinhead-Bands bei, die nach Angaben des Bundesamtes für Verfassungsschutz im Jahr 2005 aktiv waren – im Jahr zuvor waren es 106 (vgl. Verfassungsschutzbericht Bund 2005: 63). In Nordrhein-Westfalen zählt die Dortmunder Gruppe ‚Oidoxie' zu den wichtigsten Szene-Bands. Sie hat inzwischen sieben Alben vorgelegt, darunter die CD „Weiß & Rein", die im Titel an ihrer rassistischen Haltung keinen Zweifel lässt. Darüber hinaus hat sich ‚Oidoxie' an einer Reihe von Samplern beteiligt. Da die Skinhead-Szene seit Langem international vernetzt und durch ihr Mutterland England geprägt ist, zählen auch ausländische Bands zu den bekanntesten unter Skinheads in Deutschland – zum Beispiel ‚Bound for Glory' (USA) oder ‚No Remorse' (Großbritannien). Zu Unrecht werden die Skinheads gelegentlich pauschal mit dem Rechtsextremismus gleichgesetzt. Vielmehr handelt es sich um eine Jugendkultur, die in der Tradition unpolitisch und bis heute keineswegs geschlossen rassistisch ist. In erheblichen Teilen der Skin-Szene sind die Verbindungen zum Rechtsextremismus, entsprechende Symbole und Einstellungen allerdings offensichtlich.

Cover der Band ‚Oidoxie'

Rechtsextremistische Liedermacher sprechen alle Altersgruppen an

Während subkulturell geprägte Musik und Pop-Cover in erster Linie für jüngere Menschen attraktiv sind, erreichen rechtsextremistische Liedermacher ein generationenübergreifendes Publikum einschließlich jugendlicher Skinheads. Bundesweit traten 26 rechtsextremistische Liedermacher 2005 bei entsprechenden Veranstaltungen auf (vgl. Verfassungsschutzbericht Bund 2005: 64). Zu den umtriebigsten Szene-Musikern zählt Frank Rennicke, der als eine wichtige Integrationsfigur innerhalb der rechtsextremistischen Szene gilt. Rennicke hat inzwischen über 20 Tonträger veröffentlicht. Er war Mitglied der 1994 verbotenen neonazistischen ‚Wiking-Jugend', hat sich dann der NPD angeschlossen und bestreitet inzwischen regelmäßig das kulturelle Begleitprogramm der Parteiveranstaltungen.

Nicht nur musikalisch kommen rechtsextremistisch geprägte Lieder unterschiedlich daher, dies gilt auch für die Deutlichkeit und Aggressivität ihrer Aussagen. Zu den Extremen zählen folgende Beispiele, die den Holocaust und andere rassistische Morde verherrlichen und die durchaus als Aufrufe zur Gewalt verstanden werden können. Das erste Beispiel stammt von der Skinhead-Band ‚Weisse Wölfe' aus NRW (CD: „Weisse Wut") – in dem Lied „Unsere Antwort" heißt es:

> *„Und dann haben wir die alleinige Führung*
> *Dann weinen viele, doch nicht vor Rührung*
> *Für unser Fest ist nichts zu teuer*
> *10.000 Juden für ein Freudenfeuer*
> *Ihr tut unserer Ehre weh*
> *Unsre Antwort Zyklon B".*

Antisemitismus bleibt ein zentrales Element

Das Lied, das musikalisch im Metal-Stil gehalten ist, enthält eine selbst für rechtsextremistische Kreise ungewöhnlich offene Menschenverachtung. Es leugnet den Holocaust nicht, sondern verherrlicht ihn: Das Giftgas „Zyklon B" wird als Antwort auf die Situation der Gegenwart präsentiert, der Mord an Juden als ein „Fest", der Massenmord als ein „Freudenfeuer". Der Text verweist darauf, dass der Antisemitismus auch 60 Jahre nach Auschwitz ein zentrales ideologisches Element des Rechtsextremismus ist. Ein weiteres Feindbild und ein eher noch stärkerer Zynismus taucht in dem Lied „Niemals" der Band ‚Landser' auf (CD: „Ran an den Feind").

> *„Irgendwer wollte den Niggern erzählen,*
> *sie hätten hier das freie Recht zu wählen*
> *Recht zu wählen, haben sie auch*
> *Strick um den Hals oder Kugel in den Bauch"*

Band ‚Landser' zieht alle Register der Provokation

Die Band kleidet diesen Text in schlichte, eingängige Country-Musik. Wenn sie auch alle Register der Provokation zieht, macht der Text doch deutlich, dass die grundlegende Botschaft ernst gemeint und ernst zu nehmen ist. In der ersten Strophe nimmt er Bezug auf die Französische Revolution und den Gedanken einer grundlegenden Gleichheit der Menschen („Bei der Revolution im alten Frankreich/erfand man diesen Blödsinn, alle Menschen wären gleich"). Diese Idee, die die europäische Aufklärung prägte, hat sich im Grundgesetz beispielsweise in Artikel 1 („Die Würde des Menschen ist unantastbar") niedergeschlagen. Rechtsextremisten lehnen eine grundlegende Gleichheit, somit auch allgemeine Menschenrechte, vielfach ausdrücklich ab. Indem ‚Landser' dieses Thema anklingen lässt, zeigt die Band, dass sie fest auf dem ideologischen Boden des Rechtsextremismus steht und kein schieres Spiel mit der Provokation betreibt.

Beide Beispiele gehen über den Rahmen des strafrechtlich Zulässigen bei Weitem hinaus. Das gilt für andere rechtsextremistische Liedtexte vielfach nicht. Um den legalen Vertrieb nicht zu gefährden, bewegen sich solche Texte immer häufiger knapp unterhalb der Strafbarkeitsschwelle und arbeiten mit Andeutungen. Das Beispiel eines offensichtlich mit Bedacht zurückhaltend formulierten Textes wird im Zusammenhang mit dem „Projekt Schulhof" näher erläutert.

Warum macht die Erlebniswelt den Rechtsextremismus attraktiv?

Schlaglichter auf zwei beispielhafte Erklärungsansätze für Rechtsextremismus bei Jugendlichen lassen schärfer hervortreten, was die Erlebniswelt Rechtsextremismus für manche Jugendliche anziehend macht. Es liegt auf der Hand, dass die im Folgenden genannten Faktoren keine vollständige Liste der Ursachen für den Rechtsextremismus darstellen.

Bereits in Untersuchungen der späten 1980er Jahre hat der Bielefelder Konfliktforscher Wilhelm Heitmeyer darauf hingewiesen, dass rechtsextremistische Orientierungen bei Jugendlichen seiner Auffassung nach nicht zuletzt auf Desintegrationsprozessen in modernen Industriegesellschaften beruhen, auf einer „Individualisierung von Lebenslagen und Lebenswegen", die den Einzelnen zunehmend auf sich selbst verweise. Größerer persönlicher Freiheit stehe eine abnehmende Berechenbarkeit der Lebensplanung gegenüber. Negative Entwicklungen würden erlebt oder befürchtet. Die von ihm angesprochenen Desintegrationsprozesse hat der Forscher in neuesten Arbeiten – den Studien zur „Gruppenbezogenen Menschenfeindlichkeit" – differenzierter dargestellt und nicht allein auf Jugendliche bezogen. Er sieht sie auf mehreren Ebenen, insbesondere einer materiellen, politischen und sozialen Ebene. Insofern könnten beispielsweise der (drohende) Verlust des Arbeitsplatzes, das Gefühl, in der Politik kein Gehör zu finden, ebenso wie problematische Familienverhältnisse zur Desintegration beitragen und feindselige Haltungen fördern. Demnach gilt grundsätzlich: Wo Ängste zu- und Sicherheiten abnehmen, werden feindselige Einstellungen gegenüber gesellschaftlichen Minderheiten wahrscheinlich. Entsprechende Haltungen stellte die Untersuchung keineswegs allein am rechten Rand der Gesellschaft fest, sondern in bedenklichem Maße bei Personen, die sich selbst zur „politischen Mitte" zählen (vgl. z.B. Heitmeyer 2007).

Wo Sicherheiten abnehmen, werden feindselige Haltungen wahrscheinlich

Die Vermutung erscheint plausibel, dass der Bezug auf mythisch überhöhte Kollektive wie „Volk" oder „Rasse" kollektive Identität schaffen soll, das heißt: ein vordergründiges Gefühl der Zugehörigkeit, das die

Ausgrenzung – bis hin zum Hass – der anderen – der „Feinde" – umfasst. Menschenverachtende Konstrukte wie das Führerideal oder das Recht des Stärkeren können unter Umständen als Ausgleich für eigene Handlungsunsicherheiten herhalten. In diesem Lichte betrachtet, ist die Erlebniswelt Rechtsextremismus ein attraktives Angebot. Zu den ideologischen Offerten tritt ein außerordentlich starkes Gruppengefühl. Rechtsextremistische Gruppen werden von Aussteigern vielfach als eine soziale und politische Heimat oder geradezu als Ersatzfamilie beschrieben – ein Gruppengefühl, das für abweichende Vorstellungen keinen Raum lässt.

Gegen die Thesen Heitmeyers ist eingewandt worden, sie erklärten nicht, warum sich desintegrierte Personen nach rechts wendeten, nicht etwa zu anderen Extremen oder zu einer gänzlich apolitischen Haltung. Von dieser Frage ging Anfang der 1990er Jahre der Politikwissenschaftler Hans-Gerd Jaschke aus, der inzwischen an der Führungsakademie der Polizei in Münster lehrt. Jaschke sah die Attraktivitätsmomente des Rechtsextremismus insbesondere für junge Menschen in dessen bewegungsförmiger Struktur. Er verstand den Rechtsextremismus in seiner gegenwärtigen Gestalt somit als eine neue soziale Bewegung; seiner Struktur – nicht den politischen Inhalten – nach sei er den neuen sozialen Bewegungen seit den späten 1960er Jahren vergleichbar, wie der Studenten-, Friedens- oder Ökologiebewegung, die überwiegend auf der Linken angesiedelt und mit neuen Aktionsformen in Erscheinung getreten waren. Als Belege nennen Forscher, die diesen Ansatz unterstützen, den netzwerkartigen Charakter des heutigen Rechtsextremismus, die Betonung direkter Aktionen – zum Beispiel Demonstrationen – sowie das gezielte Einwirken auf den Alltag von Zielgruppen. Eine erhebliche Breitenwirkung könne diese Bewegung nicht zuletzt deshalb entfalten, weil sie mit modernen Mitteln und einer aktuellen Ästhetik agiere. Somit sind „bewegungsförmige Elemente" im Sinne Jaschkes auch Kernbestandteile der Erlebniswelt Rechtsextremismus (vgl. Jaschke 1993 sowie den Beitrag von Thomas Grumke in diesem Band).

Entwicklung zur Bewegung macht Rechtsextremismus attraktiv

Strategie und Geschäft: Interessen hinter der Erlebniswelt

Dass junge Menschen für Neonazi-Agitation in blutleerer Programmform kaum empfänglich sind, war dem englischen Aktivisten Ian Stuart Donaldson bereits vor gut 20 Jahren bewusst. Er erkannte, dass Ideologie

Ian Stuart Donaldson: Wegbereiter des Rechtsrock

in modernisierter Verpackung umso wirkungsmächtiger ist, und wurde zur Schlüsselfigur für die Verknüpfung neonazistischer Organisationen mit der Skinhead-Szene. Musik berühre die jungen Leute, die von den Politikern nicht erreicht würden, schrieb Donaldson: „Viele finden die Politik, parteipolitisch gesehen, langweilig [...]. Es ist doch viel angenehmer, mit anderen ein Konzert zu besuchen und Spaß zu haben, als in eine politische Versammlung zu gehen." Musik – für Jugendkulturen ein zentrales Gruppenidentität stiftendes Element – trat durch Donaldson ihren Siegeszug in der rechtsextremistischen Szene an. 1977 gründete er die Band ‚Skrewdriver'; als ihr Sänger zählte er zu den Pionieren des Rechtsrock und wurde in Kreisen rechtsextremistischer Skinheads zur Legende. 1993 kam er bei einem Verkehrsunfall ums Leben. Donaldson gilt als Begründer der internationalen Skinhead-Organisation ‚Blood & Honour', die in Deutschland seit September 2000 verboten ist. Das ‚Skrewdriver'-Logo – ein geschwungenes S – ist bis heute ein verbreitetes Symbol der rechtsextremistischen Skinhead-Szene, auch die Zahl 28 als Umschreibung für „Blood & Honour" – das B ist der zweite, das H der achte Buchstabe des Alphabets – kommt immer wieder vor. Ganz im Sinne Donaldsons rief ein damaliger Rechtsrock-Händler aus NRW – Gründer des Skin-Verlags und -Vertriebs ‚Creative Zeiten' – rechtsextremistische Organisationen auf, die Musik zu nutzen, und kritisierte, dass sich altbackene Gruppen dagegen sträubten. Dabei hätte man auf diese Weise, so der Betreffende in seinem Buch „Skinhead Rock", „den Parteien und politischen Vorfeldorganisationen des nationalen Lagers ein strategisch wichtiges Instrument in die Hand geben können, indem man junge Leute über die Musik an die Politik herangeführt hätte". In dieser Hinsicht haben sich viele rechtsextremistische Organisationen als lernfähig erwiesen – Musik ist als Mittel der Breitenwirkung für Neonazis wie für Parteien attraktiv geworden und aus ihrer Sicht konventionellen Agitationsformen überlegen. Torsten Heise, führender Neonazi, Mitglied des NPD-Vorstands und Inhaber eines einschlägigen Versandhandels, sagte in einem Interview: „Eine gut gemachte CD ist definitiv weitaus besser als ein sehr gutes Flugblatt. Wo vor drei Jahren, vier Jahren, fünf Jahren vielleicht noch 3.000 abgesetzt worden sind, werden heute bis zu 20.000 Exemplare abgesetzt. [...] Und letztendlich ist es so, dass man ja sagt, dass man dieses mal 55 nehmen kann: Schwarzkopien hier – dort eine Kassette aufgenommen – in der Klasse ist das ruck, zuck rum. Das ist natürlich eine Sache, auf die wir auch setzen: Das ist Propaganda."

Schal mit Logo der Band ‚Skrewdriver'

„Musik ist Propaganda"

Strukturwandel im Geschäft mit rechtsextremistischer Musik setzt sich fort

Diese Propaganda ist – mal als Hauptmotiv, mal als Nebeneffekt – auch ein Geschäft. Entsprechende CDs, Kleidungsstücke und Accessoires wurden 2006 von ca. 90 bundesweit aktiven Versandhändlern vertrieben (2005: 75). Damit setzt sich ein Strukturwandel in der Produktion und dem Handel mit rechtsextremistischer Musik fort: Diese lagen bis Mitte der 1990er Jahre in der Hand weniger größerer Unternehmen, heute ist eine Vielzahl kleiner Vertreiber in der Branche tätig. Henning Flad geht davon aus, dass diese Szene-Ökonomie inzwischen von „primär politisch motivierten Aktivisten" beherrscht werde – Personen, die in der Szene zum Teil seit den frühen 1990er Jahren sozialisiert seien und ihre „street credibility" im Kampf um den rechtsextremistischen Markt einsetzten. Demnach beteiligten sich auffällig viele der heute wichtigsten Produzenten bis zum Verbot an ‚Blood & Honour' und hätten dort die „Fertigkeiten" des Geschäfts erlangt: „Dies umfasst, um nur einige Punkte zu nennen, sowohl betriebswirtschaftliche Grundkenntnisse als auch Abgebrühtheit im Umgang mit Strafverfahren und regelmäßigen Razzien, das konspirative Anmieten von Tonstudios und Logistik." Durch interne Konkurrenz und die Möglichkeiten, CDs zu kopieren und MP3-Dateien aus dem Internet herunterzuladen, seien die Umsatzchancen solcher Unternehmer inzwischen begrenzt – sie sichern aber vielfach den Lebensunterhalt und ermöglichen es, „ihr Leben in der Szene zum Beruf zu machen" (Flad 2006: 107 f., 115).

Gratis-CDs: Ein Projekt macht Schule

Mit dem „Projekt Schulhof" haben die Bemühungen der Szene, Kinder und Jugendliche zu erreichen, eine neue Dimension erreicht. Das Ziel war, eine CD mit rechtsextremistischen Liedern – sowie mit einer Computer-Datei, die propagandistische Schriften und Kontaktadressen von Rechtsrock-Händlern und rechtsextremistischen Gruppen umfasst – in hoher Auflage kostenlos vor Schulen und Jugendtreffs zu verteilen. Es gehe darum, „noch nicht gefestigte Schüler" zu erreichen, hieß es in einem der ersten Aufrufe, mit dem die Verantwortlichen in der Szene um Unterstützung warben. Die Aktion wurde von einer breiten Allianz rechtsextremistischer Aktivisten vorangetrieben und konspirativ durchgeführt. Rechtsextremistische Bands aus dem In- und Ausland haben Lieder beigesteuert; zum Teil

Cover „Projekt Schulhof"

sind diese Bands innerhalb der Szene bestens bekannt. Anders als geplant ist die CD nicht im großen Stil verbreitet worden. Das Amtsgericht in Halle/Saale hatte im August 2004 festgestellt, Inhalte der CD seien „offenkundig schwer jugendgefährdend", und angeordnet, die CD bundesweit zu beschlagnahmen. Die Inhalte der CD wurden allerdings teilweise über einen ausländischen Anbieter in das Internet eingestellt.

Politisch ist die Breitenwirkung das Ziel solcher Aktionen, zudem ist auch das „Projekt Schulhof" mit kommerziellen Interessen verwoben. Mit Hilfe der Gratis-CD wollten die Verantwortlichen offenbar neue Absatzmöglichkeiten für Musik mit rechtsextremistischen Inhalten erschließen. Der erwähnte Aufruf an die Szene spricht dieses Motiv an: Er richtet sich vorwiegend an Aktivisten, die entsprechende Musik produzieren oder mit ihr handeln; sie sollten auch den kommerziellen Nutzen – „die PR-Wirkung innerhalb der Szene" – bedenken, da die Unterstützer publik gemacht würden, und sich der „potentiellen Kunden" bewusst sein, „die durch solch eine Aktion gewonnen werden könnten". Politische Inhalte werden vor allem in der Einleitung der CD deutlich. Als typischer Propagandatext zeichnet sie sich durch ein plakatives Gut-Böse-Schema aus: Das Intro entwirft das Bild eines Wert-losen Deutschland, das durch Begriffe wie „Korruption", „Kriminalität", „Drogen", „Gewalt" und „Arbeitslosigkeit" gekennzeichnet wird. Hervorgerufen werde diese Situation teils durch Egoismus, teils durch Böswilligkeit der Herrschenden („die anscheinend nichts weiter im Sinn haben, als uns und unser Land dem vollkommenen Ruin einen Schritt näher zu bringen"). Im Anschluss wird das Gegenmodell einer deutschen Gemeinschaft gezeichnet, die mit existenziell-positiv besetzten Attributen verbunden wird wie „gesund", „glücklich" und „stark". Das Intro beschwört das Ideal einer streng nach ethnischen Linien differenzierten Welt – dies entspricht dem Theorem des „Ethnopluralismus": Demnach ist jegliche Mischung ethnischer Gruppen schädlich für das Gemeinwesen – Menschen, die ethnisch keine Deutschen sind, bedrohen die Homogenität, letztlich Qualität und Bestand Deutschlands. Entsprechende Akteure bestreiten vielfach, fremdenfeindliche Haltungen zu vertreten. Vielmehr geben sie humanitäre Motive vor, da nur in einer ethnisch homogenen Umgebung der Einzelne tatsächliche Identität finde. In diesem Sinne heißt es im Intro:

Gratis-CD verspricht kommerziellen Nutzen

Ethnopluralismus: Vermischung ist bedrohlich

„Wir wollen, dass die Menschen im gesunden Einklang miteinander, ihrem Land, ihrem Volk und der Natur leben. […]
Wir wollen feste soziale Bindungen, die keinen Deutschen ausschließen und Hilfe für Bedürftige leisten. […]
Wir wollen alle Völker und Kulturen dieser Erde in ihrer wunderbaren Einzigartigkeit erhalten.
Wir sind keine Ausländerfeinde! Wir lieben das Fremde –
in der Fremde."

Ausgrenzende Botschaften in freundlichem Gewand

Der Text wird gesprochen, nicht gesungen – langsam, verständlich und untermalt von getragenen Orchesterklängen. Ausgrenzenden Botschaften möchten die Verantwortlichen musikalisch und sprachlich ein freundliches Gewand geben. Die folgenden Lieder schlagen mitunter aggressivere Töne an. Der Beschlagnahmebeschluss aus Halle stützte sich auf das Lied „Im Krieg gegen ein Scheiß-System" der Gruppe ‚Stahlgewitter' – darin heißt es:

„Das Reich der Deutschen liegt am Boden, gemartert und zerschunden
Unser aller Heimatland blutet aus tausend Wunden
Eine stets devote Klein-Provinz, auch BRD genannt
Aufrecht geht hier nur noch der Nationale Widerstand

Wir sind im Krieg, wir sind im Krieg,
wir sind im Krieg gegen ein Scheiß-System

Staatsverschuldung, Multikulti und Freiheit eine Phrase
Der Verwesungsgeruch des Scheißsystems liegt uns schon ätzend in der Nase
Sozialabbau, Überfremdung, Massenarbeitslosigkeit
Ihr Pseudo-Demokraten seid dem Untergang geweiht
Ja, ihr Staatsbüttel ihr, das wollt ihr also schützen
Die Auflösung von Volk und Nation, das wird nichts mehr nützen"

Dem deutschen Verfassungsstaat spricht der Text den demokratischen, freiheitlichen Charakter drastisch ab. Mit Schlagworten wie „Multikulti", „Überfremdung" sowie „Auflösung von Volk und Nation" bekämpft er ein verständiges Zusammenleben mit Ausländern oder Deutschen mit Migrationshintergrund. Einwanderung wird als ein von politischen

Eliten planmäßig betriebener Prozess dargestellt, der dem Ziel diene, Deutschland und das deutsche Volk zu zerstören. Das Lied zeichnet zudem das aus rechtsextremistischen Kreisen bekannte Zerrbild eines durch fremde Mächte beherrschten und gedemütigten Deutschland. Es setzt dem deutschen Staat ein angeblich fortbestehendes, mythisches „Reich" gegenüber und fordert Gebietserweiterungen. Wie diese zu erreichen seien, lässt es offen. Faktisch setzen sie Gewalt voraus. Das Lied ist im Hardrock-Stil gehalten, der geeignet sein dürfte, die Inhalte des Textes zu verstärken.

Verschwörungstheorien: Deutschland durch fremde Mächte gedemütigt

Das „Projekt Schulhof" hat Nachahmer gefunden – vier Gratis-CDs nach diesem Muster sind bis zum Jahr 2006 bekannt geworden. Das interessanteste Folgeprojekt ist eine CD mit dem Titel „Project Schoolyard": „Als Ausdruck der wachsenden internationalen Solidarität und Kooperation zwischen weißen Nationalisten hat das ‚Projekt Schulhof' den Atlantik überquert und wird hier in den USA fortgesetzt", hieß es im September 2004 auf der Internetseite des rechtsextremistischen Musikverlages ‚Panzerfaust Records'. Der Schreiber des Eintrags, Byron Calvert (eigentlich: Bryant Cecchini), ist Mitbegründer dieses Unternehmens, das inzwischen in ‚Free Your Mind Productions' umbenannt wurde und lange Zeit zu den größten rechtsextremistischen Musikverlagen und -vertrieben weltweit zählte. In Zusammenarbeit mit einer Reihe von rechtsextremistischen Gruppen und Bands in den USA hatte ‚Panzerfaust Records' innerhalb weniger Wochen eine CD mit 20 Liedern zusammengestellt. Die Stücke sind auf den amerikanischen Markt zugeschnitten und stammen von szenebekannten „White Power"-Bands. Nach Calverts Angaben sind in den ersten zwei Wochen nach Pressung 20.000 Exemplare der CD verschickt worden, sodass ‚Panzerfaust Records' weitere 80.000 Exemplare pressen ließ.

Cover „Project Schoolyard"

NPD hat drei Schulhof-CDs veröffentlicht

Auch die NPD legte kostenlose Sampler vor, die in Wahlkämpfen eingesetzt wurden – bereits 2004 die CD „Schnauze voll? Wahltag ist Zahltag!" für den sächsischen Landtagswahlkampf. Im Booklet dieser CD benutzt die Partei auch Comic-Elemente, die Jugendliche ansprechen sollten. 2005, im Vorfeld der Bundestagswahl, folgte die CD „Der Schrecken aller linken Spießer und Pauker" – für den Wahlkampf in Mecklenburg-Vorpommern legte die Partei eine neue Fassung dieses Gratis-Samplers auf, die neben bereits verwendeten Titeln auch eine

Reihe neuer Lieder enthält. Alle drei Alben bezeichnet die NPD auch als „Schulhof-CDs". Die Partei setzt seit geraumer Zeit auf junge Zielgruppen. Insofern ist es nicht überraschend, dass sie eine Erlebniswelt entfaltet, die erheblich umfangreicher ist als die Angebote anderer rechtsextremistischer Parteien. Ein Beispiel von vielen ist die Internetseite ‚Jugend für Deutschland', die Jugendseite der NPD im Saarland. Die – optisch wenig ansprechende, textlastige – Homepage umreißt ihr Ziel folgendermaßen: „Die Aktion ‚Jugend für Deutschland!' will euch mit dieser Internetseite Hilfestellung beim täglichen Kampf gegen die politisch korrekten Umerzieher insbesondere in den saarländischen Schulen bieten und euch bei Problemen mit staatlicher Repression, roten Chaoten und kriminellen Ausländern durch individuelle Ratschläge helfend zur Seite stehen." In diesem Sinne umfasst sie unter anderem „Verhaltenstips für nationale Jugendliche": zum Beispiel, keine szenetypische Kleidung zu tragen oder „im Unterricht keinesfalls sein eigenes Wahlverhalten oder seine Affinität zu einer bestimmten politischen Partei [zu] offenbaren".

Musik-Angebot der DVU: kuriose Mischung

In Sachsen-Anhalt kandidierte im März 2006 – einer Absprache mit der NPD entsprechend – die ‚Deutsche Volksunion' (DVU) für den Landtag. Die DVU – der zeitgenössische jugendkulturelle Elemente bis dahin völlig fremd waren – legte zwar keine eigene Gratis-CD vor, richtete aber eine Musik-Rubrik auf ihrer Internetseite ein unter dem Titel „Stolz und frei. Rechtsrock – Vaterlandslieder – Deutschlandlied". Die musikalische Mischung ist kurios: Neben Balladen, von denen eine auch auf den NPD-CDs enthalten ist, umfasst sie Bläserfanfaren und Chorgesänge – zum Beispiel in Volksliedern aus den Befreiungskriegen. Zur Erlebniswelt dürften diese Angebote für eher wenige Jugendliche beitragen. Strafrechtlich relevante bzw. indizierungswürdige Texte konnten auf den CDs der NPD nicht festgestellt werden.

Fazit

Freizeitwert, Lebensgefühl und politische Botschaften – diese Kombination macht den zeitgenössischen Rechtsextremismus in Deutschland zu einer Erlebniswelt, die bei Jugendlichen mitunter Anklang findet. In diesem Zuge hat sich das Erscheinungsbild der Szene modernisiert: Vorherrschend ist ein aktuelles Gewand für ein rückwärtsgewandtes Denken, das im Kern aus ausgrenzenden, häufig menschenverachtenden Inhalten besteht, die sich mit den Stichworten Fremdenfeindlichkeit/Rassismus – insbesondere Antisemitismus – sowie Verherrlichung oder Verharmlosung des Nationalsozialismus grob umreißen lassen. Die Erlebniswelt vermittelt nicht nur Feindbilder – etwa Schwarze, Juden oder Homosexuelle –, sondern auch Wir-Gefühle, die auf nationalistischen oder rassistischen Prämissen beruhen. Gerade Letztere könnten bei Jugendlichen verführerisch wirken. Das „Projekt Schulhof" in Verbindung mit seinem US-amerikanischen Pendant – dem „Project Schoolyard" – zeigt die internationale Dimension dieser Erlebniswelt und die zentrale Bedeutung, die der Musik mit rechtsextremistischen Inhalten und dem Internet zukommt. Stücke des Rechtsrock variieren stilistisch – von aggressiv bis romantisch – und hinsichtlich der Deutlichkeit ihrer Aussagen. Häufig ist ihre Verbreitung nach deutschem Recht beispielsweise als Volksverhetzung strafbar, zunehmend verlassen sie die Grenzen des Legalen bewusst nicht, zumal kommerzielle Interessen durch strafbare Inhalte gefährdet sein könnten.

Je aggressiver die Botschaft, desto gefährlicher die Wirkung?

Die Botschaften der Erlebniswelt Rechtsextremismus sind nicht grundsätzlich umso problematischer, je aggressiver sie vorgetragen werden. Sicherlich sind Texte, die Morde verherrlichen oder zu ihnen aufrufen, eine sehr ernst zu nehmende Bedrohung für eine demokratische Kultur und ein weltoffenes Klima in Deutschland. Sie tragen dazu bei, Hemmschwellen für konkrete Gewalttaten zu senken. Je unverfänglicher die Aussagen allerdings auf den ersten Blick erscheinen, desto eher könnten gerade Kinder und Jugendliche sie unkritisch aufnehmen. Dies gilt beispielsweise für die vorgeblich humanitäre Haltung, die aus dem Satz „Wir lieben das Fremde – in der Fremde" spricht und einen ausgrenzenden Nationalismus kaschieren soll, der sich – anders formuliert – auch in der Parole „Deutschland den Deutschen – Ausländer raus!" findet.

Erlebnisangebote können Vorurteile verstärken

Die Darstellung der Erlebniswelt Rechtsextremismus wirft die Frage auf, welche Resonanz die Bemühungen der Szene um Jugendliche finden könnten. Nach empirischen Untersuchungen weisen die meisten Jugendlichen beispielsweise fremdenfeindliche Parolen zurück. Ablehnung von Minderheiten und Vorurteile kommen aber – ebenso wie bei Erwachsenen – nicht selten vor. Erlebnisangebote, die mit rechtsextremistischen Botschaften verknüpft sind, könnten vor allem dann wirksam werden, wenn sie auf vorhandene unterschwellige oder offen vertretene Ressentiments stoßen. Bei Jugendlichen, die Codes und Strategien der rechtsextremistischen Szene kennen, die mit Hintergründen der Einwanderung nach Deutschland vertraut sind und die sich in die Situation von Minderheiten einfühlen können, stoßen rechtsextremistische Behauptungen auf Distanz und Zivilcourage. Aufklärung über rechtsextremistische Aktivitäten ist daher – neben einem Fächer anderer Maßnahmen – ein wichtiger Schritt, um humane Orientierungen bei Jugendlichen zu fördern und eine demokratische Kultur zu stützen und zu schützen.

Literatur

Flad, Henning 2006: Zur Ökonomie der rechtsextremen Szene – die Bedeutung des Handels mit Musik, in: Klärner, Andreas/Kohlstruck, Michael (Hrsg.): Moderner Rechtsextremismus in Deutschland, Hamburg, S. 102-115

Heitmeyer, Wilhelm 2007: Deutsche Zustände. Folge 5, Frankfurt/M.

Jaschke, Hans-Gerd 1993: Formiert sich eine neue soziale Bewegung von rechts? Folgen der Ethnisierung sozialer und politischer Konflikte, in: Mitteilungen des Instituts für Sozialforschung an der Johann Wolfgang Goethe-Universität Frankfurt am Main, H. 2/1993, S. 28-44

Verfassungsschutzbericht Bund 2005: Bundesministerium des Innern (Hrsg.): Verfassungsschutzbericht 2005, Berlin 2006

Siehe CD-ROM

Musik – Mode – Markenzeichen 2006: Innenministerium des Landes Nordrhein-Westfalen (Hrsg.): Musik – Mode – Markenzeichen. Rechtsextremismus bei Jugendlichen, 3. Aufl., Düsseldorf

Claus Homm

Fremdenfeindliche und rechtsextreme Orientierungen unter Hagener Schülerinnen und Schülern

„Wie? Gibt's die auch in Hagen?" …

Diese Frage hörte man häufig, als am 10. Februar 2001 zum ersten Mal seit Jahren wieder Neonazis in Hagen aufmarschierten. Seit 1986 war die etwas mehr als 200.000 Einwohner große Stadt am Rande des Ruhrgebiets im Zusammenhang mit Rechtsextremismus nicht sonderlich in Erscheinung getreten. Die Hagener Polizeipräsidentin Ursula Steinhauer wurde am 19. April 2001 bei der Vorstellung ihrer Kriminalitätsstatistik im Lokalteil der ‚Westfälischen Rundschau' mit den Worten zitiert: „Für eine ‚rechte Szene' reicht's in Hagen nicht!". Sie stellte fest, der Hagener Polizei seien 1999 lediglich 35, im Jahr 2000 56 rechtsextremistisch motivierte Straftaten bekannt geworden – davon nur eine Gewalttat. Es seien außerdem nur drei Personen bekannt, „die als Agitatoren und Organisatoren tätig geworden sind". Diese hätten „je nach Aktion oder Veranstaltung […] maximal 15 bis 35 Gleichgesinnte mitziehen können" (zit. nach WR 2001).

Organisierte Neonazi-Szene besteht in Hagen nicht

Bei den insgesamt fünf Aufmärschen der rechtsextremistischen Szene in Hagen zwischen 2001 und 2003 kamen die meisten Teilnehmer aus den umliegenden Kreisen und dem Ruhrgebiet. Bis auf eine Ausnahme wurden die Kundgebungen nicht einmal von Hagenern angemeldet, und hauptsächlich standen auswärtige Rechtsextremisten auf den Rednerlisten.

Der letzte große Auftritt dieser Szene in Hagen fand am 27. September 2003 in einer Gaststätte im Stadtteil Haspe statt. Wie die ‚Westfälische Rundschau' am 1. Oktober 2003 berichtete, referierte Horst Mahler über seine antisemitischen Verschwörungstheorien zum Anschlag auf das World Trade Center am 11. September 2001 – die Veranstaltung war vom einschlägig vorbestraften Schwelmer NPD-Ratsherrn Thorsten Crämer organisiert worden.

Das spiegelt eine Tatsache wider: Eine organisierte rechtsextremistische Kameradschaftsszene gab und gibt es in Hagen nicht. Die wenigen lokalen Akteure konzentrieren ihr Engagement eher auf den Ennepe-Ruhr-Kreis, insbesondere auf Schwelm. Nur hin und wieder fallen ein paar Jugendliche durch fremdenfeindliche Verhaltensweisen oder durch das Skandieren fremdenfeindlicher Parolen auf. Nur der am 28. August 2001 von der Lokalredaktion der ‚Westfälischen Rundschau' berichtete Übergriff auf vier Männer türkischer Abstammung in Hagen-Eilpe bildet dabei die Ausnahme.

Offensichtliche Vorfälle geben keinen Aufschluss über Einstellungen

Allein durch die polizeiliche Kriminalitätsstatistik oder die Zahl der in der Öffentlichkeit bekannt gewordenen Aktivitäten der rechten Szene lassen sich aber keinerlei Rückschlüsse auf die Verbreitung fremdenfeindlicher oder rechtsextremer Einstellungen in der Bevölkerung ziehen. Angesichts der angesprochenen Anstrengungen der Rechtsextremisten in den Jahren 2001 bis 2003, in der Hagener Bevölkerung Aufmerksamkeit zu erhaschen, wäre ein Blick darauf jedoch interessant. Dieser Frage wollte ich mich im Rahmen meiner Diplomarbeit am Fachbereich Sozialarbeit der Fachhochschule Dortmund nähern und habe im Sommer 2003 in Hagen eine Schülerbefragung zu diesem Thema durchgeführt.

1. Konzeption der Schülerbefragung

Rechtsextremismus und Fremdenfeindlichkeit werden oft als Probleme der „Jugend von heute" dargestellt. Einen großen Anteil an der Attraktivität des Rechtsextremismus für viele Jugendliche hat unter anderem die „Einstiegsdroge Nummer eins": der Rechtsrock (vgl. den Beitrag von Michael Wörner-Schappert in diesem Band sowie Farin 2001: 123). Über diese Musik werden gezielt junge Leute angesprochen; sie dient als Identifikationsmerkmal der Szene, als Gesprächsstoff, und sie hält Cliquen zusammen. Die aggressiven, harten Töne sowie die rassistischen und gewaltverherrlichenden Texte sind im Zusammenspiel mit exzessivem Alkoholkonsum oft Auslöser von Gewalt (vgl. Pfahl-Traughber 2000: 67 f.).

Damit einher gehen bestimmte Kleidungsstile und das Zeigen rechtsextremistischer Codes und Symbole, das wesentlich häufiger durch Jugendliche und junge Erwachsene als durch Ältere erfolgt (vgl. Hafeneger/Jansen 2001: 222). Zwar kann man von der Kleidung des einzelnen Jugendlichen nicht unmittelbar auf dessen politische Gesinnung schließen (vgl. Korgel/Borstel 2002: 213 f.); ein jugendspezifisches Phänomen bleibt dies aber trotzdem.

Jugendliche begehen häufiger Straftaten

Hinzu kommt, dass die Kriminalitätsstatistik rechtsextremistisch motivierte Delikte weit häufiger für die Altersgruppen der Jugendlichen und jungen Erwachsenen ausweist als für andere Altersgruppen (vgl. Willems/Steigleder 2003: 9; Stöss 2005: 157). Wenn man Medienberichte über einen längeren Zeitraum verfolgt, so werden auch hier im Zusammenhang mit solchen Gewalttaten Jugendliche und junge Erwachsene am häufigsten genannt (vgl. auch Pfeiffer u.a. 2002: 270, einschränkend: 274).

Auf den ersten Blick mag die These vom Rechtsextremismus als Problem der „Jugend von heute" also stimmen. Klaus Ahlheim und Bardo Heger haben jedoch festgestellt, dass es die ältere Generation ist, die weitaus häufiger rechtsextrem eingestellt ist als die jüngere. Letztere scheint hingegen häufiger gewaltbereit zu sein und tritt daher häufiger in Zusammenhang mit Rechtsextremismus und Fremdenfeindlichkeit in Erscheinung (vgl. Ahlheim/Heger 2000: 35 ff.; Decker/Brähler 2006: 50; Endrikat 2006).

Rechtsextremismus und Fremdenfeindlichkeit sind also keine rein jugendtypischen Phänomene. Da sich jedoch die Berichte von Sozialarbeitern, Lehrern, Eltern und Schülern über Jugendliche in Hagen häuften, die durch fremdenfeindliche Sprüche und einen rechten Lifestyle auffielen, entschied ich mich, ausschließlich Schülerinnen und Schüler zu ihren Einstellungen und Meinungen zu befragen. Ich habe mich dabei auf die Jahrgangsstufen 8, 9 und 10 beschränkt, da Jugendliche in dieser Altersklasse eine wichtige Phase in ihrer politischen Sozialisation durchleben. Kurt Möller hat darauf hingewiesen, dass Jugendliche „etwa ab dem 12. Lebensjahr über die Möglichkeit zu formalen Denkoperationen verfügen, die es ihnen verstandesgemäß erlauben, über Politisches zu reflektieren" (Möller 2000: 53). Bei dieser Phase (im Alter von 12 bis 16 Jahren) handele es sich um „die entscheidenden Jahre für die Entstehung politischen Denkens" (Möller 2000: 69).

Phase von 12 bis 16 Jahren: entscheidend für politisches Denken

Da politisches Denken bei Jugendlichen in diesem Alter also erst entsteht, kann man sie noch nicht als endgültig politisch orientiert betrachten. Vielmehr sind sie auf der Suche nach einer möglichen Orientierung und keinesfalls Träger einer gefestigten Ideologie. Insofern verwende ich die Formulierung „fremdenfeindlich bzw. rechtsextrem orientiert" und bezeichne die Jugendlichen mit solchen Orientierungen nicht als Rechtsextremisten, obwohl sie mit Letzteren häufig dieselben

Befragung geht Vorurteilen nach

Vorurteile und Denkmuster teilen. Es geht in meiner Befragung nicht um klare politische Denksysteme und fest strukturierte Ideologien, sondern eher um Stimmungen und Gestimmtheiten, die sich in diffusen Vorurteilen und vagen Einstellungsmustern äußern (Möller 2000: 74).

Insgesamt 16 der 66 Fragen meines Fragebogens (siehe Tabelle 1, S. 58) dienten dazu herauszufinden, ob bei den Befragten eine fremdenfeindliche bzw. rechtsextreme Orientierung vorliegt. Einige der Fragen sind der Studie „Der unbequeme Fremde" von Klaus Ahlheim und Bardo Heger entnommen, andere sind an die Studien „Deutsche Zustände" von Wilhelm Heitmeyer angelehnt.

Die übrigen 50 Fragen sollten Zusammenhänge mit anderen Einstellungen aufzeigen bzw. eventuell Rückschlüsse auf mögliche Ursachen zulassen. So beschäftigen sich 14 Fragen mit den persönlichen Angaben der Schüler zu Geschlecht, Alter, Nationalität, Schulform usw., jeweils acht Fragen mit dem Verhältnis zum Elternhaus bzw. zur Schule, fünf Fragen mit der Freizeitgestaltung und den Cliquen, sieben Fragen mit dem Gewaltaspekt und dem Alkoholkonsum sowie acht Fragen mit anderen, allgemeinpolitischen Fragestellungen.

Von den 66 Fragen waren lediglich acht zu persönlichen Angaben offen gestellt – ansonsten handelte es sich um Multiple-Choice-Fragen. Bei den jeweils acht Fragen zum Verhältnis der Jugendlichen zum Elternhaus bzw. zur Schule, drei der Fragen zur Einstellung zu Gewalt sowie den Fragen zu ihren politischen Meinungen und Einstellungen basierten die Antwortvorgaben auf der Likert-Skala („stimme voll und ganz zu", „stimme eher zu", „teils, teils", „stimme eher nicht zu" und „stimme überhaupt nicht zu").

676 Schüler(innen) haben sich beteiligt

Da ca. 10 bis 15 Prozent der Hagener Schüler(innen) in den Jahrgängen 8, 9 und 10 aller fünf Schulformen (Gymnasium, Gesamtschule, Realschule, Hauptschule, Förderschule) und in möglichst gleichmäßiger Verteilung auf die fünf Hagener Stadtbezirke (Mitte, Nord, Süd, Haspe und Hohenlimburg) erreicht werden sollten, hätten etwa 800 Schüler(innen) befragt werden müssen. Insbesondere einzelne Gymnasien waren nicht bereit, sich an der Untersuchung zu beteiligen – aus diesem Grund haben „nur" 676 Jugendliche (10,62 Prozent aller Schülerinnen und Schüler der Klassen 8, 9 und 10) den Fragebogen beantwortet. Die Befragung hat vom 27. Juni 2003 bis zum 28. Juli 2003 stattgefunden.

2. Ergebnisse

Von den 676 befragten Schülerinnen und Schülern sind 48,1 Prozent männlich und 51,9 Prozent weiblich. Sie waren zum Zeitpunkt der Befragungen zwischen 13 und 19 Jahren alt (13 bis 15 Jahre: 49,0 Prozent; 16 bis 17 Jahre: 47,3 Prozent; 18 bis 19 Jahre: 3,7 Prozent). 40,8 Prozent der Befragten gaben bei der Frage nach dem Herkunftsland ein anderes als Deutschland an.

Um das Ausmaß fremdenfeindlicher bzw. rechtsextremer Orientierungen unter diesen Schülerinnen und Schülern festzustellen, ist zunächst ein Blick auf die einzelnen Fragen zu diesen Einstellungen notwendig, die in der Tabelle 1 zusammengestellt sind.

Hierbei ist ein deutlicher Vorbehalt gegenüber den ausländischen Mitbürgerinnen und Mitbürgern festzustellen: 45,6 Prozent der Hagener Schülerinnen und Schüler stimmen der Forderung zu, die in Deutschland lebenden Ausländer sollten sich mehr an den Lebensstil der Deutschen anpassen – ein Drittel der Befragten meint, Ausländer seien krimineller als Deutsche und würden die deutschen Mädchen und Frauen häufig sexuell belästigen. 30 Prozent fühlen sich als Fremde im eigenen Land. Fast 20 Prozent der Jugendlichen wollen den Zuzug von Ausländern nach Deutschland generell untersagen.

Ein Drittel der Befragten: Ausländer sind krimineller

Filtert man die Aussagen der befragten Jugendlichen ohne Migrationshintergrund aus dieser Statistik heraus, wird das Problem noch deutlicher: 56,8 Prozent der deutschen Jugendlichen fordern eine stärkere Anpassung der ausländischen Bevölkerung an den deutschen Lebensstil – 41,0 Prozent meinen, dass Ausländer häufiger Straftaten begehen als Deutsche – 39,8 Prozent fühlen sich als Fremde im eigenen Land – 37,7 Prozent glauben, dass deutsche Mädchen und Frauen häufig von Ausländern sexuell belästigt werden – und 24,5 Prozent der deutschen Jugendlichen möchten den Zuzug von Ausländern nach Deutschland völlig untersagen.

Aber auch die übrigen Ergebnisse zu den Meinungen über bestimmte Personengruppen stimmen nachdenklich: Ein Viertel der befragten Hagener Schülerinnen und Schüler meint, Homosexuelle seien abartig und keine richtigen Menschen. Und 11 Prozent der Befragten sind der Meinung, Juden sollten in Deutschland „weniger Rechte als Deutsche“ haben.

Ein Viertel: Homosexuelle sind abartig

Tabelle 1

Frage/Aussage	Antwort 1	Antwort 2	Antwort 3	Antwort 4	Antwort 5
Die in Deutschland lebenden Ausländer sollten sich in ihrem Lebensstil den Deutschen anpassen.	_*30,1%**_	_*15,5%**_	29,2%	10,8%	14,4%
Wenn die Arbeitsplätze knapp werden, sollte man die in Deutschland lebenden Ausländer wieder in ihre Heimat zurückschicken.	_*11,1%**_	_*6,3%**_	19,1%	19,0%	44,5%
Die ausländischen Mitbürgerinnen und Mitbürger sind eine Bereicherung für unsere Gesellschaft.	20,1%	15,7%	41,8%	_*11,6%**_	_*10,8%**_
Durch die vielen Ausländer in Deutschland fühlt man sich zunehmend als Fremde/r im eigenen Land.	_*15,3%**_	_*14,7%**_	26,7%	19,7%	23,6%
Die in Deutschland lebenden Ausländer sind eine Belastung für das soziale Netz (z.B. Sozialhilfe, Krankenkassen usw.).	_*12,7%**_	_*11,8%**_	30,2%	18,6%	26,7%
Ausländer begehen häufiger Straftaten als die Deutschen.	_*16,1%**_	_*17,7%**_	32,5%	15,3%	18,4%
Die Polizei sollte künftig härter gegen ausländische Straftäter vorgehen.	_*13,9%**_	_*11,9%**_	23,2%	19,5%	31,5%
Die in Deutschland lebenden Ausländer sollten sich ihre Ehepartner unter ihren eigenen Landsleuten suchen.	_*10,2%**_	_*5,3%**_	15,3%	20,4%	48,8%
Der Zuzug von Ausländern sollte in Deutschland völlig untersagt werden.	_*10,4%**_	_*9,3%**_	27,5%	23,5%	29,3%
Die deutschen Mädchen und Frauen werden oft von den in Deutschland lebenden Ausländern sexuell belästigt.	_*14,7%**_	_*15,6%**_	31,6%	17,2%	20,9%
Alle Menschen haben die gleichen Rechte und man darf niemanden wegen seiner Nationalität, seiner Hautfarbe, seiner Religion, seines Geschlechts oder auf Grund anderer Merkmale benachteiligen.	79,8%	8,5%	6,7%	_*1,9%**_	_*3,1%**_
Streiks, Protestmärsche und Demonstrationen sollten künftig generell verboten werden.	_*8,6%**_	_*6,2%**_	29,5%	23,3%	32,4%
Die Politiker sollten sich viel mehr für die Rechte von behinderten Menschen einsetzen.	31,6%	36,8%	25,4%	_*3,9%**_	_*2,3%**_
Homosexuelle sind abartig und keine richtigen Menschen.	_*16,9%**_	_*7,4%**_	14,1%	16,1%	45,5%
Juden sollten in Deutschland weniger Rechte haben als Deutsche.	_*8,3%**_	_*2,7%**_	9,2%	10,3%	69,5%
Frauen sollten besser keinen eigenen Beruf ergreifen und keine Karriere machen, sondern sich lieber um den Haushalt und die Kinder kümmern.	_*4,3%**_	_*1,8%**_	10,6%	12,9%	70,4%

Erläuterungen: Antwort 1 = „stimme voll und ganz zu“, Antwort 2 = „stimme eher zu“, Antwort 3 = „teils, teils“, Antwort 4 = „stimme eher nicht zu“, Antwort 5 = „stimme überhaupt nicht zu“

* Antworten, die zur Ermittlung fremdenfeindlicher bzw. rechtsextremer Einstellungen herangezogen wurden, sind unterstrichen und kursiv gedruckt.

Zustimmung zu einzelnen Aussagen zeigt noch keine rechtsextreme Orientierung

Die Zustimmung zu einer einzelnen, tendenziell fremdenfeindlichen Aussage führt jedoch noch nicht dazu, diesen Jugendlichen als fremdenfeindlich bzw. rechtsextrem orientiert bezeichnen zu können. Eine solche Vorgehensweise würde bedeuten, dass gerade einmal 20,0 Prozent der Hagener Schülerinnen und Schüler nicht fremdenfeindlich wären. Denn 80,0 Prozent der Befragten haben mindestens eine als fremdenfeindlich bzw. rechtsextrem zu wertende Antwort gegeben. Es kommt stattdessen auf die Summe der in der Tabelle 1 unterstrichenen und kursiv gedruckten Antworten an.

Analog zu Ahlheim und Heger – die eine Skala aus fünf Stufen einer fremdenfeindlichen Orientierung gebildet haben (vgl. Ahlheim/Heger 2000: 27 f.) – bezeichne ich diejenigen Schülerinnen und Schüler, die keine als fremdenfeindlich bzw. rechtsextrem eingestellt zu wertende Antwort gegeben haben, im Folgenden als „gar nicht fremdenfeindlich bzw. rechtsextrem orientiert". Darüber hinaus differenziere ich in „kaum" (1-3 Antworten), „etwas" (4-7 Antworten), „deutlich" (8-11 Antworten) und „stark fremdenfeindlich bzw. rechtsextrem orientiert" (12-16 Antworten).

Dies führt zu dem Ergebnis, dass 20,0 Prozent der Hagener Schülerinnen und Schüler gar nicht, 42,9 Prozent kaum und 25,7 Prozent lediglich etwas fremdenfeindlich bzw. rechtsextrem orientiert sind. Deutliche Orientierungen jedoch haben 8,4 Prozent der Schüler – starke fremdenfeindliche bzw. rechtsextreme Orientierungen 3,0 Prozent. Insgesamt 11,4 Prozent der Hagener Schülerinnen und Schüler haben also bei mindestens der Hälfte der 16 Fragen eine als fremdenfeindlich oder rechtsextrem zu wertende Antwort gegeben.

Fremdenfeindlichkeits- bzw. Rechtsextremismus-Skala

gar nicht	kaum	etwas	deutlich	stark
20,0%	42,9%	25,7%	8,4%	3,0%

11,4%

Die Stadt Hagen hat zwar kein Problem mit dem organisierten Rechtsextremismus (Parteien, Organisationen, Kameradschaften), jedoch existieren in den Köpfen einer Vielzahl von Jugendlichen und jungen Erwachsenen (11,4 Prozent) problematische Einstellungs- und Orientierungsmuster. Bei der überwiegenden Zahl sind diese Einstellungen zwar (noch) nicht in konkrete Verhaltensweisen umgeschlagen – deshalb die Frage nach Problemen mit Rechtsextremismus und Fremdenfeindlichkeit zu verneinen wäre trotzdem die falsche Herangehensweise an dieses Thema. Stattdessen muss die Frage gestellt werden: Wie kann man dem Problem in den Köpfen begegnen? Um dies zu beantworten, muss man jedoch erst einmal wissen, mit welchen 11,4 Prozent man es zu tun hat und wo die Ursachen dafür liegen.

Faktor „Geschlecht"

Viele Studien zeigen: Frauen sind ebenso oft rechts orientiert wie Männer

Einstellungsuntersuchungen zeigen immer wieder, dass Frauen ähnlich stark und genauso oft rechts orientiert sind wie Männer. Allerdings sind Frauen im rechten Spektrum deutlich weniger sichtbar: „Die Aktivisten- und Täterebene ist nahezu ausschließlich männlich dominiert, die Wähler-Ebene nur zum überwiegenden Teil und auf der Ebene der Orientierungsmuster sind Frauen gleichermaßen fremdenfeindlich und rechtsextrem disponiert" (Jaschke 2001: 117; vgl. auch Küpper/Heitmeyer 2005; einschränkend: Decker/Brähler 2006: 48).

In Hagen sind 15,2 Prozent der Jungen und 8,0 Prozent der Mädchen fremdenfeindlich bzw. rechtsextrem orientiert. Die Gruppe der deutlich und stark fremdenfeindlich bzw. rechtsextrem Orientierten besteht zu 36,4 Prozent aus weiblichen Jugendlichen. Dennoch steht dieses Ergebnis nur bedingt in Widerspruch zu den oben ausgeführten Forschungsergebnissen: Auch Ahlheim und Heger haben festgestellt, dass die Unterschiede zwischen Männern und Frauen bei Jüngeren größer

Rechtsextreme Orientierungen nach Geschlecht

– in Prozent –

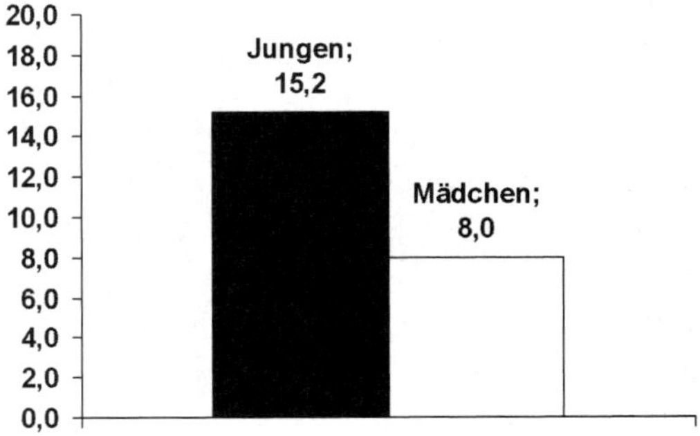

sind als bei Älteren und dass junge Männer häufiger fremdenfeindlich eingestellt sind als junge Frauen (vgl. Ahlheim/Heger 2000: 41).

Faktor „Alter“

Die 13- bis 15-jährigen Schülerinnen und Schüler sind in Hagen noch am seltensten fremdenfeindlich bzw. rechtsextrem orientiert. Nur 6,4 Prozent weisen entsprechende Ausrichtungen auf. Am anfälligsten scheinen die 16- bis 17-Jährigen (17,0 Prozent) zu sein, wobei man die Ergebnisse bei den 18- bis 19-Jährigen (8,0 Prozent) aufgrund der geringen Größe der Gruppe (25 Schüler) nicht überbewerten darf. Tendenziell sind also die älteren Jugendlichen eher fremdenfeindlich bzw. rechtsextrem orientiert als die jüngeren.

Ältere Jugendliche sind häufiger fremdenfeindlich als jüngere

Faktor „Herkunftsland“

In Hagen haben 15,7 Prozent der deutschen Jugendlichen eine fremdenfeindliche bzw. rechtsextreme Orientierung, jedoch auch 5,5 Prozent der Jugendlichen ausländischer Herkunft. Letzteres mag zunächst überraschen. Doch auch Bernd Wagner meint: „In den alten Bundesländern sind zunehmende rechtsextreme Orientierungen in Migrantenmilieus festzustellen, die häufig mit religiösen Komponenten, wie einem militanten Islam, verbunden sind“ (Wagner 2001: 158). Allerdings kommen die fremdenfeindlichen bzw. rechtsextremen Migrantenjugendlichen in Hagen nicht in erster Linie aus muslimischen Ländern: Sieben dieser Schüler gaben Polen als Herkunftsland an, je zwei die Türkei, Italien und Russland sowie je einer die Mongolei bzw. Serbien/Montenegro. Fremdenfeindliche und rechtsextreme Orientierungen sind also auch unter Migrantenjugendlichen festzustellen.

Rechtsextreme Orientierungen kommen auch unter jugendlichen Migranten vor

Faktor „Verhältnis zu den Eltern“

Von vielen Autoren wird eine negative Beziehung zu den Eltern als eine Ursache für die Ausprägung rechtsextremer Orientierungen gesehen. Kurt Möller zum Beispiel spricht davon, dass eine „geringe Kontaktdichte und eine sozio-emotional entleerte Atmosphäre zu Hause“ die Affinität zu solchen Orientierungen begünstigen (vgl. Möller 2000: 264).

Acht Fragen dazu waren in den Fragebogen integriert, die jedoch keinerlei Auskunft über die tatsächliche Situation bei den Jugendlichen zu Hause geben. Es lässt sich nicht feststellen, ob sie beispielsweise wirklich zu wenig Taschengeld bekommen oder ob es tatsächlich sehr oft Streit bei ihnen zu Hause gibt, sondern die Antworten geben nur die subjektive Sicht der Schüler(innen) auf diese Dinge wieder.

3,5 Prozent der Hagener Jugendlichen sagen, sie hätten ein schlechtes Verhältnis zu ihren Eltern. Ihr Taschengeld halten viele der Jugendlichen für zu niedrig (26,9 Prozent), und sie scheinen den Eindruck zu haben, dass sich ihre Eltern nicht sonderlich für sie und ihre Probleme interessieren (17,0 Prozent). Auch von vielen Streitigkeiten im Elternhaus (11,9 Prozent) und von elterlicher Gewalt wird berichtet (14,7 Prozent).

Die acht Antworten der Jugendlichen wurden zu einer Skala zusammengefasst, die in drei Stufen eingeteilt ist. „Gar keine Probleme“ im Elternhaus haben dabei diejenigen Jugendlichen, die keine negative Antwort zu ihrem Verhältnis zu den Eltern gegeben haben. „Geringe Probleme“ weisen die Schüler(innen) mit ein bis drei und „schwerwiegende Probleme“ diejenigen mit vier bis acht negativen Antworten auf.

Die Hälfte der Jugendlichen hat demnach gar keine Probleme mit dem Elternhaus, und nur 5,6 Prozent berichten von wirklich schwerwiegenden Problemen; 44,4 Prozent haben lediglich geringe Probleme mit ihren Eltern.

Probleme im Elternhaus tragen zu rechtsextremen Orientierungen bei

15,8 Prozent der Jugendlichen mit schwerwiegenden Problemen im Elternhaus sind fremdenfeindlich bzw. rechtsextrem orientiert. Bei den Schülerinnen und Schülern mit geringen Problemen sind dies 14,3 Prozent und bei denen ohne Probleme nur noch 8,3 Prozent. Das heißt: Je weniger die Jugendlichen mit Problemen im Elternhaus konfrontiert sind, je positiver sie also ihre Beziehungen zu den Eltern sehen, desto seltener neigen sie zu fremdenfeindlichen oder rechtsextremen Orientierungen. Dass jedoch 8,3 Prozent der Jugendlichen, die keine Probleme im Elternhaus haben, trotzdem genauso orientiert sind, zeigt, dass auch ein perfektes Elternhaus nicht grundsätzlich vor solchen Einstellungen schützt. Auf der anderen Seite orientiert sich auch nicht jeder, der schwerwiegende Probleme mit dem Elternhaus hat, nach rechts: 44,7 Prozent der Jugendlichen mit einem solchen Verhältnis zu den Eltern weisen gar keine oder kaum fremdenfeindliche bzw. rechtsextreme Orientierungen auf.

Das Verhältnis zu den Eltern beeinflusst zwar bei einigen die politische Sozialisation, bei anderen jedoch scheinen andere Wirkfaktoren wesentlich ausschlaggebender für rechte Orientierungen zu sein.

Faktor „Verhältnis zu Schule und den Lehrern"

Die Gründe für die Affinität vieler Jugendlicher zum Rechtsextremismus werden oft auch in der Schule gesucht. Aus Sicht von Benno Hafeneger und Mechtild M. Jansen spielt die Schule eine wichtige Rolle bei der politischen Sozialisation. Ihrer Meinung nach orientieren sich viele Jugendliche deshalb an rechten Cliquen, weil dort unter anderem „Folgen von gesellschaftlichen und biografischen Ohnmachtserfahrungen und Versagungen (in Schule und Arbeitswelt) ‚korrigiert'" würden (Hafeneger/Jansen 2001: 214). Sie stellen die rechten Jugendlichen ihrer Studie als eher schulmüde und ohne positive Erfahrungen in der Schule dar und konstatieren einen „Mangel an Anerkennungs- und Selbstwertquellen in Schule" (ebd.: 226).

Jugendliche nehmen erhebliche Probleme in der Schule wahr

Im Zusammenhang mit Rechtsextremismus und Fremdenfeindlichkeit kommt es darauf an, wie die Schüler die Institution Schule wahrnehmen und wie sie ihre Erfahrungen dort verarbeiten. Es geht nicht um den tatsächlichen Zustand an den Hagener Schulen, sondern es handelt sich um die subjektive Meinung der befragten Hagener Schülerinnen und Schüler. Allerdings: Nur 37,2 Prozent der Befragten gehen gerne zur Schule, und 18,2 Prozent sagen ausdrücklich, dass sie überhaupt nicht gerne zur Schule gehen. 34,1 Prozent der Hagener Schüler(innen) können mit ihren Lehrern nicht über ihre Probleme reden. Dies ist vermutlich auch darauf zurückzuführen, dass 25,7 Prozent der Meinung sind, es fehle den Lehrern an Verständnis für die Schüler. Auch fühlen sich 23,4 Prozent bei der Benotung unfair behandelt und 25,6 Prozent einem zu großen Druck in der Schule ausgesetzt.

Um einen Überblick darüber zu erhalten, mit welchen Problemen sich die Schüler insgesamt konfrontiert sehen, habe ich aus den acht Fragen zu diesem Themenkomplex – analog zum Verhältnis der Schüler zu den Eltern – eine Skala mit den Stufen „gar keine", „geringe" und „schwerwiegende Probleme" gebildet. Dabei erhält man das Ergebnis, dass sich die Hagener Schülerinnen und Schüler weitaus häufiger mit Problemen in der Schule konfrontiert sehen als im Elternhaus: 14,1 Prozent haben schwerwiegende und nur 27,1 Prozent gar keine Probleme in der Schule.

14,1 Prozent haben schwerwiegende Probleme

Bemerkenswert ist die Verteilung nach Schulformen: Nur 15,4 Prozent der Gymnasiasten haben keine Probleme mit der Schule oder mit Lehrern. Dagegen hat etwa ein Viertel schwerwiegende Probleme – dies ist somit mehr als doppelt so oft der Fall wie bei Schülerinnen und

Schülern aller anderen Schulformen. Nur 7,9 Prozent der Förder- bzw. 11,1 Prozent der Hauptschüler(innen) sind der Gruppe der Jugendlichen mit schwerwiegenden Problemen zuzurechnen.

Schulische Probleme haben deutlichen Einfluss auf rechtsextreme Orientierungen

Je schwerer die Probleme in der Schule wiegen, desto häufiger sind die Jugendlichen fremdenfeindlich bzw. rechtsextrem orientiert. 24,2 Prozent der Schüler(innen) mit schwerwiegenden Problemen sind den Gruppen „deutlich" und „stark" auf der Fremdenfeindlichkeits- bzw. Rechtsextremismus-Skala zuzurechnen. Bei denen mit geringen Problemen sind dies 10,8 Prozent, bei denen ohne Probleme nur 6,0 Prozent. Das heißt aber auch, dass ein gutes Verhältnis zur Schule und zu Lehrern nicht gegen fremdenfeindliche bzw. rechtsextreme Orientierungen immunisiert.

Probleme in der Schule

– in Prozent –

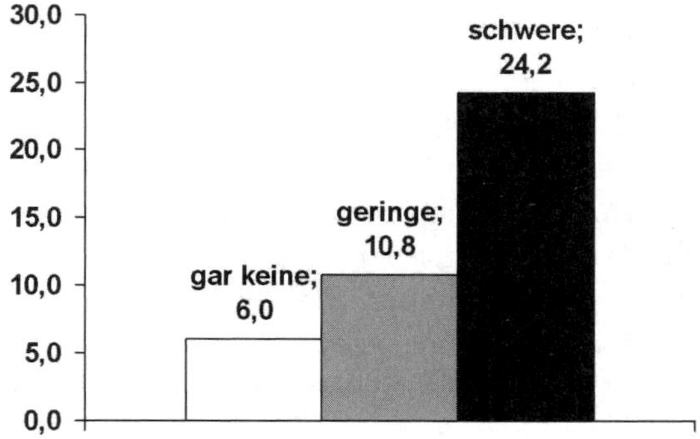

Die Säulen zeigen den Anteil der fremdenfeindlich bzw. rechtsextrem orientierten Jugendlichen in der jeweiligen Gruppe

Faktor „Schulform"

Die These, dass Menschen mit einem niedrigen Bildungsniveau häufiger fremdenfeindlich sind als Menschen mit einem höheren, trifft – zumindest auf Hagener Verhältnisse – nicht zu. Zwar sind 26,4 Prozent der Förderschüler(innen) fremdenfeindlich bzw. rechtsextrem orientiert; die zweitgrößte Quote weisen jedoch nicht – wie anzunehmen wäre – die Hauptschulen auf, sondern die Realschulen, an denen 14,5 Prozent der Schüler(innen) derart eingestellt sind. Sogar die Gymnasien liegen mit 10,2 Prozent ihrer Schüler(innen) noch vor den Hauptschulen (9,5 Prozent). Die niedrigste Quote findet sich an den Gesamtschulen mit 7,4 Prozent.

Faktoren „Verhältnis zu den Eltern" und „Verhältnis zu Schule und den Lehrern"

Jugendliche, die sowohl in der Schule als auch im Elternhaus schwerwiegende Probleme haben, sind zu 37,5 Prozent fremdenfeindlich bzw. rechtsextrem orientiert – von den Schülerinnen und Schülern, die in beiden Bereichen keinerlei Probleme aufweisen, „nur" 4,1 Prozent. Auffällig ist jedoch, dass unabhängig von den Problemen im Elternhaus diejenigen Schüler(innen) am häufigsten fremdenfeindliche bzw. rechtsextreme Orientierungen aufweisen, die schwerwiegende Probleme in der Schule haben. Dies ist nämlich bei 25,5 Prozent derjenigen mit schwerwiegenden Problemen in der Schule und geringen Problemen im Elternhaus der Fall und bei 19,4 Prozent derjenigen mit schwerwiegenden Problemen in der Schule, jedoch ohne Probleme im Elternhaus. Insgesamt lässt sich festhalten: Je mehr Probleme die Jugendlichen mit ihren Eltern *und* in der Schule haben, desto häufiger neigen sie zu fremdenfeindlichen bzw. rechtsextremen Orientierungen.

Faktor „Wohnort"

Den größten Anteil an fremdenfeindlich bzw. rechtsextrem orientierten Schülerinnen und Schülern gibt es im Hagener Norden (17,6 Prozent). Im Stadtgebiet Hagen-Mitte sind dies 12,3 Prozent, in Hagen-Haspe 9,9 Prozent und in Hagen-Hohenlimburg immerhin noch 7,0 Prozent. Von den Jugendlichen im Hagener Süden sind nur 6,2 Prozent fremdenfeindlich bzw. rechtsextrem orientiert.

Fremdenfeindlichkeit ist hoch, wo der Ausländeranteil gering ist

Ahlheim und Heger haben festgestellt, dass die Fremdenfeindlichkeit in den Regionen am größten ist, in denen der Ausländeranteil sehr niedrig ist. Sie führen das darauf zurück, dass es dem Fremdenfeind umso leichter fällt, seine Vorurteile aufrechtzuerhalten, je weniger er mit dem Opfer seiner Vorurteile wirklich zu tun habe (vgl. Ahlheim/Heger 2000: 30 f.).

Erst bei genauem Hinsehen bestätigt sich dieses Bild auch in Hagen. Der Hagener Norden hat laut Statistik mit 9,2 Prozent zwar den niedrigsten Ausländeranteil, der Hagener Süden mit 9,3 Prozent jedoch auch den zweitniedrigsten. Erst wenn die Werte der einzelnen Stadtteile innerhalb der fünf Stadtgebiete verglichen werden, wird das Bild klarer: Je geringer der Ausländeranteil in den Stadtteilen ist, desto mehr fremdenfeindlich bzw. rechtsextrem Orientierte gibt es dort – zum Beispiel in „Boele/Bathey/Hengstey" (Hagener Norden) und „Emst/Eppenhausen“ (Hagen-Mitte). Bei einem höheren Ausländeranteil wie in „Altenhagen“ und „Wehringhausen/Kuhlerkamp“ (beide Hagen-Mitte) kehrt sich dieses Verhältnis um.

Faktor „Freizeitgestaltung“

Trotz gewisser Übereinstimmungen – alle Befragten zählen unabhängig von ihrer politischen Orientierung „mit Freunden abhängen“, „Musik hören“, „Sport treiben“, „Computer usw. spielen“ und „fernsehen“ zu ihren liebsten Freizeitbeschäftigungen – gibt es auch einige Unterschiede: Während beispielsweise „bummeln/shoppen“, „Zeitschriften lesen“, „spazieren gehen“ und „Bücher lesen“ bei der Gesamtgruppe beliebter sind als bei den fremdenfeindlich bzw. rechtsextrem orientierten Jugendlichen, haben Letztere häufiger „in die Disco gehen“ und „skaten/Rad fahren“ als Hobbys angegeben.

In gewisser Hinsicht handelt es sich bei den Freizeitaktivitäten und Hobbys der fremdenfeindlich bzw. rechtsextrem orientierten Schüler um körperliche bzw. körperbetonte Tätigkeiten („Sport treiben“, „skaten/Rad fahren“), die oftmals im öffentlichen Raum und weniger in geschlossenen Gebäuden stattfinden („mit Freunden abhängen“). Oder es handelt sich um Aktivitäten, die den Zusammenhang mit Aggressivität und Gewalt nahe legen könnten („Musik hören“, „Computer usw. spielen“, „fernsehen“).

Weitere Faktoren

Jugendliche, die Gewalt akzeptieren oder regelmäßig Alkohol trinken, weisen häufiger rechtsextreme Orientierungen auf

Der Anteil an fremdenfeindlich bzw. rechtsextrem orientierten Jugendlichen ist unter denjenigen etwas erhöht, die sich selbst einer festen Clique zugehörig erklären (13,6 Prozent) und die selbst schon einmal gewalttätig geworden sind (13,3 Prozent). Größer ist der Zusammenhang bei den Aspekten Gewaltakzeptanz und Alkoholkonsum: Die Jugendlichen, die Gewalt als ein akzeptables Mittel zur Bewältigung von Streitigkeiten und Problemen betrachten, weisen zu 25,0 Prozent fremdenfeindliche bzw. rechtsextreme Orientierungen auf – Jugendliche, die angaben, regelmäßig Alkohol zu sich zu nehmen, zu 28,0 Prozent.

Auch die Unzufriedenheit mit den politischen Verhältnissen scheint – zumindest teilweise – ein ausschlaggebender Faktor zu sein. Zwischen 12,0 Prozent und 14,5 Prozent der Schülerinnen und Schüler, die kein Vertrauen in die Politik bzw. die politischen Akteure haben oder die mit der Jugendpolitik und den Freizeitangeboten in Hagen unzufrieden sind, tendieren zu fremdenfeindlichen bzw. rechtsextremen Orientierungen.

Fazit

Rechtsextreme Einstellungen haben viele Ursachen

Die angesprochenen Faktoren sind allesamt *mögliche* Ursachen für fremdenfeindliche bzw. rechtsextreme Orientierungen bei Hagener Jugendlichen. Dabei begünstigen einige häufiger, andere weniger häufig derartige Einstellungen. Die fremdenfeindlich bzw. rechtsextrem orientierten Schülerinnen und Schüler sind am häufigsten unter den Jugendlichen mit schwerwiegenden Problemen in der Schule zu finden – vor allem wenn außerdem schwerwiegende Probleme im Elternhaus auftreten – sowie unter denen, die regelmäßig Alkohol konsumieren und Gewalt als geeignetes Mittel zur Lösung von Problemen betrachten.

Insgesamt ist festzuhalten, dass man nicht einen einzelnen Faktor als Ursache für die Ausprägung einer fremdenfeindlichen bzw. rechtsextremen Orientierung konstatieren kann. Vielmehr begünstigt das gleichzeitige Auftreten mehrerer Faktoren derartige Einstellungen. Und diese Faktoren sind von Schüler zu Schüler unterschiedlich.

3. Schlussfolgerungen

Prävention muss vielseitig ansetzen

Rechtsextremismus und Fremdenfeindlichkeit haben – wie geschildert – mehrere Ursachen. Daher müssen präventive Programme, Projekte und Maßnahmen auch mehrere Ansätze verfolgen. Deeskalations- und Anti-Aggressions-Trainings können zwar bei den Jugendlichen, die über den Gewaltaspekt in rechtsextremistische Kreise geraten bzw. rechten Gedankenkonstrukten verfallen sind, sinnvoll sein, jedoch vermutlich nicht bei den ca. 20 Prozent der fremdenfeindlich bzw. rechtsextrem orientierten Schüler(innen) in Hagen, die noch keinerlei Gewalterfahrung haben und eigene Gewaltanwendung ablehnen.

Meist wird man erst auf das Problem Rechtsextremismus aufmerksam, wenn das Kind (bzw. der Jugendliche) schon in den sprichwörtlichen Brunnen gefallen ist. Sobald sich in einer Kommune eine rechte Jugendszene entwickelt hat, werden die Schuldigen gesucht: Eltern stellen das Schulsystem und die Fähigkeiten der Lehrer in Frage, Lehrer schieben die Verantwortung der Jugendarbeit zu, Sozialarbeiter und Jugendpfleger verweisen auf die miserable finanzielle Unterstützung durch die Politik, die wiederum die Schuld bei der Kommunalverwaltung und den Polizeibehörden suchen mag. Statt einander die Schuld zuzuschreiben, sollten sich sowohl die Eltern und Familien der Jugendlichen als auch die Schulen, die Jugendarbeit, die Politik und die Polizei ihrer Rollen bewusst sein und ihren Aufgaben gerecht werden, um fremdenfeindlichen bzw. rechtsextremen Orientierungen vorzubeugen bzw. entgegenzuwirken.

Eine spezielle Zielgruppe der Prävention gibt es nicht

Präventive Maßnahmen müssen sich – wie die Ergebnisse der Schülerbefragung zeigen – an alle Altersklassen, Geschlechter, Schulformen, Stadtbezirke und auch an Migranten richten. Eine spezielle, durch diese oder ähnliche Kriterien zu bestimmende Zielgruppe gibt es nicht. Prävention muss alle Jugendlichen einer Kommune erreichen und von allen Teilen der Gesellschaft verantwortlich mitgestaltet werden, um Rechtsextremismus und Fremdenfeindlichkeit effektiv zu begegnen.

Gute Ansätze sind in Hagen erkennbar. So gibt es einige Schulen, die Projektwochen veranstalten, und Träger wie den ,Jugendring Hagen e.V.', die mit Konzepten und Aktionen präventiv tätig sind und immer wieder auf die Themen Rechtsextremismus und Fremdenfeindlichkeit öffentlich aufmerksam machen. Der Staatsschutz der Hagener Polizei hat eine „modulare Vortragsreihe" entwickelt, die sich an Schüler(innen) ab dem 14. Lebensjahr und insbesondere auch an Lehrer und Sozialarbeiter richtet und die Erkenntnisse über Strukturen, Aktionsfelder, Propagandamedien und Erkennungsmerkmale von rechtsextremistischen Gruppierungen darstellt. Auch die Kommunalpolitik verfolgt aufmerksam das Geschehen in ihrer Stadt, unterstützt die vorhandenen Aktivitäten der Jugendarbeit und verurteilt öffentlich jegliche Form von Rechtsextremismus und Fremdenfeindlichkeit.

Notwendig: Bündelung der Aktivitäten

Es fehlt jedoch die Bündelung der Aktivitäten gegen rechts. Die genannten Akteure sitzen gemeinsam an einem Tisch, wenn ein weiterer rechtsextremistischer Aufmarsch bevorsteht. Dies war seit 2003 nicht mehr der Fall. Die Erkenntnis, dass 11,4 Prozent der Hagener Jugendlichen – auch ohne eine organisierte Szene in der Stadt – fremdenfeindlich bzw. rechtsextrem orientiert sind, zeigt jedoch die Notwendigkeit, sich weiterhin intensiv und präventiv mit dem Thema auseinanderzusetzen.

Literatur

Ahlheim, Klaus/Heger, Bardo 2000: Der unbequeme Fremde, Schwalbach/Ts.

Decker, Oliver/Brähler, Elmar 2006: Vom Rand zur Mitte. Rechtsextreme Einstellungen und ihre Einflussfaktoren in Deutschland (hrsg. von der Friedrich-Ebert-Stiftung), Berlin, www.fes.de/rechtsextremismus/pdf/Vom_Rand_zur_Mitte.pdf

Endrikat, Kirsten 2006: Jüngere Menschen. Größere Ängste, geringere Feindseligkeit, in: Heitmeyer, Wilhelm (Hrsg.): Deutsche Zustände. Folge 4, Frankfurt/M., S. 101-114

Farin, Klaus 2001: generation-kick.de. Jugendsubkulturen heute, München

Hafeneger, Benno/Jansen, Mechtild M. 2001: Rechte Cliquen, Weinheim/München

Heitmeyer, Wilhelm (Hrsg.) 2002: Deutsche Zustände. Folge 1, Frankfurt/M.

Jaschke, Hans-Gerd 2001: Rechtsextremismus und Fremdenfeindlichkeit. Begriffe, Positionen, Praxisfelder, 2. Aufl., Wiesbaden

Korgel, Lorenz/Borstel, Dierk 2002: Rechtsextreme Symbolik und Kleidung im öffentlichen Raum, in: Grumke, Thomas/Wagner, Bernd (Hrsg.): Handbuch Rechtsradikalismus, Opladen, S. 213-228

Küpper, Beate/Heitmeyer, Wilhelm 2005: Feindselige Frauen. Zwischen Angst, Zugehörigkeit und Durchsetzungsideologie, in: Heitmeyer, Wilhelm (Hrsg.): Deutsche Zustände. Folge 3, Frankfurt/M., S. 108-128

Möller, Kurt 2000: Rechte Kids, Weinheim/München

Pfahl-Traughber, Armin 2000: Rechtsextremismus in der Bundesrepublik, München

Pfeiffer, Thomas/Jansen, Kerstin/Stegmann, Tim/Tepper, Sandra 2002: Vom Aufstand der anständigen Presse. Rechtsextremismus-Berichterstattung in deutschen Tageszeitungen, in: Butterwegge, Christoph u.a.: Themen der Rechten – Themen der Mitte. Zuwanderung, demografischer Wandel und Nationalbewusstsein, Opladen, S. 267-288

Stöss, Richard 2005: Rechtsextremismus im Wandel (hrsg. von der Friedrich-Ebert-Stiftung), Berlin, http://library.fes.de/pdf-files/ostdeutschland/02930.pdf

Wagner, Bernd 2001: Rechtsextremismus und Jugend, in: Schubarth, Wilfried /Stöss, Richard (Hrsg.): Rechtsextremismus in der Bundesrepublik Deutschland, Opladen, S. 155-166

Willems, Helmut/Steigleder, Sandra 2003: „Täter-Opfer-Konstellationen und Interaktionen im Bereich fremdenfeindlicher, rechtsextremistischer und antisemitischer Gewaltdelikte“. Eine Auswertung auf Basis quantitativer und inhaltsanalytischer Analysen polizeilicher Ermittlungsakten sowie von qualitativen Interviews mit Tätern und Opfern in NRW – Kurzbericht, Trier, www1.polizei-nrw.de/lka/stepone/data/downloads/41/00/00/studie_kurz.pdf

WR 2001: „Für eine ‚rechte Szene‘ reicht's in Hagen nicht!“, in: Westfälische Rundschau vom 19. April 2001, Lokalteil Hagen

2. Facetten der Erlebniswelt Rechtsextremismus – am Beispiel des Rechtsextremismus im Internet

Thomas Günter

Das Internet – kein rechtsfreier Raum

Das Internet nimmt aufgrund seiner Schnelligkeit, der Flüchtigkeit der Inhalte und der unmittelbaren Verfügbarkeit von Angeboten über Ländergrenzen hinweg eine Sonderstellung unter den medialen Verbreitungsformen ein. Dem kann mit rechtlichen Mitteln nicht immer ausreichend Rechnung getragen werden. Allerdings ist das Internet auch kein rechtsfreier Raum. Im deutschen Recht gilt der Grundsatz: Was offline illegal ist, bleibt auch bei der Verbreitung im Internet illegal. Wenn also in einem Flugblatt Ausländer in volksverhetzender Weise als „Sozialparasiten" bezeichnet werden, besteht rechtlich kein Unterschied, ob dieses Flugblatt in einer Fußgängerzone verteilt oder im Internet zum Download angeboten wird. Der folgende Beitrag gibt einen Überblick über die wesentlichen rechtlichen Regelungen zum Rechtsextremismus im Internet und stellt die teilweise schwierigen Rechtsfragen anhand von Beispielen dar.

Was offline illegal ist, ist auch im Internet verboten

Meinungsfreiheit und Rechtsextremismus

Wie im Offline-Bereich sind rechtsextreme Äußerungen im Internet nicht generell verboten. Das wäre in einer streitbaren Demokratie auch nicht

Meinungsfreiheit ist ein Eckpfeiler der Demokratie

der richtige Umgang mit dem Rechtsextremismus. Eckpfeiler einer jeden demokratischen Gesellschaft ist das Grundrecht auf freie Meinungsäußerung. Dieses ist in der Verfassung, dem Grundgesetz der Bundesrepublik Deutschland, garantiert. In Artikel 5 Absatz 1 heißt es:

> *„Jeder hat das Recht, seine Meinung in Wort, Schrift und Bild frei zu äußern und zu verbreiten und sich aus allgemein zugänglichen Quellen ungehindert zu unterrichten."*

Auch rechtsextreme Ansichten, Symbole oder Hass-Propaganda im Internet sind Meinungsäußerungen nach dem Grundgesetz. Sie sind deshalb grundsätzlich von der Meinungsfreiheit geschützt. Allerdings gilt dies nicht uneingeschränkt. Nach Artikel 5 Absatz 3 des Grundgesetzes kann das Recht auf freie Meinungsäußerung eingeschränkt werden:

> *„Diese Rechte finden ihre Schranken in den Vorschriften der allgemeinen Gesetze, den gesetzlichen Bestimmungen zum Schutze der Jugend und in dem Recht der persönlichen Ehre."*

Straf- und Jugendschutzgesetze schränken Meinungsfreiheit ein

Immer dann, wenn andere Personen in ihrer Ehre verletzt werden oder wenn allgemeine Gesetze und Jugendschutzbestimmungen dies verbieten, sind bestimmte Meinungsäußerungen nicht erlaubt. Ein allgemeines Gesetz sind zum Beispiel die Normen des Strafgesetzbuchs (StGB) – sie schützen die Rechtsgüter der Allgemeinheit: zum Beispiel den öffentlichen Frieden. Bestimmungen zum Schutze der Jugend sind in vielen unterschiedlichen Gesetzen zu finden. Die wichtigsten Jugendschutzbestimmungen im Bereich der Medien finden sich im Jugendschutzgesetz und im Jugendmedienschutz-Staatsvertrag (JMStV). Während das Jugendschutzgesetz hauptsächlich Regelungen zum Jugendschutz in der Öffentlichkeit (zum Beispiel Restriktionen zur Alkohol- und Tabakabgabe an Minderjährige) und zu Inhalten auf Trägern wie CD-ROM, DVD oder Buch enthält, regelt der JMStV, welche Inhalte aus dem Bereich Rechtsextremismus im Internet nicht verbreitet werden dürfen. Da diese inhaltlich im Wesentlichen den Regelungen im Strafgesetzbuch entsprechen, werden im Folgenden – zur besseren Verständlichkeit – die Normen nur anhand der entsprechenden Bestimmungen im StGB besprochen.

Strafrechtliche Verbote im Bereich Rechtsextremismus

Dass bestimmte rechtsextreme Handlungen und Taten unter Strafe stehen, hat seinen Grund vor allem in den Erfahrungen in Deutschland vor und während der NS-Diktatur. Bestrebungen, den demokratischen Verfassungsstaat Bundesrepublik Deutschland abzuschaffen oder zu bekämpfen, soll dadurch frühzeitig und effektiv entgegengewirkt werden. Gleichzeitig soll durch Strafrechtsnormen sichergestellt werden, dass Teile der Bevölkerung – zum Beispiel Minderheiten – größtmöglichen Schutz vor Gewalt- und Willkürmaßnahmen erhalten. Im Bereich rechtsextremer Straftaten wurde das Recht in den vergangenen Jahrzehnten – meist als Reaktion auf auftretende gesellschaftliche Probleme oder bestimmte politische Debatten – ständig fortentwickelt und um bestimmte Tatbestände ergänzt (zum Beispiel die Strafbarkeit der Holocaust-Leugnung).

Strafgesetze dienen vor allem dem Schutz von Minderheiten

Verwendung von Kennzeichen verfassungswidriger Organisationen

§ 86a StGB verbietet es, Symbole, die für verbotene Parteien oder Vereinigungen stehen bzw. diese repräsentieren, zu verbreiten oder zu verwenden. § 86a StGB lautet:

> *„(1) Mit Freiheitsstrafe bis zu drei Jahren oder mit Geldstrafe wird bestraft, wer*
> *1. im Inland Kennzeichen einer der in § 86 Absatz 1 Nr. 1, 2 und 4 bezeichneten Parteien oder Vereinigungen verbreitet oder öffentlich, in einer Versammlung oder in von ihm verbreiteten Schriften (§ 11 Absatz 3) verwendet oder*
> *2. Gegenstände, die derartige Kennzeichen darstellen oder enthalten, zur Verbreitung oder Verwendung im Inland oder Ausland in der in Nummer 1 bezeichneten Art und Weise herstellt, vorrätig hält, einführt oder ausführt.*
> *(2) Kennzeichen im Sinne des Absatzes 1 sind namentlich Fahnen, Abzeichen, Uniformstücke, Parolen und Grußformen. Den in Satz 1 genannten Kennzeichen stehen solche gleich, die ihnen zum Verwechseln ähnlich sind. […]“*

Die Verbreitung von NS-Symbolen ist strafbar

Der Begriff des Kennzeichens nach Absatz 2 der Vorschrift umfasst alle Erkennungszeichen, die für eine bestimmte Partei oder Vereini-

T-Shirt mit strafbarem Symbol

gung typisch sind. Das bekannteste verbotene Symbol ist das Hakenkreuz. Es gilt als zentrales Sinnbild der Naziherrschaft. Aber auch Grußformeln wie „Heil Hitler“ oder „Sieg Heil“, „Meine Ehre heißt Treue“ (Losung der SS) sind strafbar. Daneben dürfen auch Kampf- und Propagandalieder wie das Horst-Wessel-Lied als Kampflied der SA gemäß § 86a StGB nicht verbreitet werden.

Dieses Verbot allein zeigte allerdings nur begrenzte Wirkung, da sich Neonazis hierauf schnell eingestellt haben und stattdessen verbotene Kennzeichen in leicht abgeänderter Version benutzen, um einer Bestrafung zu entgehen. Zwar hat der Gesetzgeber inzwischen auch Kennzeichen unter Strafe gestellt, die den ursprünglichen Symbolen zum Verwechseln ähnlich sind – die Verwendung eines geschwungenen oder seitenverkehrten Hakenkreuzes ist ebenso strafbar wie das Original –, allerdings gilt ein Symbol nur dann als zum Verwechseln ähnlich, wenn ein objektiver Beobachter ohne Hintergrundkenntnisse das Kennzeichen verwechseln könnte. Die Szene nutzt daher mit Vorliebe Ersatzsymbole: Viele dieser Zeichen – zum Beispiel der Zahlencode 88 als Synonym für „Heil Hitler“ – sind nur in der Szene eindeutig und nicht für jeden auf den ersten Blick als Ersatz für den verbotenen Gruß erkennbar. Solche Symbole fallen nicht unter § 86a StGB, da sie objektiv nicht den verbotenen Zeichen ähneln.

Die Szene nutzt nicht strafbare Ersatzsymbole

Ein Beispiel: Mitte 2005 entschied der Bundesgerichtshof (BGH), dass das Skandieren der Parole „Ruhm und Ehre der Waffen-SS“ nicht strafbar ist, weil es sich dabei um eine von Rechtsextremen neu ausgedachte Wortschöpfung handelt und diese für den objektiven Beobachter nicht den nach § 86a StGB verbotenen Parolen von ‚Hitlerjugend‘ („Blut und Ehre“) und ‚Waffen-SS‘ („Meine Ehre heißt Treue“) zum Verwechseln ähnlich ist.

Ebenso verhält es sich mit Kleidung bestimmter rechtsextremer Szene-Marken. Das Tragen dieser Marken – zum Beispiel „Consdaple“ – stiftet Zusammenhalt und signalisiert Zugehörigkeit. Unter einer offenen Jacke getragen, ist von einem „Consdaple“-T-Shirt nur noch „NSDAP“ zu lesen, die Abkürzung für die ‚Nationalsozialistische Deutsche Arbeiterpartei‘. Dies ist nicht verboten, da der Begriff „Consdaple“ nur vom Szene-Kenner als Kennzeichen der NS-Partei decodierbar ist.

Logo einer Szene-Marke

In jüngster Zeit haben Richtersprüche einzelner Gerichte Aufsehen erregt, in denen Personen, die ein Emblem mit einem durchgestrichenen Hakenkreuz in der Öffentlichkeit trugen, wegen Verwendung von Kennzeichen verfassungswidriger Organisationen verurteilt worden waren. Zwar enthalten solche Antifa-Logos ein Hakenkreuz, doch unterscheidet sich die Botschaft deutlich von der nationalsozialistischen. Für jeden objektiven Beobachter ist das klare Statement gegen jedwede Wiederaufnahme nationalsozialistischer Bestrebungen offensichtlich und damit erkennbar, dass gerade keine Verwendung im Sinne eines verbotenen Kennzeichens nach § 86a StGB beabsichtigt ist. Mit Gerichtsurteil vom 15. März 2007 hat der Bundesgerichtshof nunmehr rechtskräftig entschieden, dass ein durchgestrichenes Hakenkreuz kein verfassungsfeindliches Kennzeichen darstellt, weil dieses offenkundig und eindeutig die Gegnerschaft des Trägers zum Nationalsozialismus zum Ausdruck bringe.

Anti-Nazi-Symbole sind nicht strafbar

Eine umfassende Zusammenstellung der wichtigsten Kennzeichen der rechtsextremen Szene findet sich in der Broschüre „Symbole und Zeichen des Rechtsextremismus", herausgegeben vom Bundesamt für Verfassungsschutz (zum Download unter: www.verfassungsschutz.de).

Volksverhetzung

§ 130 Absatz 1 und 2 StGB enthalten einen allgemeinen Anti-Diskriminierungstatbestand. Er soll abgrenzbare Bevölkerungsteile vor einem Angriff auf ihre Menschenwürde – speziell durch Verbreiten von Schriften – schützen. § 130 Absatz 1 und 2 StGB lauten:

„(1) Wer in einer Weise, die geeignet ist, den öffentlichen Frieden zu stören,
1. zum Hass gegen Teile der Bevölkerung aufstachelt oder zu Gewalt- oder Willkürmaßnahmen gegen sie auffordert oder
2. die Menschenwürde anderer dadurch angreift, dass er Teile der Bevölkerung beschimpft, böswillig verächtlich macht oder verleumdet, wird mit Freiheitsstrafe von drei Monaten bis zu fünf Jahren bestraft.
(2) Mit Freiheitsstrafe bis zu drei Jahren oder mit Geldstrafe wird bestraft, wer
1. Schriften (§ 11 Absatz 3), die zum Hass gegen Teile der Bevölkerung oder gegen eine nationale, rassische, religiöse oder durch

ihr Volkstum bestimmte Gruppe aufstacheln, zu Gewalt- oder Willkürmaßnahmen gegen sie auffordern oder die Menschenwürde anderer dadurch angreifen, dass Teile der Bevölkerung oder eine vorbezeichnete Gruppe beschimpft, böswillig verächtlich gemacht oder verleumdet werden,
a) verbreitet,
b) öffentlich ausstellt, anschlägt, vorführt oder sonst zugänglich macht,
c) einer Person unter achtzehn Jahren anbietet, überlässt oder zugänglich macht […]
2. eine Darbietung des in Nummer 1 bezeichneten Inhalts durch Rundfunk, Medien- oder Teledienste verbreitet."

§ 130 dient dem Schutz von Teilen der Bevölkerung vor Diffamierung

Als Teile der Bevölkerung gelten alle Personenmehrheiten, die sich durch innere oder äußere Merkmale – wie Volkszugehörigkeit, Religion, Beruf oder bestimmte soziale Funktionen – als eine von der übrigen Bevölkerung unterscheidbare Gruppe darstellen lassen. Diese Gruppe muss zahlenmäßig eine gewisse Größe erreichen, das heißt: Sie darf nicht mehr individuell überschaubar sein (vgl. Urteil des OLG Frankfurt in NJW 1989: 1369). Als Teile der Bevölkerung gelten zum Beispiel Richter und Staatsanwälte, Soldaten, Juden, Katholiken, Behinderte, Punker. Ebenso fallen in einem ehrabschneidenden Sinn gemeinte Bezeichnungen von Menschen als „Neger", „Zigeuner", „Gastarbeiter" und die Bezeichnung von Ausländern als „Sozialparasiten" hierunter. Nicht als Teile der Bevölkerung gelten nur vorübergehende Gruppierungen (zum Beispiel Teilnehmer einer Demonstration, streikende Arbeiter) und Institutionen (zum Beispiel die Kirche, der Staat, der ‚Zentralrat der Juden in Deutschland').

Unter Aufstacheln zum Hass versteht der Gesetzgeber ein zielgerichtetes Handeln, das dazu bestimmt ist, eine über die bloße Ablehnung oder Abneigung hinausgehende feindselige Haltung gegen Teile der Bevölkerung zu erzeugen oder zu steigern (vgl. Urteil des BGH in BGHSt 31: 213 f.). Es muss sich um eine Stimmungsmache handeln, durch die der geistige Nährboden für Gewaltexzesse gegen die Bevölkerungsgruppe bereitet wird. Eine Aufstachelung zum Hass liegt zum Beispiel vor, wenn behauptet wird, die Juden betrieben „als Urheber einer Vernichtungslegende die politische Unterdrückung und finanzielle Ausbeutung des Deutschen Volkes" (vgl. Urteil des BGH in

BGHSt 31: 231). Ferner trifft dies zu, wenn Asylbewerber als „betrügerische Schmarotzer" dargestellt werden, „die auf Kosten der schwer arbeitenden deutschen Bevölkerung ein faules Leben führen und sich über die dummen Deutschen auch noch lustig machen" (vgl. Urteil des OLG Frankfurt in NJW 1995: 143).

Eine Aufforderung zu Gewalt- und Willkürmaßnahmen liegt nur dann vor, wenn eine bestimmte Aussage über die bloße Befürwortung hinausgeht und der Auffordernde will, dass sie der Empfänger ernst nimmt. Hiermit sind zum Beispiel Massenausschreitungen, Vertreibungen, Eingriffe in die Freiheit und Behandlungen, die mit einer wirtschaftlichen oder beruflichen Beeinträchtigung verbunden sind (Boykottaufrufe), gemeint. Parolen wie „Ausländer raus" oder „Türken raus" genügen allein nicht, da damit nicht in eindeutiger Weise Gewalt- oder Willkürmaßnahmen verbunden sind. Sie wären nur dann als Straftatbestand zu werten, wenn diese mit der eindeutigen Aufforderung verbunden sind, gewaltsam Ausländer aus dem Land zu vertreiben.

Menschen als „unterwertig" darzustellen, ist volksverhetzend

Ein Angriff auf die Menschenwürde anderer durch Beschimpfen, böswilliges Verächtlichmachen oder Verleumden ist gegeben, wenn eine entsprechende Aussage den Menschen im Kern seiner Persönlichkeit trifft, ihn unter Missachtung des Gleichheitssatzes als „unterwertig" darstellt und ihm das Lebensrecht in der Gemeinschaft abgesprochen wird. Dies ist zum Beispiel der Fall bei der Äußerung, man sollte „Ausländer wie Juden vergasen", oder bei der Gleichsetzung von Ausländern mit Tieren bzw. einem Vergleich von Ausländern mit Schweinekot (vgl. Urteil des OLG Düsseldorf MDR 1995: 948).

Ein Klima der Gewalt stört den öffentlichen Frieden

Zusätzlich erfordern § 130 Absatz 1 und 2 StGB, dass die Verbreitung einer entsprechenden Äußerung oder Schrift in einer zur Störung des öffentlichen Friedens geeigneten Weise geschieht. Der öffentliche Friede ist gestört, wenn offen oder latent ein Gewaltklima geschaffen wird, wenn ein Zusammenleben ohne Furcht um Leib oder Leben nicht mehr möglich ist, wenn das Vertrauen des angegriffenen Bevölkerungsteiles in die öffentliche Rechtssicherheit erschüttert ist (vgl. Urteil des BGH in BGHSt 16: 56). Eine Störung des öffentlichen Friedens liegt aber auch dann vor, wenn das öffentliche Klima dadurch vergiftet wird, dass bestimmte Bevölkerungsgruppen ausgegrenzt werden oder ihnen ihr Gleichheitsrecht abgesprochen wird. Aus der Gesetzesformulierung ist zu erkennen, dass eine konkrete Gefährdung des öffentlichen Friedens nicht nachgewiesen werden muss. Eine konkrete Eignung zur Friedensstörung reicht aus. Eine Äußerung muss nach Inhalt, Art und konkreten Umständen so beschaffen sein, dass sie die Besorgnis rechtfertigt, es werde zu einer Friedensstörung kommen.

Leugnung nationalsozialistischer Völkermordhandlungen

§ 130 enthält auch das Verbot der Holocaust-Leugnung

Absatz 3 und 5 des § 130 StGB stellen vor allem Schriften oder Äußerungen unter Strafe, deren Inhalte den Holocaust leugnen oder bagatellisieren. Da dieser Bereich den Hauptteil der Verstöße ausmacht, wird dieser Tatbestand auch als das Verbot der „Auschwitzlüge" bezeichnet. Eingefügt wurde er erst 1994, da die Leugnung des Holocaust nach einer weit verbreiteten Ansicht im Schrifttum nicht per se eine böswillige Verächtlichmachung der jetzt in Deutschland lebenden Juden nach § 130 Absatz 1 und 2 StGB darstellt. Diese Lücke wurde durch die Aufnahme dieser Tatbestände in den § 130 StGB geschlossen. § 130 Absatz 3 lautet:

> *„(3) Mit Freiheitsstrafe bis zu fünf Jahren oder mit Geldstrafe wird bestraft, wer eine unter der Herrschaft des Nationalsozialismus begangene Handlung der in § 6 Absatz 1 des Völkerstrafgesetzbuches bezeichneten Art in einer Weise, die geeignet ist, den öffentlichen Frieden zu stören, öffentlich oder in einer Versammlung billigt, leugnet oder verharmlost."*

Verharmlosung und Billigung sind ebenfalls strafbar

Voraussetzung, dass dieser Paragraf greift, ist zunächst das Leugnen, Billigen oder Verharmlosen einer NS-Völkermordhandlung. Mit Leugnen wird gemeinhin das Bestreiten, In-Abrede-Stellen oder Verneinen einer NS-Völkermordtat bezeichnet. Dies muss nicht ausdrücklich, sondern kann auch in verklausulierter Form geschehen, wenn darin die wahren Absichten eindeutig zum Ausdruck kommen (vgl. Urteil des AG Hamburg in NJW 1995: 1039). Unter den Begriff des Leugnens fällt zum Beispiel die Bezeichnung des Völkermordes als „Lügengeschichte" oder „Erfindung". Das bloße In-Frage-Stellen reicht allerdings nicht aus. Demgegenüber meint Billigen das Gutheißen der NS-Völkermordhandlung und ist beispielsweise bei der Äußerung gegeben, „mit den Ausländern müsste man es ebenso machen wie der Hitler mit den Juden". Unter Verharmlosen wird sowohl das Herunterspielen des Völkermordes in tatsächlicher Hinsicht als auch das Bagatellisieren oder Relativieren des Völkermordes in seinem Unwertgehalt verstanden. Ein Verharmlosen liegt bei den Behauptungen vor, die Zahl der ermordeten Juden liege allenfalls bei einer Million oder es habe jedenfalls die massenhaften Gaskammer-Morde nicht gegeben (vgl. Urteil des LG Mannheim in NJW 1994: 2497). Eine Verharmlosung liegt ebenfalls vor, wenn für den Völkermord angebliche „Rechtfertigungsgründe" oder „rassenpolitische Notwendigkeiten" ins Feld geführt werden.

Aufgrund dieses Straftatbestandes wurden jüngst Gerichtsverfahren in der Bundesrepublik gegen zentrale Wortführer der geschichtsrevisionistischen Szene eingeleitet. Auschwitz-Leugner wie Ernst Zündel, Germar Rudolf und Siegfried Verbeke nutzten insbesondere das Internet zur Verbreitung ihrer pseudowissenschaftlichen Thesen.

Im „Rudolf-Gutachten" werden die Massenmorde in Auschwitz geleugnet

Verherrlichung der nationalsozialistischen Gewalt- und Willkürherrschaft

Zur Schließung einer Gesetzeslücke wurde ein neuer Tatbestand eingefügt

Nach dem Willen des Gesetzgebers sollte die erst am 1. April 2005 in Kraft getretene Norm eine Gesetzeslücke schließen. Davor stand nur die Leugnung von Völkermordhandlungen der Nationalsozialisten unter Strafe. Wer öffentlich die NS-Gewalt- und Willkürherrschaft billigte, verharmloste oder rechtfertigte, blieb straffrei. Der konkrete Anlass zur Neuregelung ergab sich daraus, dass die NPD zum 60. Jahrestag des Kriegsendes am 8. Mai 2005 eine Versammlung mit Marsch durch das Brandenburger Tor plante, in dem die NS-Diktatur verherrlicht werden sollte. Um diese konkrete Veranstaltung zu unterbinden und generell die öffentliche Verherrlichung der NS-Herrschaft zu bekämpfen, wurde der Tatbestand neu in § 130 StGB eingefügt. § 130 Absatz 4 und 5 StGB lauten:

> *„(4) Mit Freiheitsstrafe bis zu drei Jahren oder mit Geldstrafe wird bestraft, wer öffentlich oder in einer Versammlung den öffentlichen Frieden in einer die Würde der Opfer verletzenden Weise dadurch stört, dass er die nationalsozialistische Gewalt- und Willkürherrschaft billigt, verherrlicht oder rechtfertigt.*
> *(5) Absatz 2 gilt auch für Schriften (§ 11 Absatz 3 StGB) des in den Absätzen 3 und 4 bezeichneten Inhalts."*

Eine Billigung oder Verherrlichung liegt insbesondere dann vor, wenn Verantwortungsträger der Unrechtshandlungen angepriesen oder in besonderer Weise hervorgehoben werden. Dies bedeutet konkret: Wenn

Glorifizierung von Adolf Hitler oder Rudolf Heß ist strafbar

Adolf Hitler glorifiziert oder Entscheidungsträger des NS-Regimes wie der Hitler-Stellvertreter Rudolf Heß als „Friedensflieger" oder „Märtyrer des Friedens" bezeichnet werden, ohne auf seine Beteiligung an Nazi-Verbrechen einzugehen (vgl. Urteil des VG Bayreuth vom 18. Juli 2005, AZ B 1 S 06.634), wird damit gleichzeitig die NS-Gewalt- und Willkürherrschaft verherrlicht bzw. gebilligt. Auch die Parole „Ruhm und Ehre der Waffen-SS" ist unter § 130 Absatz 4 StGB zu subsumieren, weil darin die für NS-Verbrechen maßgeblich verantwortliche Organisation der ‚Waffen-SS' verherrlicht wird (zur Straflosigkeit nach § 86a StGB siehe oben).

Im Unterschied zu den vorher behandelten Abschnitten des § 130 StGB erfordert eine Anwendung des Absatz 4 allerdings, dass durch die Billigung oder Verherrlichung der öffentliche Friede konkret gestört sein muss. Erst wenn also eine allgemeine Beunruhigung der Bevölkerung innerhalb Deutschlands, mindestens aber unter einer nicht unbeträchtlichen Personenzahl festgestellt werden kann, wenn offen oder latent ein Gewaltklima geschaffen wird oder das Vertrauen von Bevölkerungsteilen in die öffentliche Rechtssicherheit bereits erschüttert ist, ist der Tatbestand erfüllt. Eine konkrete Friedensstörung ist im Rahmen von öffentlichen Versammlungen oder Demonstrationen relativ leicht feststellbar, weil die dadurch bei der Bevölkerung entstehenden Reaktionen unmittelbar zu Tage treten. Im Bereich des Internets erscheint die Feststellung einer konkreten Friedensstörung ungleich schwieriger. Hierzu müssten Behörden zum Beispiel massenweise Beschwerden über entsprechende Verherrlichungen auf einer Website von einer Vielzahl wegen dieser Umtriebe besorgter Personen erhalten. In der Praxis führt dies dazu, dass eine Anwendung auf entsprechende Inhalte im Internet nur sehr selten möglich sein wird, der Tatbestand mithin für den Online-Bereich keine große Relevanz entfalten wird.

Für den Online-Bereich findet die Norm nur eingeschränkt Anwendung

Sonstige Strafgesetze gegen rechtsextreme Bestrebungen

Neben diesen Tatbeständen gibt es noch andere Strafrechtsnormen, gegen die Rechtsextreme im Internet vereinzelt verstoßen:

Nach § 86 StGB ist es verboten, Propagandamittel verbotener Parteien oder Vereinigungen zu verbreiten. Propagandamittel im Sinne des § 86 StGB sind zum Beispiel Schriften, die die staatliche Ungleichbehandlung der Menschen oder eines europäischen Staates auf Grundlage einer arischen Rassengemeinschaft fordern. Hierunter fallen auch Werke, in denen formuliert wird, dass Angehörige einer bestimmten Volksgruppe keine maßgebenden Posten im Staat bekleiden dürfen.

Propagandamittel verbotener Organisationen dürfen nicht verbreitet werden

Da Parteien im demokratischen System eine zentrale Rolle zukommt, sind deren Verbote nur in ganz engen Grenzen möglich. Über ein Verbot entscheidet ausschließlich das Bundesverfassungsgericht als höchste richterliche Instanz in Deutschland. Bisher wurden mit der ‚Sozialistischen Reichspartei' (SRP) und der ‚Kommunistischen Partei Deutschlands' (KPD) nur zwei Parteien verboten. Zuletzt hat das Bundesverfassungsgericht das Verbotsverfahren gegen die NPD eingestellt. Verbotene rechtsextreme Vereinigungen sind zum Beispiel ‚Blood & Honour', die ‚Skinheads Sächsische Schweiz' (SSS) oder die ‚Fränkische Aktionsfront' (FAF). Solche Verbote werden vom Bundesinnenminister oder den Landesinnenministern ausgesprochen.

Hass-Listen sind strafbare Aufforderungen zu Gewalttaten

Darüber hinaus kommt eine öffentliche Aufforderung zu Straftaten nach § 111 StGB in Betracht, etwa wenn auf rechtsextremen Websites so genannte Feindeslisten veröffentlicht werden, in denen unter Nennung von Namen und Adressen von Menschen, die sich beispielsweise gegen Rechtsextremismus engagieren, dazu aufgerufen wird, gegen diese Gewalt auszuüben.

In Einzelfällen wird auch gegen den Tatbestand der Anleitung zu Straftaten nach § 130a StGB verstoßen. Dies ist der Fall, wenn auf Websites Handbücher, Flugblätter und andere Schriften veröffentlicht werden, die in der Ausführung von Gewalt- und Zerstörungsakten unterweisen. Auch als „Kochbücher" bezeichnete Schriften, die Tipps zur Durchführung von Terrorakten enthalten, gehören hierzu.

Vom Verstoß zur Ahndung – rechtliche Verfahren und reale Sanktionsmöglichkeiten

Das straf- und medienrechtliche Verfahren

Werden über das Internet strafbare Inhalte verbreitet, kann gegen den Verantwortlichen ein Strafverfahren eingeleitet werden. Erhebt die Staatsanwaltschaft die öffentliche Anklage beim zuständigen Strafgericht, wird im Rahmen einer mündlichen Verhandlung entschieden, ob gegen den Angeklagten eine Freiheitsstrafe oder eine Geldstrafe verhängt wird. Der Jugendmedienschutz-Staatsvertrag legt fest, welche Sankti-

Bei Verstoß gegen StGB drohen Haft- und Geldstrafen

onsmöglichkeiten bei Verstößen gegen den Verantwortlichen ergriffen werden können. Während die oben genannten StGB-Tatbestände nur bei Vorsatz des Täters erfüllt sind, reicht im Rahmen des JMStV bereits eine fahrlässige Begehung aus. Ein Beispiel: Kann man einem rechtsextremen Täter nicht nachweisen, dass er vom Verbot eines bestimmten Kennzeichens nach § 86a StGB wusste, scheidet zwar eine Bestrafung mangels Vorsatz aus. Im Rahmen des medienrechtlichen Verfahrens kann die Verbreitung des Kennzeichens auf seinem Internet-Angebot aber mit einem Bußgeld belegt werden, da es zumindest fahrlässig ist, sich nicht zu informieren, bevor man solche Kennzeichen auf seine Website stellt. Nach dem JMStV können Verstöße nicht nur mit einem Bußgeld von bis zu 500.000 Euro geahndet werden, sondern die Medienaufsicht kann auch eine Sperrung der Inhalte durch den Verantwortlichen verlangen. Wenn dies nicht zum Erfolg führt, kann sie darüber hinaus entsprechende Sperrungen durch den Anbieter des Speicherplatzes, bei dem die Inhalte abgelegt sind (so genannte Host-Provider), verfügen. Diese Möglichkeiten haben Strafgerichte nicht.

Bei Verstoß gegen JMStV drohen Geldbußen

Exkurs: Die Indizierung jugendgefährdender rechtsextremer Websites

Die Jugendschutzrelevanz rechtsextremer Websites bemisst sich nicht allein nach strafbaren Inhalten. Immer problematischer wird die Vermischung von modernem Layout, Angeboten mit Erlebnischarakter und rassistischer Propaganda unterhalb der Strafbarkeitsschwelle. Website-Betreiber nutzen das Netz geschickt, um junge Menschen für ihre Zwecke zu instrumentalisieren und antisemitisches und fremdenfeindliches Gedankengut zu verbreiten. Häufig ist ihnen dabei kein Verstoß gegen Strafrechtsvorschriften nachweisbar. Ein Vorgehen gegen Angebote auf der Ebene der Jugendgefährdung gewinnt im Bereich des medienrechtlichen Verfahrens deshalb mehr und mehr an Bedeutung. § 4 Absatz 2 Satz 1 Nr. 2 JMStV regelt für den Bereich der Telemedien, dass einfach jugendgefährdende, indizierte Web-Angebote grundsätzlich unzulässig sind – es sei denn, der Anbieter stellt sicher, dass solche Inhalte nur Erwachsenen zugänglich gemacht werden. Zuständig für die Indizierung von Websites ist die Bundesprüfstelle für jugendgefährdende Medien (BPjM). Diese wird auch auf Antrag der Medienaufsicht – der Kommission für Jugendmedienschutz (KJM) – tätig.

Die BPjM indiziert jugendgefährdende Websites

Als jugendgefährdend gelten beispielsweise die Glorifizierung Adolf

Hitlers und die Verherrlichung oder Rehabilitierung der NS-Ideologie. Letzteres kommt vor allem dann in Betracht, wenn die totalitäre NS-Ideologie mittels Geschichtsklitterung bzw. Geschichtsverfälschung aufgewertet, rehabilitiert oder verharmlost wird. Hierzu zählen Medien, die der historischen Wahrheit zuwider die Kriegsschuld Hitlers und seines totalitären NS-Regimes leugnen, oder solche, die die industriemäßig betriebene Vergasung jüdischer Menschen mit Kriegsverbrechen anderer aufrechnen. Vereinzelt kann in solchen Fällen aber auch eine Verherrlichung der NS-Gewalt- und Willkürherrschaft nach § 130 Absatz 4 StGB vorliegen.

Indizierte Seiten dürfen Jugendlichen nicht zugänglich gemacht werden

Hat die BPjM eine Website indiziert und der Verantwortliche lässt diese Website unverändert im Netz, ist dies nach dem JMStV eine Ordnungswidrigkeit, die mit einer Geldbuße bis zu 500.000 Euro geahndet werden kann. In den meisten Fällen, in denen zum Beispiel jugendschutz.net Indizierungen von Websites durch die BPjM initiiert hat, führte diese Sanktion dazu, dass rechtsextreme Seitenbetreiber ihre Website nach der Indizierung unverzüglich vom Netz genommen haben.

Grenzenloses Web – eingeschränkte Strafverfolgung?

In den vergangenen Jahren hat die Verfolgung von Internet-Kriminalität deutlich zugenommen. Vielfach wurden auch Web-Autoren verurteilt, die auf ihren Internetseiten Hass-Propaganda verbreitet und damit gegen deutsche Gesetze verstoßen hatten. Behörden haben allerdings immer noch das Problem, dass Inhalte über ausländische Provider anonym ins Netz gestellt werden. Nach deutschem Recht liegt auch dann eine Straftat vor, wenn man illegale Inhalte vom Ausland aus verbreitet. Kann der Verantwortliche nicht ermittelt werden, können deutsche Behörden zunächst kein Strafverfahren einleiten. Es besteht allerdings die Möglichkeit, bei den zuständigen Strafverfolgern im Ausland um Hilfe zu bitten. Eine Ermittlung der Täter und Verfolgung der Tat über ausländische Behörden scheitern jedoch häufig daran, dass die rechtsextremen Delikte in vielen Staaten nicht strafbar sind und ausländische Behörden deshalb keine Hilfe leisten.

Unterschiedliche Rechtslagen erschweren Täterermittlung im Ausland

Die Niederlande, die Schweiz oder Frankreich haben – ähnlich wie Deutschland – die Hetze gegen Minderheiten und zum Teil auch das Verwenden von nationalsozialistischen Symbolen unter Strafe gestellt. Daneben gibt es in Europa auch Staaten wie Dänemark oder Schweden, in denen es in diesem Bereich fast keine Verbote gibt. Allerdings

Viele US-Provider untersagen Hass-Propaganda

setzte auf europäischer Ebene in jüngsten Jahren ein Denkprozess ein, ob und wie man die Gesetzeslage zur Ahndung von Hass-Propaganda angleichen kann. Die Europäische Union ist bestrebt, die gesetzlichen Grundstandards der Mitgliedsstaaten in diesem Bereich zu vereinheitlichen. Anders ist dies in den USA: Dort wird das Recht auf freie Meinungsäußerung besonders weit ausgelegt. Lediglich die konkrete Androhung von Gewalt gegen Personen oder Gruppen ist verboten. Das Zeigen von nationalsozialistischen Symbolen oder die Hetze gegen Minderheiten ohne konkrete Gewaltandrohung ist dagegen erlaubt. Zahlreiche Angebote der rechtsextremen Szene werden über amerikanische Server ins Internet gestellt. Allerdings haben einige US-Provider in ihren Allgemeinen Geschäftsbedingungen Hass-Propaganda untersagt und sind deshalb bereit, solche Inhalte auf Basis von Selbstverpflichtungen dennoch zu sperren.

Links und Gästebücher – Spezialfragen zum Internet

Die Anwendung der oben beschriebenen Tatbestände auf Internet-Sachverhalte ist mitunter schwierig. Dies liegt zum einen daran, dass zu vielen Spezialproblemen des Internets keine einheitliche Rechtsprechung existiert. Zum anderen entwickelt sich das Web ständig weiter und mit ihm auch das Verständnis dafür, wer für bestimmte Handlungen im Internet verantwortlich zu machen ist. An dieser Stelle sollen deshalb zumindest die zentralen, relativ häufig vorkommenden Einzelfragen bei der Anwendung der Normen auf Internet-Sachverhalte dargestellt werden:

Haftung für Einträge in Gästebüchern und Foren

Betreiber von Foren und Gästebüchern sind ab Kenntnis verantwortlich

Gästebücher und Foren sind heutzutage zentraler Bestandteil von Internet-Präsenzen. Sie ermöglichen ein gewisses Maß an Interaktivität zwischen Usern und sind auch auf rechtsextremen Websites weit verbreitet. Wenn User strafbare Einträge hinterlassen – zum Beispiel nach § 86a StGB strafbare Grußformeln wie „Sieg Heil" –, stellt sich die Frage, ob der Betreiber der Website für solche Einträge verantwortlich gemacht werden kann. Da die Einträge von Dritten stammen, haftet der Betreiber von Gästebuch oder Forum grundsätzlich nur dann, wenn er Kenntnis von den strafbaren Einträgen hat und er sie dennoch nicht löscht. Von einer Kenntnis kann zum Beispiel dann ausgegangen werden, wenn strafrechtlich relevante Einträge vom Betreiber selbst wohlwollend zur

Kenntnis genommen werden – etwa durch Sätze wie „Danke für deinen Eintrag“. Dies gilt auch, wenn der Betreiber direkt nach dem unzulässigen Beitrag einen eigenen Text verfasst hat. In vielen Fällen müssen Einträge vor der Online-Publikation freigeschaltet werden, sodass auch dann regelmäßig von einer Kenntnis auszugehen ist.

Haftung für Links auf Websites mit strafbarem Inhalt

Auch für verlinkte Inhalte besteht eine Haftung

Die Frage der Verantwortlichkeit für strafbare Inhalte, die zwar nicht auf der eigenen Website stehen, aber mit Hilfe eines Links auf eine andere Website zugänglich gemacht werden, beschäftigt Juristen schon seit Jahren. Höchstrichterliche Entscheidungen dazu gibt es nicht, der BGH hat sich bisher nur zur Frage der Linkhaftung im Bereich des Wettbewerbsrechts geäußert. Allerdings haben einige erstinstanzliche Gerichte die Haftung eines Website-Betreibers für verlinkte Inhalte grundsätzlich bejaht. So hat das Amtsgericht Tübingen rechtskräftig mit Urteil vom 21. März 2005 einen Angeklagten wegen der Verlinkung auf eine neonazistische ausländische Website mit strafbaren rechtsextremen Kennzeichen nach § 86a StGB verurteilt.

Ähnlich wie bei der Haftung für Einträge im Gästebuch ist entscheidend, ob der Anbieter Kenntnis davon hat, dass die verlinkten Inhalte gegen Strafrechtsnormen verstoßen. Ist dies zu bejahen, ist er für verlinkte Inhalte genauso verantwortlich wie für Inhalte, die er selbst auf seiner Website platziert hat. Folgende Kriterien können dabei entscheidend sein:

- Die verlinkte Seite steht im direkten Zusammenhang mit den eigenen Inhalten des Anbieters. Steht die Website in einem rechtsextremen Kontext und verlinkt der Betreiber auf strafbare Angebote aus dem rechtsextremen Bereich, spricht dies dafür, dass er von diesen strafbaren Inhalten Kenntnis hat.
- Die verlinkten Inhalte werden positiv kommentiert. Kommentare wie „Super Seite, die mit den Lügen über die Judenvernichtung aufräumt“ bei einem Link zu volksverhetzenden Inhalten sprechen eindeutig für eine Verantwortlichkeit des Betreibers.
- Oft werden verlinkte Inhalte im eigenen Frameset des Betreibers zugänglich gemacht. Damit ist gemeint, dass die verlinkten Inhalte im Rahmen der eigenen Website dargestellt werden, sodass für den Laien nicht erkennbar ist, dass es sich um fremde Inhalte handelt. Diese technische Ausgestaltung spricht ebenfalls für die Kenntnis.

Ein allgemeiner Haftungsausschluss ist nicht relevant

Viele rechtsextreme Websites haben – zumeist auf der Startseite oder vor den Links – einen Haftungsausschluss oder Disclaimer in ihr Angebot integriert. Damit versuchen die Autoren generell jede Verantwortlichkeit für Inhalte zu vermeiden, die nicht von ihnen stammen. In dem Text wird dann meist darauf verwiesen, dass man sich von den Inhalten der verlinkten Websites und den Texten, die Dritte zum Beispiel ins Gästebuch oder Forum schreiben, distanziere. Vor einer Bestrafung schützen kann ein Haftungsausschluss aber nicht, da er rechtlich ohne Belang ist. Man kann sich seiner Verantwortlichkeit nicht dadurch entledigen, dass man sich in allgemeiner Form von Inhalten distanziert. Einige Staatsanwälte sehen in einem Disclaimer sogar ein Indiz dafür, dass der Betreiber einer Website weiß, dass er auf strafbare Inhalte verlinkt, da er sonst keinen Disclaimer vorschalten würde.

Was kann ich im Unterricht zeigen? – die staatsbürgerliche Aufklärung

Surfen Jugendliche – das heißt: Personen zwischen 14 und 18 Jahren – auf Seiten mit rechtsextremen Inhalten, tun sie zunächst nichts gesetzlich Verbotenes. Das Anschauen und gegebenenfalls Downloaden von Musik, Kennzeichen oder Texten wird von den oben erwähnten Paragrafen nicht unter Strafe gestellt, vielmehr werden nur diejenigen sanktioniert, die strafbare rechtsextreme Inhalte im Netz verbreiten bzw. solche Inhalte öffentlich zugänglich machen.

Im pädagogischen Kontext können strafbare Inhalte behandelt werden

Das Zeigen solcher Inhalte im Rahmen des Unterrichts in einem angemessenen Kontext durch Pädagoginnen und Pädagogen ist aus strafrechtlicher Sicht ebenfalls nicht zu beanstanden. Die einzelnen Tatbestände der §§ 86, 86a, 130 StGB enthalten eine so genannte Sozialadäquanzklausel: Danach ist das Zugänglichmachen solcher Inhalte im Rahmen des Unterrichts an Kinder und Jugendliche nicht strafbar, weil dies der staatsbürgerlichen Aufklärung dient.

Thomas Pfeiffer

Uraltes Denken in High-Tech-Medien

Rechtsextremisten entdecken den Computer

Auf den ersten Blick ist die Verbindung von rückwärts gewandtem Denken und moderner Internet-Technik irritierend. Tatsächlich setzen Rechtsextremisten auf diese Weise eine Entwicklung fort, die Teile der deutschen Szene seit Langem vollziehen: Kommunikations- und vernetzungstechnisch waren sie in den vergangenen rund 20 Jahren vom Puls der Zeit nie allzu weit entfernt: Von der simplen Mailbox der 1980er Jahre bis zur aufwändigen Internet-Homepage haben Rechtsextremisten den Fortschritt der Datennetze kontinuierlich und systematisch nachvollzogen. Inzwischen ist die Präsenz in digitalen Welten für praktisch alle Spielarten der internationalen Szene selbstverständlich geworden.

Rechtsextremisten greifen neue Kommunikationstechniken kontinuierlich auf

Der folgende Beitrag skizziert die Entwicklung der computergestützten Kommunikation insbesondere des deutschen Rechtsextremismus und erläutert vier wichtige Ziele, die die Szene mit solchen Medien verbindet. Dabei werden Aussagen aus dem ‚Thule-Netz' – dem ersten Computerverbund deutscher Rechtsextremisten – der heutigen Internet-Präsenz dieser Szene gegenübergestellt.

Rechtsextremisten gehen online

Vorreiter: Szene in den USA

Dass es zunächst nordamerikanische Rechtsextremisten waren, die Datennetze für sich entdeckten, liegt nahe: Die Verbreitung, die Computer dort bereits in den 1980er Jahren auch außerhalb von Expertenkreisen fanden, setzte in Europa erst Jahre später ein. Die jüdische Menschenrechtsorganisation ‚Anti-Defamation League' wies in ihrem Report „Computerized Networks of Hate" bereits 1985 darauf hin, dass sich US-Rechtsextremisten mit Hilfe von Computern vernetzten und Informationen ins Ausland, vor allem ins benachbarte Kanada, lancierten. Computergestützter Kommunikation waren in dieser Zeit enge Grenzen gesetzt: Die Geräte waren teuer, die Software war wenig nutzerfreundlich und einiges Know-how erforderlich, um mit solchen Netzen arbeiten zu können. Der Standard der 80er Jahre waren Mailboxen – Computer, die über das Telefonnetz Daten austauschten. Im Gegensatz zum heutigen Standard – dem World Wide Web – basierten Mailboxen auf einer schlichten grafischen Oberfläche, die neben dem Text nur wenige optische Elemente enthielt. Um mit einer Mailbox in Verbindung zu treten, mussten User die Telefonnummer der Box anwählen, die sie per Mundpropaganda oder aus einschlägigen Periodika erfuhren. Schon aus diesem Grund war Mailbox-Kommunikation weitgehend auf Insider beschränkt.

Aryan Nations Liberty Net

Zu den ersten Rechtsextremisten, die solche Netze betrieben, gehörte 1983 Louis Ray Beam, der den Rang eines „Grand Dragon" beim rassistischen ‚Ku Klux Klan' innehatte. Beams ‚Aryan Nations Liberty Net' enthielt die Liste „Know your Enemy" mit Adressen politischer Gegner. Anton Maegerle und Matthias Mletzko zufolge umfasste das Netz ein Punktesystem für Mordanschläge, „bei dem der Aspirant für die Erlangung des Status eines Aryan Warrior (‚Arischen Kriegers') Punkte sammeln konnte. Dieser ‚Point Count' richtete sich nach der Bedeutung der Zielperson als Politiker, Bürgerrechts-Aktivist, Polizeibeamter oder Vertreter einer Minderheit." (Maegerle/Mletzko 1994: 1) Diesem Netz waren rund 1.000 User angeschlossen – 2.000 überwiegend jugendliche Skinheads beteiligten sich später am Netz der ‚White Aryan Resistance' (W.A.R.). In Deutschland spielten Datennetze im Rechtsextremismus der 80er Jahre kaum eine Rolle. Zunehmend verbreiteten sich in dieser Zeit Computerspiele, die als Kopien auf Schulhöfen getauscht wurden und teilweise noch im Internet abrufbar sind. Die Spiele waren nicht nur technisch primitiv – beispielsweise im ‚KZ-Manager' musste ein Vernichtungslager möglichst effizient geführt werden.

KZ-Manager

Mit dem Internet trat Anfang der 1990er Jahre ein Computernetz auf den Plan, das die Kommunikationsmöglichkeiten – auch für Rechtsextremisten – grundlegend verändert hat. Die wichtigsten Bestandteile des Internets sind das Usenet und seit Mitte der 1990er Jahre das World Wide Web (WWW). Das Usenet umfasst Zehntausende von Diskussionsforen (Newsgroups), in denen die User Informationen und Meinungen zu Spezialgebieten austauschen. Ken McVay, Leiter des kanadischen Projekts ‚Nizkor' (hebräisch: Wir gedenken), das sich die Sammlung von Informationen vor allem über Holocaust-Leugnung im

Internet zur Aufgabe gemacht hat, ist im Januar 1991 zum ersten Mal rechtsextremistischer Propaganda in einer Newsgroup begegnet. Zur selben Zeit wuchs das Interesse deutscher Rechtsextremisten an der Computer-Kommunikation. Zu den Vorreitern zählte die NPD: Im Juni 1991 beschloss sie einen Arbeitskreis ‚Neue Medien und Techniken‘ beim Parteivorstand – 1992 richtete sie Seiten im Btx-System der Bundespost ein. Die Bedeutung dieses Dienstes für Rechtsextremisten ist aber auf Grund der hohen Kosten eher gering geblieben.

Mailbox-Verbund deutscher Rechtsextremisten: ‚Thule-Netz‘

In deutschen Mailboxen tauchte Ende der 1980er Jahre rechtsextremistische Propaganda auf. Davon waren alle bedeutenden Netze betroffen – etwa das CL-Netz, das Fido- und das Z-Netz. Die mehrheitlich eher links orientierte Mailbox-Community erteilte Rechtsextremisten Schreibverbote oder verwies sie ihrer Boxen. So intensivierten sich 1991 Bemühungen, einen rechtsextremistischen Computerverbund in Deutschland aufzubauen. Dabei dürften US-Rechtsextremisten und linksautonome Gruppen in Deutschland Vorbilder gewesen sein, die sich längst über Mailboxen zu vernetzen begonnen hatten. Im März 1993 nahm das Herzstück des rechtsextremistischen ‚Thule-Netzes‘ – die ‚Widerstand BBS‘ in Erlangen – den Betrieb auf, an das maximal 13 weitere deutsche Boxen angeschlossen waren. Auch aus vier ausländischen Boxen wurden zeitweise Nachrichten eingespeist. Auf rund 90 Themen-Brettern tauschten sich die bis zu 200 User des Netzes aus: So existierten Bereiche für Geschichte, Musik, Organisationsstrukturen und Recht. Ein Großteil der Betreiber der ‚Thule‘-Mailboxen kam aus dem Umfeld der NPD und ihrer Nachwuchsorganisation ‚Junge Nationaldemokraten‘ – wenn die Parteiführung die digitale Kommunikation auch begrüßte, waren es doch technisch interessierte Aktivisten an der Basis, die das Netz voranbrachten: Die Einführung des Mediums Mailbox in den deutschen Rechtsextremismus erfolgte als „Diffusion von unten“ (Wetzstein u.a. 1995: 157). Mailboxen sind aus der Medienpalette der Szene inzwischen fast vollständig verschwunden. Nach heftigem internen Streit hat sich das ‚Thule-Netz‘ gespalten und 1999

Grafiken aus dem ‚Thule-Netz‘

aufgelöst. Als eine Betreiberin frustriert ihren Rückzug ankündigte, schrieb sie in einer E-Mail, die hinter dem Mailbox-Verbund stehenden Ideen seien gescheitert: Das Ziel – der Aufbau von Strukturen, mit denen konkrete politische Ergebnisse erzielt werden sollten – sei verfehlt worden (zum ‚Thule-Netz‘ vgl. Pfeiffer 2002: 245-269).

Rechtsextremisten im WWW: ‚Stormfront‘

Den State of the Art der Computernetze stellt seit gut zehn Jahren das World Wide Web dar. Als erste rechtsextremistische WWW-Seite ging im März 1995 die ‚Stormfront – White Nationalist Ressource Page‘ ans Netz. Macher der heute noch bestehenden Domain ist der Neonazi Stephen Donald (Don) Black aus West Palm Beach/Florida, der wie schon Louis Ray Beam früher als „Grand Dragon“ bei den ‚Knights of the Ku Klux Klan‘ aktiv war. Er ist heute als Internet-Dienstleister vorwiegend für rechtsextremistische Gruppen tätig – technisches Know-how hatte er sich während einer dreijährigen Haftzeit angeeignet: Don Black war verurteilt worden, nachdem er versucht hatte, auf der Karibikinsel Dominica gewaltsam die Macht zu übernehmen, um einen Staat ausschließlich für Weiße einzurichten. Seine Seite umfasst Hitler-verherrlichende Texte, Grafik-Bibliotheken mit Abzeichen von NS-Organisationen und rassistischer Gruppen aus den USA. Engere Zielgruppen werden mit den Rubriken ‚Stormfront for Kids‘ und ‚Stormfront for Women‘ agitiert.

Einstiegsscreen und Abbildung aus der ‚Stormfront‘-Page (1995)

Die WWW-Technik ist für Propaganda-Zwecke ideal: Sie ist für Anbieter und Nutzer leicht zu handhaben und preiswert. In rasantem Tempo folgten zunächst US-amerikanische, knapp ein Jahr später deutsche Rechtsextremisten dem Vorbild der ‚Stormfront‘-Page. Als eine der ersten rechtsextremistischen deutschen Organisationen baute die NPD ein WWW-Angebot auf: Die von Augsburger Aktivisten ab März 1996 eingespeiste Seite ‚Der Aufbruch‘ bot einige wenige grundlegende Texte an sowie Adressen der NPD und der ‚Jungen Nationaldemokraten‘. Der Parteivorsitzende Udo Voigt kündigte unmittelbar nach seiner Wahl im März 1996 an, Seiten nach dem Augsburger Vorbild sollten künftig bundesweit aufgebaut werden – das Ziel sei die „elektronische Vernetzung der europäischen Nationalisten“. Wenig später wurden zahlreiche WWW-Seiten von Vertretern unterschiedlicher Flügel des deutschen Rechtsextremismus bekannt. Solche Homepages müssen bis heute häufig unter wechselnden Internet-Adressen aufgerufen werden – viele Internet-Dienstleister nehmen diese Seiten vom Netz, sobald ihnen die Inhalte bewusst werden. Daher treten Rechtsextremisten mitunter selbst

Der Aufbruch

Die nationale Internet-Seite aus Augsburg

Stand: 17. März 1996

Spruch des Tages

Auch die rechte Szene in Schwaben hat offenbar die Datenautobahn als Medium erkannt. Anhänger der Nationaldemokratischen Partei (NPD) aus Augsburg etwa werben im Internet für sich und ihre Ziele. Walter Knorz, Experte für Rechtsextremismus beim Bayerischen Landesamt für Verfassungsschutz, spricht dabei von einem Angebot mit einer "in Deutschland bislang einmaligen intensiven Qualität und Unverfrorenheit".

(Augsburger Allgemeine, 16. März 1996)

Wer wir sind und was wir wollen

Der Aufbruch ist ein Internet-Rundbrief von Anhängern der Nationaldemokratischen Partei Deutschlands (NPD) und der Jungen Nationaldemokraten (JN) in Augsburg. Unsere Absicht ist es, Kontakte zu Gleichgesinnten herzustellen und die politische Meinungsbildung im nationalen Lager voranzubringen.

Insbesondere möchten wir die Verbände der NPD und JN dazu anregen, selbst im Internet zu publizieren. Im Abschnitt "Die eigene Seite im World Wide Web" finden Sie dafür einige Hilfsmittel und Informationen.

Unser Angebot

- NPD Augsburg

  Nationaldemokratische Partei Deutschlands - Kreisverband Augsburg

- JN Augsburg

  Junge Nationaldemokraten - Kreisverband Augsburg

- Texte und Informationen

  Bibliothek des revolutionären Nationalismus, Adressen, Initiativen

- Neue Medien und Techniken

  Info-Telefone, Mailboxen, Internet-Adressen, Online-Dienste

- Vereinigte Rechte

  Bündnis Deutschland - Erklärung der bayerischen NPD

- Schwarzes Brett

  Politische Aussprache, Leserbriefe, Informationen

- Die eigene Seite im World Wide Web

  Eine Internet-Seite gestalten und veröffentlichen

Hinweis: Der Aufbruch ist keine offizielle Publikation des NPD-Parteivorstands. Die hier gebotenen Inhalte entsprechen deshalb nicht notwendigerweise und in allen Punkten der Ansicht der NPD.

Die erste Website aus den Kreisen einer rechtsextremistischen Partei in Deutschland: ‚Der Aufbruch' aus der Augsburger NPD (1996) als Provider auf – Vorreiter war erneut die NPD, die im April 1997 als „Nationaler Provider Deutschlands“ in Erscheinung trat.

Weitere Informationen zu diesen Fällen im Verfassungsschutzbericht NRW 2005 (S. 85 f.) auf der beigefügten CD-ROM

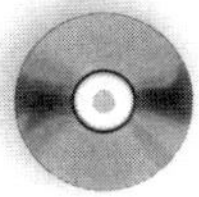

Das Bild rechtsextremistischer Homepages hat sich kontinuierlich verändert. Viele Seiten sind inzwischen mit Sachverstand erstellt – manche Betreiber integrieren neue technische Möglichkeiten umgehend in ihre Internet-Präsenzen. Optische Effekte, Intros, Chat-Rooms, Gästebücher und MP3-Angebote zählen zu den Standards vieler rechtsextremistischer Seiten. Technisch versiert erwiesen sich auch unbekannte Propagandisten, die 2004 und 2005 mit Hilfe des Internetwurms ‚Sober‘ eine Flut rechtsextremistischer E-Mails verursachten. So wurden Anfang 2005 Mails verbreitet, die den Empfänger glauben machen sollten, er sei bei der Verlosung von WM-Tickets erfolgreich gewesen. Weitere Details seien dem Anhang zu entnehmen. Wer die angehängte Datei öffnete, infizierte den eigenen Rechner mit dem Wurm. Die auf diesem Weg im großen Stil gestreuten Mails enthielten einen Link, der vielfach auf rechtsextremistische Homepages führte.

Der Professionalisierungsprozess rechtsextremistischer Internet-Präsenzen dürfte sich fortsetzen und könnte krude Neonazi-Seiten auch für unpolitische Jugendliche attraktiver machen. Die Zahl rechtsextremistischer Homepages ist in den 1990er Jahren – dem allgemeinen Boom des Internets entsprechend – rapide gestiegen und bewegt sich heute auf hohem Niveau: Die Verfassungsschutzbehörden gehen von rund 1.000 deutschsprachigen Seiten aus – das ‚Simon Wiesenthal Center New York‘ stützte seinen Report „Digital Terrorism & Hate 2006“ auf rund 6.000 „Hate-Pages“ weltweit. Die Dunkelziffer dürfte erheblich sein. jugendschutz.net weist zu Recht darauf hin, dass nicht allein die Zahl rechtsextremistischer Internetseiten zu denken gibt, sondern in erster Linie die mitunter geschickte zielgruppenorientierte Gestaltung (vgl. die Beiträge von Michael Wörner-Schappert und Stefan Glaser in diesem Band).

Gegenöffentlichkeit

Neonazi-Gruppen entwickeln autonome Strukturen

Der Einstieg deutscher Rechtsextremisten in Computernetze wie das ‚Thule-Netz‘ stand im Zeichen der Ausbildung autonomer Strukturen in der Szene. Nach der Welle fremdenfeindlicher Gewalttaten der frühen 1990er Jahre wuchs der Verfolgungsdruck gegen neonazistische Organisationen – zahlreiche Gruppen und Einrichtungen wurden verboten, darunter die deutsche Sektion der Skinhead-Organisation ‚Blood & Honour'. Vorwiegend Neonazis hielten daher Ausschau nach Strukturen, die den staatlichen Eingriff erschweren: Organisatorische Bindungen stehen seither zu Gunsten lockerer Aktionsbündnisse zurück. Um die Szene zusammenzuhalten, ist eine enge informationelle Vernetzung notwendig. Von einer „Gegenöffentlichkeit", die es zu schaffen gelte, sprach der Betreiber der ersten ‚Thule'-Mailbox, der unter dem Pseudonym „Alfred Tetzlaff" auftrat. Der Zeitschrift ‚Thule-Journal' zufolge war die „Herstellung und Verfestigung der Kontakte zwischen nationalen Gruppen" das oberste Ziel des Netzes. Einzelaktivisten, Organisationen und Verlage sollten Informationen einspeisen – möglichst viele Gruppen eigene Foren erhalten, sodass sich neue Interessenten „schnell einen Überblick über die ‚Szene' verschaffen" könnten: das ‚Thule-Netz' als Schaufenster des Rechtsextremismus. „Wir wollen durch Vernetzung eine befreite Zone im Mailbox-Bereich schaffen", hieß es weiter. Damit spielt das Journal auf eine strategische Abhandlung an, die das „Unwort des Jahres 2000" kreiert hat: „national befreite Zonen".

„Eine befreite Zone im Mailbox-Bereich schaffen"

Tatsächlich hat das ‚Thule-Netz' die Gegenöffentlichkeit des Rechtsextremismus noch nicht entscheidend vorangebracht. Bedeutung hatte es vor allem als Initialzündung für die Computernutzung der deutschen Szene – zudem gab es den Impuls, Propagandaziele und neue -formen zu erörtern. Ein ehemaliger Systembetreiber des ‚Thule-Netzes' bezeichnete den Mailboxverbund zudem als „PR-Erfolg" („es wurde damals über kein Netz so viel berichtet wie übers ‚Thule-Netz'"). Die breit gefächerten, zum Teil eng vernetzten Internet-Präsenzen heutiger Rechtsextremisten kommen dem Ziel der Gegenöffentlichkeit näher. Dies gilt vor allem für die Portale neonazistischer Aktionsbündnisse, die einen kommunikativen Austausch in den Netzwerken loser Neonazi-Gruppen – so genannter „Kameradschaften" – ermöglichen.

Neonazi-Portale im WWW fördern Vernetzung der „Kameradschaften"

Internationale Kommunikation

Rechtsextremisten haben sich seit eh und je den Umstand zu Nutze gemacht, dass die Vorstellungen von Meinungsfreiheit international weit auseinanderreichen: Sind etwa bestimmte rassistische Parolen und das Leugnen des Holocausts in Deutschland und Österreich strafbar, sind solche Äußerungen in den USA weitgehend durch die Verfassung geschützt. Die aggressivsten Materialien bezogen deutsche

Neonazis stets aus dem Ausland – beispielsweise aus den USA. Im Internet sind alle öffentlichen Inhalte prinzipiell jedem User zugänglich. Ein Teilnehmer schrieb im ,Thule-Netz': „Das Unbequeme am Internet ist, daß es international ist, und sich der offiziellen deutschen Zensur entzieht, daß dort jeder mit vergleichsweise geringem Aufwand eine große Öffentlichkeit erreichen kann, und sich so der inoffiziellen Zensur entzieht und daß es Blockwarte und Gesinnungshüter quasi entmachtet, weil jeder widersprechen kann."

Das Internet begünstigt „eine Aufhebung der traditionellen Diskursgrenzen zwischen den einzelnen Segmenten des Rechtsextremismus" (Nickolay 2000: 342). Bernd Nickolay bezieht diese Feststellung vorrangig auf die unterschiedlichen Spielarten der rechtsextremistischen Szene in Deutschland – sie gilt auch international. Insbesondere lassen sich nun rechtsextremistische Produkte bequemer als zuvor international vermarkten. Ausmaß und Qualität dieser Verbindungen werden in der Forschung unterschiedlich akzentuiert. Thomas Grumke geht von einem globalisierten Rechtsextremismus aus – einem „transnationalen Netzwerk", das von einer „kollektiven Identität und einer international kompatiblen Ideologie getragen" werde. Das wichtigste Element der „transnationalen Infrastruktur" dieser Szenen sei das Internet (Grumke 2005: 130). Dagegen weist Christoph Busch darauf hin, dem internationalen Austausch und der Kooperation von Rechtsextremisten mit Hilfe des WWW ständen nach wie vor erhebliche Hindernisse entgegen: „vor allem Sprachbarrieren, die Ideologie des Ultranationalismus und die Zerstrittenheit der radikalen Rechten untereinander". Das Internet beseitige diese Probleme zwar nicht, stelle aber „etliche kommunikationstechnische Möglichkeiten zur Intensivierung der Vernetzung" bereit (Busch 2005: 77).[1]

Rechtsextremistische Produkte werden international vermarktet

Weblogo der ,European National Front', Netzwerk rechtsextremistischer Parteien in Europa (2007)

Geheimkommunikation

„Wir sind drinnen, der Staat bleibt draußen“ war eine der Parolen, unter denen das ‚Thule-Netz‘ aufgebaut wurde. Diesen Anspruch hat das Netz nicht erfüllt. Es gliederte sich zwar in mehrere Teilöffentlichkeiten – manche Themen-Bretter waren Führungspersonen vorbehalten. Auch eine Registrierung war notwendig, um an den Diskussionen teilzunehmen. Trotzdem war das Netz – mit begrenztem technischen Aufwand – von außen einsehbar. Nachrichten, die in netzöffentlichen Foren abgelegt waren, blieben nicht lange geheim (vgl. Schröder 1995: 131). Dagegen können persönliche Mitteilungen, die sich gezielt an einen oder mehrere Empfänger richten, verschlüsselt werden, was auch im ‚Thule-Netz‘ mitunter geschah. Ein einfaches Hilfsmittel ist das Programm PGP (Pretty Good Privacy), das die User aus den ‚Thule‘-Boxen kopieren konnten und das im Internet weiterhin verbreitet ist. PGP-geschützte Nachrichten sind für Dritte auch mit hohem Aufwand kaum zu entschlüsseln.

„Wir sind drinnen, der Staat bleibt draußen“

Auf technisch anspruchsvollere Weise, als es in Mailboxen möglich war, verbindet das Internet die Selbstdarstellung der Szene nach außen (Breitenwirkung) und den Austausch nach innen (Gegenöffentlichkeit) bis zur Geheimkommunikation. Rechtsextremistische Aktivisten sprechen sich zunehmend dafür aus, auf Verschlüsselungssoftware für vertrauliche Nachrichten zurückzugreifen und interne Diskussionen in passwortgeschützten Foren zu führen. Allerdings ist es linksgerichteten Gruppen teilweise gelungen, in geschützte Bereiche rechtsextremistischer Portale einzudringen und beispielsweise die Nutzerdaten einschlägiger Online-Versände im Internet zu veröffentlichen. Diese Fälle haben Sicherheitslücken rechtsextremistischer WWW-Seiten offengelegt und erhebliche Irritationen in der Szene ausgelöst.

Rechtsextremistische Websites durch linke Gruppen gehackt

Internetseiten, die öffentlich zugänglich sind, enthalten in der Regel keine sensiblen Informationen. Hier tauchen mitunter Andeutungen geplanter Veranstaltungen auf mit dem Hinweis, nähere Informationen erhielten Interessierte auf vertraulichem Wege. Bei der Durchführung von Konzerten, die unbemerkt bleiben sollen, sind Botschaften per Mobiltelefon, häufig als SMS, zentrale Mittel.

Breitenwirkung

Das Ziel: Ausbruch aus dem „rechten Ghetto“

Bereits das ‚Thule-Netz‘ versuchte für Menschen außerhalb der rechtsextremistischen Szene attraktiv zu sein. Initiator „Alfred Tetzlaff“: „Wenn man die Öffentlichkeitsarbeit im ‚rechten Lager‘ betrachtet, so stellt man immer wieder fest, daß zwar hervorragende Publikationen und Periodika existieren, aber kaum Personen außerhalb des ‚rechten Ghettos‘ erreicht werden. Mit der WIDERSTAND-Mailbox soll ein Ausbruch aus dieser verfahrenen Situation gewagt werden.“ Das Netz blieb gleichwohl ein Insider-Medium. Vom aufkommenden Internet versprachen sich Rechtsextremisten durchaus zu Recht, ihre Inhalte künftig weiter über die eigenen Kreise hinaus streuen zu können. Ingrid Rimland – technisch verantwortlich für die WWW-Seite des Holocaust-Leugners Ernst Zündel – schrieb im ersten Jahr der ‚Zündelsite‘ an den Verfasser dieses Aufsatzes: „We now have approximately 200 documents on line, maybe more, and our visitor count on a daily basis is around 300-400. A good estimate is that about half of them are students, particularly in law, history and journalism. We could not possibly interest that many young people in our theories and ideas without the internet. It's cheap, quick and clean. We love it.“

An die potenzielle Breitenwirkung von Internetseiten reicht kein anderes Medium heran. Grundsätzlich stehen auch rechtsextremis-

Weblogo und Grafik aus der ‚Zundelsite‘/ ‚Zündelsite‘ (2007). Der lange Zeit in Nordamerika lebende Holocaust-Leugner Ernst Zündel war von Kanada nach Deutschland abgeschoben worden – das Landgericht Mannheim verurteilte ihn im Februar 2007 wegen Volksverhetzung (§130 StGB) zu fünf Jahren Haft.

tische Internetseiten einem Millionenpublikum zur Verfügung – die Zugangsschwelle ist niedrig, ein persönlicher Szene-Kontakt für die Rezipienten nicht notwendig. Zwischen der potenziellen und der faktischen Breitenwirkung ist allerdings zu unterscheiden. Letztere ist schwer einzuschätzen: Wie viele Personen nutzen solche Seiten tatsächlich? Wer sind diese Personen? Den rechtsextremistischen Seiten steht eine nicht überschaubare Fülle anderer Seiten gegenüber, die um das Interesse der Nutzer werben. Attraktivität der Angebote – Aktualität, Interaktivität –, Bindung der Leser durch regelmäßige Ergänzungen, auch die Tarnung rechtsextremistischer Inhalte dürften wichtige Faktoren sein, um Breitenwirkung zu erzielen. Unter diesen Gesichtspunkten ist davon auszugehen, dass manche Internetseiten ein ungleich breitenwirksameres Propaganda-Instrument sind als herkömmliche Medien der rechtsextremistischen Szene.

Faktische Breitenwirkung ist schwer zu messen

Anmerkung

1 Auf Einladung der Ruhr-Universität Bochum, des Innenministeriums NRW, der Friedrich-Ebert-Stiftung und von jugendschutz.net haben Christoph Busch und Thomas Grumke ihre Sichtweisen am 10. Februar 2006 im Rahmen des Seminars „Rechtsextremismus im Internet“ in Bad Münstereifel engagiert und kontrovers mit Studierenden diskutiert.

Literatur

Busch, Christoph 2005: Rechtsradikale Vernetzung im Internet, in: WeltTrends, 13. Jg. (2005), H. 48, S. 67-78

Grumke, Thomas 2006: Die transnationale Infrastruktur der extremistischen Rechten, in: Greven, Thomas/Grumke, Thomas (Hrsg.): Globalisierter Rechtsextremismus? Die extremistische Rechte in der Ära der Globalisierung, Wiesbaden, S. 130-159

Maegerle, Anton/Mletzko, Matthias 1994: „Thule-Netz“. Rechtsextremistischer Mailboxen-Verbund, in: Informationsdienst Terrorismus, Extremismus, Organisierte Kriminalität, H. 5/1994, S. 1-4

Nickolay, Bernd 2000: Rechtsextremismus im Internet. Ideologisches Publikationselement und Mobilisierungskapital einer rechtsextremen sozialen Bewegung?, Würzburg

Pfeiffer, Thomas 2002: Für Volk und Vaterland. Das Mediennetz der Rechten – Presse, Musik, Internet, Berlin

Schröder, Burkhard 1995: Neonazis und Computernetze. Wie Rechtsradikale neue Kommunikationsformen nutzen, Reinbek b.H.

Wetzstein, Thomas A. u.a. 1995: Datenreisende. Die Kultur der Computernetze, Opladen

Michael Wörner-Schappert

Was macht Hass-Seiten attraktiv?

Fallbeispiel: Musik als virtuelle Propagandawaffe

Seit mehr als zehn Jahren instrumentalisieren deutsche Rechtsextreme alle Möglichkeiten des Internets für ihre Zwecke. In dieser Zeit ist die Zahl deutschsprachiger rechtsextremer Web-Angebote extrem gestiegen. Allein im Jahr 2005 befasste sich jugend-schutz.net mit mehr als 1.500 rechtsextremen Web-Adressen. Das Internet ist ein jugendliches Medium – mehr als 95 Prozent der Jugendlichen zwischen 14 und 19 Jahren nutzen es (vgl. van Eimeren/Frees 2005) –, und zusammen mit einschlägiger Musik ist es zu einem der wichtigsten Propagandamittel von Rechtsextremen geworden. Dem Trend zur Professionalisierung rechtsextremer Seiten entspricht die steigende Zahl solcher Sites – vor allem aus dem Bereich neonazistischer „Kameradschaften" –, die technisch und gestalterisch auf junge Zielgruppen zugeschnitten sind. Immer mehr rechtsextreme Web-Angebote steigern ihre potenzielle Attraktivität auf Jugendliche durch jugendaffine Stilmittel – wie Animationen und Grafiken, die sich an jugendlichen Sehgewohnheiten orientieren –, Interaktionsmöglichkeiten und multimediale Bestandteile wie Videos und Musik.

Musik macht Websites für Jugendliche interessant

Rechtsextreme Musik als Bestandteil jugendlicher Lebenswelt

Zusammen mit Dresscodes und Symbolik sind Musikstile elementarer Bestandteil jugendlicher Lebenswelten und Szenen. Sie bieten in der jugendlichen Orientierungsphase Identifikationsmöglichkeiten und ermöglichen sowohl den Ausdruck eigener Identität als auch die Abgrenzung von der Erwachsenenwelt und anderen Gruppen. Ein dezidiert rechtsextremer Musikstil existiert nicht – die politische Ausrichtung der Musikstücke geschieht durch Liedtexte, Bild- und Symbolsprache (zum Beispiel auf Covern und innerhalb der Bühnenshow) sowie durch Aussagen der Musiker. Vieles spricht dafür, dass Musik mit rechtsextremen Texten unter Jugendlichen bekannter und weiter verbreitet ist als häufig angenommen. Hierauf deuten auch zahlreiche Hinweise im

Ein eigenständiger rechtsextremer Musikstil existiert nicht

Internet. Zum Beispiel die überwiegend von Jugendlichen ins WWW eingestellten Playlists, die den eigenen Musikgeschmack und die Masse der Musiktitel auf dem eigenen PC demonstrieren. In manchen Listen taucht – zwischen aktuellen Chart-Hits, Oldies und Partymusik – das komplette Spektrum rechtsextremer Szene-Bands und Titel auf, darunter antisemitische Lieder wie „So ist er" (Zillertaler Türkenjäger), „Arisches Kind" (Landser) oder „Juden beseitigen" (DJ Adolf). In allgemeinen Web-Foren bestätigt sich dieser Eindruck. So eröffnete im Jahr 2003 ein rechtsextremer User auf der Web-Plattform politikforen.de eine Diskussion zum Thema „Was hört ihr gerade?" und startete mit einem Statement zum rechtsextremen Lied „Volk ans Gewehr". Dem Eintrag folgten bis Anfang 2007 mehr als 12.700 Beiträge, in denen immer wieder rechtsextreme Titel genannt werden und auf rechtsextreme Websites hingewiesen wird.

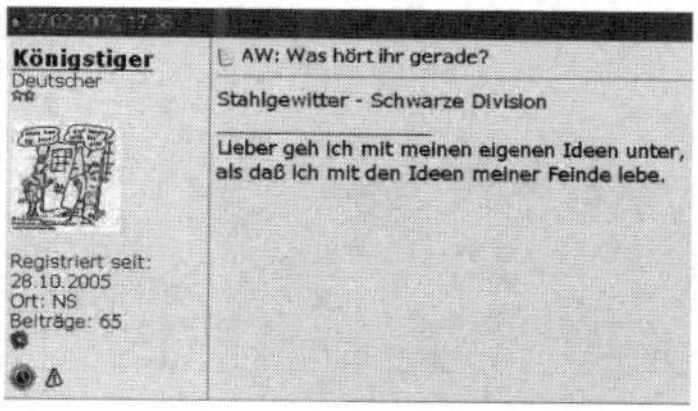

Hinweis auf rechtsextreme CD in Forum

Rechtsextreme Musik stellt also nicht nur für rechtsorientierte Jugendliche ein funktionales Element ihrer Subkultur dar – mit dem Nimbus des gesellschaftlich Verpönten und Verbotenen übt sie auch auf szeneferne Jugendliche einen Reiz aus. Zudem dient sie als probates Provokationsmittel: In diesem Sinne sind möglicherweise weniger die Lieder selbst attraktiv als das Entsetzen, das mit ihnen bei Erwachsenen hervorgerufen werden kann, wenn sie rechtsextreme Musik als solche klar erkennen. Der rechtsextreme Hintergrund anderer Lieder tritt dagegen erst zu Tage, wenn die Liedtexte genauer betrachtet werden oder die Bands bekannt sind – hier liegt der potentielle Reiz im versteckten Hören des Verpönten, ohne dass es als solches von der Umwelt wahrgenommen wird.

Musik als Propagandainstrument

Musik ermöglicht niedrigschwelligen Einstieg in die Szene

Rechtsextreme Musik ist eine niedrigschwellige Einstiegsmöglichkeit in die Szene mitsamt ihren Feindbildern und Identifikationsmustern. Auf diese Weise ist sie geradezu das ideale Instrument der rechtsextremen Szene, Propaganda an Jugendliche heranzutragen. Als Vorreiter für entsprechendes (Aus-)Nutzen der Musik gilt Ian Stuart Donaldson, Gründer der Band ‚Skrewdriver', der als bekennender Neonazi spätestens seit seinem Unfalltod 1993 selbst zur Top-Ikone des Rechtsextremismus avancierte (vgl. den Beitrag von Thomas Pfeiffer in diesem Band). In seinen Liedern verherrlichte er den Hitler-Stellvertreter Rudolf Heß, predigte Gewalt und Rassenhass und beschwor ein arisches Europa. Zugleich zeigte Ian Stuart, dass mit Musik nicht nur rechtsextreme Aktivitäten und Gruppen finanziert werden können, sondern auch der eigene Lebensstil.

Liedtexte transportieren Vorurteile, Feindbilder und Gewaltvorstellungen

Rechtsextreme Liedtexte transportieren die klassischen Ideologeme dieser Szene. Dazu zählt die sakral anmutende Überhöhung von Deutschtum und Volk: Im Kern vermitteln viele Lieder wenig anderes als die Volksgemeinschaftsideologie des Nationalsozialismus. Häufig propagieren sie rigide Feindbilder: Diese umfassen – neben sämtlichen Gegnern der Rechtsextremen im weitesten Sinne – beispielsweise Flüchtlinge, Ausländer, Homosexuelle, Linke, Juden, Politiker oder Polizisten. Hinzu kommt die Verherrlichung und Propagierung von Gewalt, die häufig als einzig probates Mittel zur Zielerreichung besungen wird – Gewalt wird zum Standard im Umgang mit zu Feinden erklärten Menschen ernannt. Zum Grundkonsens dieser Szene-Musik zählen zudem die Verharmlosung oder Verherrlichung des Nationalsozialismus, mitunter die Leugnung der NS-Verbrechen, sowie der mythische Heldenkult, mit dem nordische Götter, die „ehrbar kämpfenden deutschen Soldaten“, Führungspersonen des Nationalsozialismus oder aktuelle Szene-Heroen glorifiziert werden. Der Bezug auf Ian Stuart in Liedern und auf Websites ist beispielhaft für derartigen Heldenkult: Er umfasst eine Vielfalt an Ian-Stuart-Devotionalien im rechtsextremen (Online-)Versandgeschäft und beliebte Details auf rechtsextremen Websites wie das häufig zu findende ‚Skrewdriver‘-Logo (ein S in Frakturschrift), Bilder Ian Stuarts, Nachrufe und Ankündigungen des alljährlichen „Ian Stuart Donaldson Memorial“-Konzerts, das üblicherweise mit über tausend Teilnehmern aus ganz Europa stattfindet. Das Spektrum der Bewunderungs-Sites reicht von privaten, rechtsorientierten Homepages bis zu Internet-Angeboten organisierter Neonazis. Auch die NPD huldigt Donaldson seit 2003 online in ihrem Parteiorgan und erklärt seine Hasslieder zur Inspiration und zum Ansporn für ihre Tätigkeit.

Heldenkult im Web um Ian Stuart

Genauere empirische Erkenntnisse zur Wirkung rechtsextremer Musik fehlen bisher. Dennoch scheint sicher, dass die Wirkung auf Jugendliche von deren Umfeld abhängt, ihrer individuellen Situation und Disposition: „Es kommt darauf an, wer (Persönlichkeit, Identität), wann

(Intensität, Dauer, Alter), mit wem (Situation, allein, Peergroup), warum (Motive, psychische Disposition) und wieso (biographische Faktoren und Erfahrungen) Rechtsrock hört" (Griese 2000: 38). Rechtsextreme Musik kann für Jugendliche ein Katalysator sein, der Vorhandenes verstärkt und manifestiert. Liegt beim Publikum eine rechte Orientierung bereits vor, kann die Musik zur Verfestigung entsprechender Denkmuster führen, die durch das ständig wiederholte Hören einschlägiger Lieder internalisiert werden – ein Effekt, auf den Rechtsextreme setzen. So fasste der führende Neonazi Thorsten Heise die Bedeutung von Musik für rechtsextreme Propaganda folgendermaßen zusammen: „Natürlich ist unsere nationale Musik auch […] für Propagandazwecke gedacht. […] Musik kann, wenn die Texte stimmen und vor allem die Melodie stimmt, unsere Botschaften transportieren. Ich bin froh, dass es inzwischen aus dem ‚Nationalen Musikspektrum' von Ballade bis Hatecore für jeden Geschmack fast alles gibt!" (zit. nach Weber 2005: 58)

Rechtsextreme Musik kann Denkmuster verfestigen

Rechtsextreme Musik als Design-Element

Viele rechtsextreme Websites setzen auf die Attraktivität von Musik, um das Interesse an ihren Web-Auftritten zu steigern. Rechtsextreme Musik wird dabei in vielfältiger Form als „Design"-Element genutzt und mit anderen Stilelementen kombiniert. Musik als solche wird als beständige Hintergrundmusik, als per Mausklick zu startende Sounddatei, als Download oder im Rahmen aufwändiger Flash-Animationen integriert. Geschickt werden dabei aktuelle multimediale Animationsmöglichkeiten genutzt, die eine Kombination aus Bildsprache, Bewegungen, Text und (Szene-)Musik ermöglichen.

Weitere Design-Elemente zur Steigerung des potenziellen Reizes rechtsextremer Websites sind Liedzitate oder Musik-Chiffren als grafische Elemente – wie Bandlogos, Cover-Bilder einschlägiger CDs, Bilder von Sängern und Gruppen. Dadurch wird die Website optisch aufgelockert, interessanter gestaltet und gleichzeitig chiffriert. So zeigen viele deutschsprachige rechtsextreme Websites ein rotes L in Frakturschrift und damit das Logo der als kriminelle Vereinigung verurteilten Neonazi-Band ‚Landser'. Websites fordern „Freiheit für Luni", den Sänger von ‚Landser', oder für die „Helden

Solidaritätsaktion für den Sänger von ‚Landser' auf NPD-Website

aus Berlin", ebenso ein szeneinterner Code für die Band wie „Braune Musikfraktion" oder „Terroristen mit E-Gitarren". Damit solidarisieren sich diese Seiten mit einer Band mit Heldenstatus innerhalb der Szene, deren Frontmann geradezu zum Märtyrer des rechten Hasses geworden ist. Andere Websites nutzen szenebekannte Instrumentalstücke oder Texte einschlägiger Lieder als auflockernde Seitenelemente. Häufig werden nur Liedzeilen oder Titel wiedergegeben und so ebenfalls als Chiffren benutzt. Die Dechiffrierung dieser Geheimcodes ist ohne Szene-Kenntnis nicht möglich, und gerade Eltern und Pädagogen sind häufig nicht in der Lage, sie zu entschlüsseln und eindeutig zuzuordnen. Die Fähigkeit zur Dechiffrierung bietet für Jugendliche damit eine Abgrenzungsmöglichkeit und vermittelt ihnen unter Umständen ein Gefühl von Zugehörigkeit zu einer – wenn auch virtuellen – Gruppe.

Entschlüsselung vieler Botschaften ist ohne Szene-Kenntnis kaum möglich

Teilweise sind rechtsextreme Websites inzwischen gezielt auf ein jugendliches Publikum gestylt. So umwirbt das „Jugendprojekt" des neonazistischen ‚Aktionsbündnisses Mittelhessen' die Zielgruppe mit einem jugendaffinen Mix aus provokanter Selbstbezeichnung („Nazis in Mittelhessen"), an jugendlichen Sehgewohnheiten orientierter Optik und rockiger Hintergrundmusik der Szene-Band ‚Sleipnir'. In dem Lied „Wir rocken das System" heißt es:

„Guten Tag, wir sind es schon wieder
Mit Hass im Gepäck, einen Koffer voller Lieder
Immer gegen den Wind, immer gegen das System
Uns werdet ihr nicht los, wir bleiben unbequem […]
Autonom und unbequem – Ja, wir rocken, wir rocken das System."

Die Hintergrundmusik bildet eine Einheit mit dem provokanten Motto der Website: „Wir rocken das System". Mit dieser Aussage, die jugendliche Protest-Haltung anspricht, Comic-Schriften und einer einfachen Kontaktmöglichkeit zur Szene über ein Online-Formular wird hier ein attraktives, auf Jugendliche abgestimmtes Web-Konzept realisiert und eine niedrigschwellige Zugangsmöglichkeit zur rechtsextremen Szene angeboten.

Rechtsextreme Musik als Download-Angebot

Weitere rechtsextreme Websites bieten Musikfiles zum Download an – mal ein einzelnes Lied, mal ganze CD-Sammlungen. Die Bandbreite dieser Sites reicht von der Homepage eines einzelnen Jugendlichen über die Angebote rechtsextremer Bands bis zu Online-Versandhandlungen und Foren, die keine andere Funktion haben, als Download-Links für solche CDs zu veröffentlichen. Vielfach werden diese Download-Dateien über kostenlose Speicherplatzanbieter für Dateien (so genannte Filehoster) in das Internet eingestellt, die eine Art virtuelle Festplatte zur Verfügung stellen, auf die mit Hilfe des entsprechenden Links weltweit zugegriffen werden kann. Zahlreiche rechtsextreme Musiktitel, Musikvideos, CDs und selbst komplette Szene-CD-Sammlungen werden mittlerweile auf diesem Weg weiterverbreitet.

Eine maßgebliche Download-Adresse für rechtsextreme Musik in Deutschland ist der so genannte „Medienserver" der NPD, über den die rechtsextreme Partei kostengünstig, frei zugänglich und allzeit bereit Propagandamaterialien in Bild, Text, Ton und Video zur Verfügung stellt. Unter anderem sind dort alle drei so genannten „Schulhof-CDs" der NPD abrufbar, die seit 2004 in Bundes- und Landtagswahlkämpfen eingesetzt worden sind. Diese Download-Adresse wird in nahezu allen Internet-Präsenzen der NPD verlinkt – zudem finden sich entsprechende Links auf zahlreichen Kameradschafts-Sites und in anderen rechtsextremen Web-Angeboten sowie in zahlreichen Web-Foren und Gästebüchern nicht nur aus dem rechtsextremen Spektrum. Auch über gängige Suchmaschinen ist diese Site bei einer Suche nach dem CD-Titel auf den ersten Plätzen gelistet.

Schulhof-CD der NPD

Darüber hinaus bieten rechtsextreme Bands auf ihren Websites oft eigene Stücke zum Download an, um das Interesse an ihren Liedern und letztlich die Verkaufszahlen zu steigern: Wem die Musik gefällt, der kauft möglicherweise auch die CD. Aus demselben Werbegrund stellen rechtsextreme Versandhändler Anspieler oder komplette Lieder aus ihrem Sortiment zur Verfügung. Als Konsequenz aus all diesen Verbreitungswegen steht über das Internet – auf der Website der NPD, anderen rechtsextremen Sites und über Online-Dienste – das ganze Spektrum rechtsextremer Musik in allen Stilrichtungen kostenlos und problemlos mit wenigen Mausklicks zur Verfügung.

Rechtsextreme Musik ist mit wenigen Mausklicks zugänglich

Rechtsextreme Musik als Vernetzungsinstrument

Rechtsextreme Web-Szene vernetzt sich auch über Musik

Ihre Musik vernetzt die rechtsextreme Szene auch im Internet – sie ist der Kitt, der zahlreiche, zum Teil sehr unterschiedliche Web-Angebote verbindet. Hierzu zählen auch private Homepages rechtsorientierter Jugendlicher, die nicht nur Musikchiffren nutzen oder über Konzertbesuche berichten, sondern auch Websites mit Musikbezug wie die Sites einschlägiger Bands und ihrer Fans verlinken. Rechtsextreme Bands ihrerseits nutzen die Web-Präsenzen zur Selbstdarstellung und -vermarktung. Hierzu dienen neben Hörproben oder Konzertberichten oft die Online-Bestellmöglichkeit für CDs sowie der Link auf rechtsextreme Versandhändler und Labels, über die Tonträger und rechtsextreme Merchandising-Artikel bezogen werden können. Auf eigenen Portal-Sites bietet die Szene ein Panoptikum aus CD-Kritiken, Neuigkeiten der rechtsextremen Musik-Szene, Konzertberichten und zahlreichen Links zu Bands, Labeln, Versandhändlern und rechtsextremen Foren. Rechtsextreme Internet-Foren wiederum verfügen in der Regel über einen Bereich zum Thema Musik, in dem sich die User über Neuerscheinungen und Konzerte ebenso austauschen wie über Bezugsmöglichkeiten rechtsextremer Tonträger, deren Verbreitung in Deutschland illegal ist.

Der Vernetzungseffekt macht die besondere Funktion und Bedeutung rechtsextremer Musik im Internet deutlich: Sie zieht sich wie ein braunes Band durch viele Web-Präsenzen und macht sie attraktiv für Betreiber rechtsextremer Web-Angebote – egal, auf welcher Seite ein Surfer auf rechtsextreme Musik stößt: Folgt er den entsprechenden Links, eröffnet sich ihm nahezu das komplette Spektrum des Rechtsextremismus im Internet.

Ausnutzen unpolitischer Plattformen

File-Sharing-Systeme werden zum Tausch von Hass-Liedern genutzt

Das Gros rechtsextremer Musik ist auch über die bekannten Peer-to-Peer-(P2P)-Netzwerke wie ‚BitTorrent' oder ‚eDonkey' erhältlich. Solche Filesharing-Systeme, in die jeder User Materialien einspeisen und aus ihnen herunterladen kann, sind in jugendlichen Kreisen sehr beliebt. Rechtsextreme Dateien machen in solchen Netzwerken nur einen geringen Teil der verfügbaren Daten aus, aber die Suche nach einschlägigen Titeln, Bandnamen oder Szene-Chiffren bringt häufig zahlreiche Treffer.

In vielen rechtsextremen Web-Angeboten und Foren werden zudem Direct-Links auf Download-Adressen in P2P-Netzwerken angegeben – sie sind ein weiteres jugendaffines Stil- und Lockmittel. Darüber hinaus existieren szeneinterne Filesharer, in denen ausschließlich rechtsextreme Inhalte zugänglich gemacht werden.

Rechtsextreme missbrauchen neue Entwicklungen wie Video-Plattformen

Wie rasch Rechtsextreme neue Entwicklungen der Internet-Technologie adaptieren, zeigte sich im Spätsommer 2006, als die Nutzung der interaktiven Online-Community ‚YouTube' durch einschlägige Propagandisten für Schlagzeilen sorgte. ‚YouTube' bietet Nutzern die Möglichkeit, Video-Clips anzusehen, hochzuladen und sich in Nutzergruppen mit anderen zusammenzuschließen, die ähnliche Interessen haben. Das Spektrum der Videos, die rechtsextreme User dort eingestellt haben, reicht von Gewalt-, Konzert- und Musikvideos bis zu nationalsozialistischen Propagandafilmen wie „Der ewige Jude" oder „Triumph des Willens". Zudem werden immer wieder rechtsextreme „Homevideos" erstellt, in denen Bilder oder Filmclips aus dem Dritten Reich bzw. Computer-Animationen mit einschlägigen Musiktiteln unterlegt werden. Die rechtsextremen Videos werden anschließend in Foren, Gästebüchern und auf entsprechenden Websites verlinkt und/oder direkt als Seitenelement in das eigene Angebot eingebunden. Diese Integration – die Kombination aus Musik und bewegtem Bild – macht eine Website multimedialer und steigert ihre Attraktivität deutlich.

Neonazi-Video mit Musik von ‚Landser' bei ‚YouTube'

Fazit

Rechtsextreme Musik ist ein Teil der Lebenswelt vieler Jugendlicher geworden. Gerade im World Wide Web ist sie eine Leimrute, die den Weg zu nahezu allen anderen virtuellen Inhalten und Ausprägungen des heutigen Rechtsextremismus öffnet. Ihre Bedeutung als Propagandamittel, Identifikationsangebot und Provokationsmöglichkeit ist Rechtsextremen nur zu bewusst und wird gezielt eingesetzt – Adressaten sind nicht ausschließlich rechtsextreme oder rechtsorientierte Jugendliche, sondern alle, die für den (provokanten) Reiz dieser Musik empfänglich sind.

Dies macht die Auseinandersetzung mit rechtsextremer Musik und mit rechtsextremen Web-Angeboten in der pädagogischen Praxis gleichermaßen notwendig. Hierfür ist es wichtig, mit szeneintern genutzten Chiffren und ihrer Bedeutung ebenso in Grundzügen vertraut zu sein wie mit bekannten rechtsextremen Szene-Bands, ihren Liedern und Tonträgern. Die Demaskierung der inhumanen und antidemokratischen Ideologie, die über rechtsextreme Musik verbreitet wird, setzt die kritische Analyse entsprechender Liedtexte voraus. Gerade in Schulen bietet es sich an, dies fachübergreifend zu tun. Ein praktisches Beispiel, wie diese Auseinandersetzung gelingen kann, liefert der fachdidaktische Aufsatz „Musik und Politik: Rechtsrock“ auf der Website ‚Lehrer-Online‘ (Brunner 2004, siehe auch die methodische Skizze „Workshop Rechtsrock“ auf der beigefügten CD-ROM). Daher ist eine Auseinandersetzung mit menschenfeindlichen Inhalten in jugendgerechter Verpackung im Internet ebenso wichtig und nötig wie im realen Leben.

Pädagogische Auseinandersetzung mit rechtsextremer Musik ist wichtig

Literatur

Brunner, Georg: Die rechte Musikszene: Thema im Unterricht, in: Lehrer-Online, www.lehrer-online.de/url/rechte-musikszene

Griese, Hartmut M. 2000: Rechtsradikale Rock-Musik – Bilanz und Information. Oder: Alter Wein in neuen Schläuchen?, in: Mitteilungen des Landesjugendamtes (hrsg. vom Landschaftsverband Westfalen-Lippe), H. 142 (2000), S. 27-47, www.lwl.org/lja-download/pdf/Mitteilungen_142.pdf

van Eimeren, Birgit/Fees, Beate 2005: Nach dem Boom: Größter Zuwachs in internetfernen Gruppen. ARD/ZDF-Online-Studie 2005; in: MediaPerspektiven, H. 8/2005, S. 362-379, www.daserste.de/service/ardonl05.pdf (ges. am 13.9.2006)

Weber, Matthias 2005: Neonazistische Führungskader und ihr Bezug zu Szene, Ideologie und Gewalt; in: Bundesamt für Verfassungsschutz (Hrsg.): Radikalisierungsprozesse und extremistische Milieus. Ein Symposion des Bundesamtes für Verfassungsschutz, Köln 2005, S. 36-64, www.verfassungsschutz.de/download/SHOW/symp_2004.pdf

3. Das Thema Rechtsextremismus in der Bildungsarbeit – Ansätze und Erfahrungen

Stefan Glaser

Dem Hass die Stirn bieten

Medienpädagogische Ansätze zur Auseinandersetzung mit Rechtsextremismus im Internet

Das Phänomen rechtsextremer Hass-Propaganda im Netz ist hinreichend bekannt. Seit dem Jahr 2000 weist jugendschutz.net kontinuierlich auf das Gefahrenpotenzial für jugendliche Internet-User hin. Fakt ist: Rassismus und Diskriminierung im Internet sind keine vorübergehenden Phänomene. In vielen Staaten sind entsprechende Äußerungen vom Recht auf freie Meinungsäußerung gedeckt, und obwohl in den vergangenen Jahren mehr als 1.000 Angebote mit menschenverachtenden Inhalten geschlossen werden konnten, wird es vermutlich niemals gelingen, solche Websites komplett aus dem Netz zu verbannen.

Rassismus im Internet ist kein vorübergehendes Phänomen

Umso mehr bleiben Aufklärung und Auseinandersetzung mit den dort vertretenen Thesen und Parolen im pädagogischen Kontext wichtig. jugendschutz.net entwickelte didaktisch-methodische Konzepte zur kritischen Beschäftigung mit Rechtsextremismus im Internet und führte in der Vergangenheit mehr als 200 medienpädagogische Workshops durch. Im Folgenden sollen einige grundlegende Fragen erörtert und Erfahrungen aus dieser Praxis vorgestellt werden.

Warum ist die Beschäftigung mit Rechtsextremismus im Internet nötig? – Überlegungen zum Gefahrenpotenzial rechtsextremer Internet-Präsenz

Einige der häufigsten Fragen von Pädagoginnen und Pädagogen lauten: Warum sollen wir das Thema Rechtsextremismus im Internet behandeln? Kommen Jugendliche überhaupt mit rechtsextremen Web-Inhalten in Kontakt? Bringt man sie durch einen gut gemeinten Workshop vielleicht sogar erst auf dumme Gedanken?

Die Projektarbeit von jugendschutz.net der vergangenen Jahre zeigt, dass mit Aufklärungsprojekten keineswegs schlafende Hunde geweckt werden. Vielmehr greifen die medienpädagogischen Workshops ein bestehendes Problem kritisch auf und verfolgen das Ziel, Jugendliche zu sensibilisieren und sie bei der Herausbildung einer kritischen Medienkompetenz zu unterstützen. Folgende Aspekte verweisen darauf, wie wichtig es ist, rechtsextremen Beeinflussungsversuchen präventiv Bildungsangebote entgegenzusetzen.

Cyber Hate – subtil, multimedial und leicht verfügbar

Rechtsextreme agieren subtil gegen „Ausländer", Juden oder Homosexuelle

Heutzutage nutzen Rechtsextreme den virtuellen Kosmos Internet – mitunter professionell – als multimediales Instrument, um Jugendliche anzusprechen. Hakenkreuze und volksverhetzende Aussagen sind dabei nur noch selten zu finden. Stattdessen wird subtiler zum Beispiel gegen „Ausländer", Juden oder Homosexuelle agitiert. In jüngerer Vergangenheit vereinnahmten Rechtsextreme soziale Themen (zum Beispiel: Arbeitslosigkeit, Hartz IV) oder weltpolitische Ereignisse (zum Beispiel: Terroranschläge, Kriege im Nahen Osten) für ihre Propaganda. Sie gingen dabei direkt auf die Zukunftsängste junger Menschen ein und lieferten fremdenfeindliche und antisemitische Begründungszusammenhänge. Rechtsextreme Sozialdemagogie wird nicht selten von der Zielgruppe als Heil bringender Gegenentwurf wahrgenommen, der rechtsextremes Denken und Handeln rechtfertigt. Gleichsam bietet sich für jugendliches Aktions- und Protestpotenzial ein Kristallisationspunkt. Musik, Animationen oder interaktive Elemente spielen für die Ansprache von Jugendlichen eine wichtige Rolle. Sie machen Angebote attraktiv und locken Internet-User an. Nicht selten werden menschenverachtende Botschaften allenfalls nebenbei vermittelt. Gerade diese neue Qualität macht rechtsextreme Online-Propaganda problematisch und führt zu der Frage, was pädagogische Praxis im schulischen wie außerschulischen Kontext diesem Problem entgegensetzen kann.

Das Internet als Teil jugendlicher Lebenswelten

Die Lebenswelt Heranwachsender ist medial geprägt. Bücher, Zeitschriften, Radio oder Fernsehen sind schon seit Langem nicht mehr wegzudenken, und auch die Nutzung von Computern – im schulischen wie im privaten Bereich – ist für einen Großteil der Jugendlichen zur Selbstverständlichkeit geworden. Auch das Internet ist inzwischen ein Massenmedium, auf das immer mehr Heranwachsende Zugriff haben. Der ‚Medienpädagogische Forschungsverband Südwest' geht in seiner Untersuchung „Jugend, Information, Multimedia" (JIM-Studie 2005) davon aus, dass in etwa 89 Prozent aller Haushalte, in denen Heranwachsende leben, ein PC mit Internet-Zugang zur Verfügung steht. Mehr als 70 Prozent der deutschen Jugendlichen im Alter von 12 bis 19 Jahren nutzen laut JIM täglich oder mehrmals pro Woche das Internet zum Surfen, Chatten oder Mailen. Etwa ein Drittel der User dieser Altersgruppe gab zudem an, schon einmal Web-Angebote mit pornografischen, rechtsextremen oder stark gewalthaltigen Inhalten aufgerufen zu haben (vgl. JIM-Studie 2005: 28, 35 f.). Wer genau hinschaut, wird feststellen, dass Jugendliche sehr einfach, schnell und über verschiedene Wege auf rechtsextreme Propaganda im Internet stoßen können.

Jugendliche nutzen das Web heutzutage selbstverständlich

Revisionistische Inhalte über Suchmaschinen

In den meisten Fällen vermitteln Suchmaschinen den Zugang zu den vielfältigen Angeboten im Netz. Insbesondere wenn Namen von rechtsextremen Szene-Größen, Bands, Kameradschaften oder Insidervokabeln bekannt sind, ist die Wahrscheinlichkeit hoch, mit diesen Suchbegriffen einschlägige Websites zu finden. Aber auch wer nichts Rechtsextremes sucht, wird unter Umständen damit konfrontiert. Zwar entfernen deutsche Suchdienste inzwischen bekannte unzulässige rechtsextreme Angebote aus ihren Suchindizes, doch führen immer wieder auch unverdächtige Begriffe, mit denen zum Beispiel Schülerinnen und Schüler Informationen für ihre Referate suchen, zu revisionistischen Web-Inhalten – also

Referatsrecherchen führen auch zu Holocaust leugnenden Texten

zu solchen, die den Holocaust und/oder die Schuld Deutschlands am Zweiten Weltkrieg leugnen. Die Materialien aus dem Internet werden dann in vielen Fällen eher unkritisch aufgenommen. Laut JIM-Studie halten 18 Prozent der 14- bis 17-Jährigen Quellen aus dem Internet für vertrauenswürdig. Nur 10 Prozent dieser Altersgruppe trauen dagegen dem Radio als Informationsquelle (vgl. JIM-Studie 2006: 16 f.). Die Erfahrungen von jugendschutz.net zeigen darüber hinaus, dass insbesondere pseudowissenschaftliche Thesen von Revisionisten vielen Jugendlichen auf den ersten Blick einleuchtend erscheinen, zumal sich die Aufmachung entsprechender Web-Inhalte meist kaum von seriösen Internetseiten unterscheidet. Oft erkennt nur das geschulte Auge die eigentliche, revisionistische Absicht.

Neonazis in öffentlichen Kommunikationsportalen

Rechtsextreme sind auf jugendaffinen Plattformen aktiv

Nicht nur auf dezidierten Angeboten aus der Szene finden sich rassistische oder geschichtsfälschende Statements: Rechtsextreme streuen ihre Propaganda auch auf szenefremden, öffentlichen Plattformen, die von jungen Menschen bevorzugt genutzt werden. jugendschutz.net recherchierte in der Vergangenheit mehrfach Fälle, in denen Neonazis in beliebten jugendaffinen Kommunikationsportalen Werbung für regionale Kameradschaften machten und versuchten, Jugendliche zur Mitarbeit zu gewinnen (vgl. uboot 2004). Video-Communities wie ‚YouTube' werden ungeniert zur Verbreitung nationalsozialistischer Propagandafilme und rechtsextremer Musikvideos missbraucht. In angegliederten Foren führen Rechtsextreme Diskussionen zur „Kriegsschuldfrage", zetteln „Holocaust-Debatten" an und stellen darin die Verbrechen der Nazis in Frage. Insbesondere dort, wo Internet-User selbst beliebige Inhalte einstellen können, finden sich Profile von Rechtsextremen mit menschenverachtenden Statements. In der Regel sind nur wenige User einer solchen Community in der Lage, dieser Propaganda aus eigenem Antrieb etwas entgegenzusetzen.

Rechtsextreme Musik als „Einstiegsdroge"

Die Integration jugendkultureller Elemente spielt bei rechtsextremen Web-Angeboten eine große Rolle. Rechtsextreme nutzen Musik, um Jugendliche zu ködern und ihnen Identifikationsangebote zu unterbreiten. Das Internet hilft dabei, rechtsextreme Songs und die enthaltenen Botschaften zu verbreiten. Die Erfahrungen von jugendschutz.net zeigen, dass viele Jugendliche einschlägige Musik durch Web-Recherchen oder Mund-Propaganda kennen. Insbesondere Szene-Bands, von denen viele inzwischen ein eigenes Internet-Angebot zu Werbe- und Merchandisingzwecken betreiben, sind Heranwachsenden wohl bekannt und beim Surfen meist schon begegnet. Inzwischen verteilen rechtsextreme Parteien kostenlose CDs mit Rechtsrock oder „nationalen Balladen" im Umfeld von Schulen und Jugendzentren, um für rechtsextreme Ideen und Gruppierungen zu werben. Nicht nur Jugendlichen, die rechtsorientiert sind, bietet sich damit eine niedrigschwellige Einstiegsmöglichkeit in die Szene (vgl. den Beitrag von Michael Wörner-Schappert in diesem Band).

Jugendliche werden mit Musik geködert

Grenzenlosen Möglichkeiten im grenzüberschreitenden Netz

Das Internet übt durch die Internationalität der Angebote einen besonderen Reiz auf Jugendliche aus: Es ermöglicht grenzüberschreitende Kommunikation und erlaubt prinzipiell die Verbreitung und Aneignung von Informationen von überall auf der Welt. Das rasante Wachstum der Angebote, insbesondere des World Wide Webs, sowie die stete Weiterentwicklung von Hard- und Softwareprodukten eröffnen für die Gestaltung einer Veröffentlichung im Netz und die Nutzung der unterschiedlichen Dienste beständig neue Horizonte. Dies bedeutet aber auch, dass Nutzer immer neue inhaltliche und technische Fähigkeiten erwerben müssen, um das Medium verstehen und sich dessen Inhalte kritisch aneignen zu können. Diesen Herausforderungen kann und muss sich schulische wie außerschulische Bildungsarbeit stellen.

Kritische Medienkompetenz ist eine beständige Herausforderung

Dürfen Pädagoginnen und Pädagogen Jugendlichen rechtsextreme Inhalte zugänglich machen?

Neben der Notwendigkeit medienpädagogischer Aktivitäten zu diesem Thema betreffen skeptische Hinweise häufig einen weiteren Problemkreis: die Frage, ob Pädagoginnen und Pädagogen rassistische oder gar volksverhetzende Materialien Jugendlichen zugänglich machen dürfen. Diese Skepsis ist durchaus begründet, stellt doch das Strafgesetzbuch (StGB) in seinen Paragrafen 86 und 130 zum Beispiel die Verbreitung von Propagandamitteln, von Kennzeichen verfassungswidriger Organisationen und volksverhetzenden Schriften unter Strafe. Aus diesem Grund sind Websites, die Hakenkreuze zeigen oder den Holocaust leugnen, verboten. Im Rahmen von Workshops müsste es also prinzipiell ebenso strafbar sein, solche Inhalte zu verbreiten, sprich: Jugendlichen nahe zu bringen. Dennoch dürfen pädagogische Fachkräfte mit Heranwachsenden auch auf Websites mit absolut unzulässigen rechtsextremen Inhalten surfen. Die so genannte Sozialadäquanzklausel erlaubt zum Beispiel zum Zwecke der staatsbürgerlichen Aufklärung das Zugänglichmachen solcher Angebote. Pädagoginnen und Pädagogen bewegen sich bei der Durchführung von Projekten auf der rechtlich sicheren Seite, wenn sie den Rechtsextremismus im Internet thematisieren, um die kritische Auseinandersetzung mit den Gefahren zu fördern. Grundsätzlich empfiehlt es sich allerdings, im Vorfeld mit den Eltern der Jugendlichen und im schulischen Kontext mit der Schulleitung ein solches Vorhaben zu besprechen (vgl. den Beitrag von Thomas Günter in diesem Band).

Sozialadäquanzklausel erlaubt Beschäftigung mit strafbaren Materialien

Mit medienpädagogischen Mitteln gegen Hass im Netz – grundlegende Überlegungen

Menschenverachtende Äußerungen erfordern couragierte Stellungnahme

Menschenverachtende Äußerungen und geschichtsfälschende Thesen erfordern Widerspruch. Die couragierte Stellungnahme für Menschenrechte, Toleranz und Gerechtigkeit ist ein elementarer Baustein moderner Demokratien. Das Internet als interaktives Medium bietet für eine aktive Auseinandersetzung mit rechtsextremer Hass-Propaganda besonders gute Möglichkeiten. Fällt es heutzutage eher schwer, junge Menschen für Inhalte politischer Bildung zu begeistern, erfreuen sich gerade technik- und erlebnisorientierte Lernformen – insbesondere internetspezifische Bildungsangebote – bei dieser Altersgruppe großer Beliebtheit. Dies liegt nicht zuletzt daran, dass viele Heranwachsende mittlerweile mit Computern vertraut sind und hinreichende Erfahrungen mit dem Medium haben. An dieser Affinität Jugendlicher und der Selbstverständlichkeit, mit der sämtliche Dienste des Internets im täglichen Leben genutzt werden, kann und sollte schulische wie außerschulische Pädagogik anknüpfen.

Jugendliche ernst nehmen und moderne Arbeitsformen nutzen

Die Sensibilisierung von Jugendlichen für die Gefahren rechtsextremer Internet-Propaganda funktioniert nicht durch eine Belehrung im klassischen Frontalunterricht. Eine moderne schulische wie außerschulische Didaktik berücksichtigt die Erwartungen und Erfahrungen der Jugendlichen, ihre (technischen und inhaltlichen) Kompetenzen sowie die objektiven Erfordernisse der Lerninhalte. Sie nimmt den lernenden Menschen als denkendes, fühlendes und handelndes Wesen ernst und nutzt soziale Arbeitsformen, die diesem Verständnis Rechnung tragen (vgl. Meueler 1994: 623 ff.).

Moderne Pädagogik nimmt den lernenden Menschen ernst

Grundsätzlich ist der Wechsel zwischen eigenständigen Recherchen in Einzel- oder Partnerarbeit und einer Diskussion von Erkenntnissen in der Gruppe wichtig. Erst wenn sich Jugendliche als Lernende eigene Fragen stellen (dürfen), selbstständig nach Antworten suchen und sie dann mit anderen kritisch reflektieren (können), bleibt die Auseinandersetzung mit dem Rechtsextremismus nicht theoretisch. Vielmehr kann Lernen so zum erfahrungs- und handlungsrelevanten Prozess werden (vgl. Siebert 1992: 18 ff., 47 ff.).

Sorgfältig vorbereiten und Verstehen ermöglichen

Die Durchführung eines Projekttages zum Thema erfordert ein hohes Maß an inhaltlicher, didaktischer und methodischer Kompetenz von Pädagoginnen und Pädagogen. Neben dem Fachwissen zu den Bereichen Rechtsextremismus und Internet spielen eine adäquate Auswahl der Lerninhalte sowie eine sorgfältige Planung der Lernphasen eine bedeutende Rolle. Gleichwohl sind Flexibilität und die Bereitschaft, Lernen als offenen Prozess zu verstehen, wichtig. Es muss stets Raum bleiben für Fragen, Themen und Erlebnisse, die unmittelbar an den Erfahrungshorizont der Jugendlichen anknüpfen.

Lernen als Prozess knüpft an Erfahrungshorizonte an

Rechtsextreme Propaganda erzielt einen Großteil ihrer Wirkung auf der Gefühlsebene. Dies macht deren Thematisierung wichtig. Gleichzeitig wird eine kognitive Bearbeitung nötig, damit Erleben in Verstehen münden kann. Die Auseinandersetzung darf sich deshalb nicht auf einzelne rechtsextreme Aussagen oder Erscheinungsformen beschränken, sondern muss auch Hintergründe und Strukturen des Rechtsextremismus einbeziehen. Expertenwissen sollte in den Lernprozess einfließen, und es kann gelegentlich sinnvoll sein, dass Pädagoginnen und Pädagogen Gegenposition zu Meinungen und Äußerungen von Jugendlichen beziehen und sich im Diskurs als „Reibungsfläche" anbieten. Gerade dadurch gelingt es vielfach, zum Nachdenken anzuregen und neue Erkenntnisse zu fördern.

Aufmerksam begleiten und die Integrität der Jugendlichen wahren

Die Themen Nationalsozialismus und Rechtsextremismus sind in hohem Maße emotional besetzt, und eine Beschäftigung damit kann ihre eigene Dynamik entfalten. Manchmal tritt eine starke persönliche Betroffenheit zu Tage, oder eigene Gewalterlebnisse werden wieder präsent. Berichten Jugendliche in einem Workshop beispielsweise von ihren gewaltsamen Auseinandersetzungen mit „Ausländern", ist es wichtig, diese persönlichen Erfahrungen nicht zu ignorieren und als falsch oder unwichtig abzutun, sondern sie ernst zu nehmen und zu thematisieren. Nur dann sind Lernende offen für neue Einsichten. Eine einfühlsame und aufmerksame Begleitung des Lernprozesses ist daher unerlässlich.

Beschäftigung mit Rassismus muss einfühlsam gestaltet werden

Medienpädagogische Workshops bieten Jugendlichen die Möglichkeit, in einer geschützten und unterstützenden Lernatmosphäre Denkmuster und Argumentationsstrategien von Rechtsextremen am Beispiel von Web-Angeboten zu hinterfragen und reflektiert Gegenpositionen zu beziehen. Anstelle einer fraglosen Akzeptanz tritt im Idealfall die kritische Auseinandersetzung, die Sichtweisen verändert und einen nachhaltigen Eindruck im Hinblick auf die Bedeutung von Toleranz bei allen Teilnehmenden hinterlässt.

Wie laufen solche Workshops ab? – Beispiele aus der medienpädagogischen Praxis

Die Workshops finden in den meisten Fällen mit 20 bis 30 Jugendlichen statt. Um die Gruppe bei Bedarf teilen und phasenweise in kleineren Verbänden weiterarbeiten zu können, begleiten zwei Pädagoginnen und Pädagogen den Workshop. Für die Projekte stehen in der Regel ein PC-Raum sowie ein zusätzlicher Gruppenraum zur Verfügung.

Dies erlaubt, auch mit anderen Methoden zu arbeiten und die Recherchephasen im Internet räumlich von den Phasen der gemeinsamen Reflexion zu trennen.

Während der Recherche arbeiten die Jugendlichen jeweils zu zweit an einem Rechner. Dies hat den Vorteil, dass keiner auf sich allein gestellt ist und jeder in allen Phasen des Workshops jemanden hat, mit dem er sich austauschen und der gegebenenfalls Hilfestellung leisten kann. Die Inhalte erarbeiten sich die Jugendlichen im Sinne des entdeckenden Lernens (vgl. Sandner 1994: 15 ff.) weitestgehend selbstständig, jedoch anhand von unterstützenden Leitfragen. Dies hilft, den Lernprozess zu steuern und gezielte Lernakzente zu setzen, sodass sich niemand in den Weiten des World Wide Webs verliert. Lautsprecher bzw. Kopfhörer sind wichtig, falls Musik in Websites integriert ist. Die Jugendlichen haben auch die Möglichkeit, bestimmte Seiten auszudrucken. Für die Arbeits- und Diskussionsphasen im Plenum stehen Möglichkeiten zur Visualisierung bereit, meist Beamer, Moderationskoffer und Stellwände.

Die Jugendlichen erarbeiten sich Inhalte weitgehend selbstständig

1. Vorbereitung: Arbeitsgrundlagen schaffen

Zur Vorbereitung eines Projekttages muss zunächst ein angemessener organisatorischer Rahmen für die gemeinsame Arbeit geschaffen werden. Folgendes sollte dabei beachtet werden:

- den Klassenraum zu einem Seminarraum mit Stuhlkreis (ohne Tische) umfunktionieren
- einen zweiten Raum besorgen, um die Recherche-Phasen im Internet auch räumlich von den Phasen der gemeinsamen Reflexion trennen zu können
- prüfen, ob der PC-Raum mit genügend Rechnern ausgestattet ist – jeweils zwei Schüler arbeiten an einem PC
- prüfen, ob alle PCs über eine ausreichende Internet-Anbindung verfügen
- weitere Materialien wie Moderationskoffer und Stellwände besorgen
- dafür sorgen, dass die Möglichkeit besteht, ausgewählte Seiten auszudrucken
- falls Musik in die Websites integriert ist: Lautsprecher bzw. Kopfhörer zur Verfügung stellen

Ein angemessener organisatorischer Rahmen ist wichtig

2. Vorbereitung: Geeignete Startsites für die Recherche auswählen

Im Internet finden sich sämtliche inhaltlichen Muster, die Anlass zu einer kritischen Auseinandersetzung mit Rassismus, Antisemitismus und neonazistischen Überzeugungen bieten. Als Einstieg ins Thema eignen sich daher zum Beispiel Texte auf Websites, Musikstücke, Videos, Cartoons oder Einträge in Gästebüchern und Foren. Ein wichtiger Schritt der Vorbereitung ist die Auswahl von Websites, die sich für eine intensive Beschäftigung mit dem Rechtsextremismus eignen und die als Startpunkte dienen, von denen sich die Jugendlichen in die Analyse rechtsextremer Denk- und Argumentationsmuster begeben. Die Auswahl der Websites sollte daher sehr sorgfältig vorgenommen werden und mehrere Kriterien berücksichtigen:

Startseiten müssen sorgfältig ausgewählt werden

- Eine angeleitete Auseinandersetzung mit Rechtsextremismus sollte mit Inhalten beginnen, die aus didaktischen Erwägungen für die jeweilige Lerngruppe geeignet erscheinen (Alter, Entwicklungsstand, Schulstufe, Vorwissen). Sie sollten sowohl am Wissens- und Erfahrungshorizont der Teilnehmenden anknüpfen als auch den angestrebten Lernzielen entsprechen.
- Es sollten insbesondere rechtsextreme Angebote ausgewählt werden, auf denen eher subtil, noch im rechtlichen Rahmen argumentiert wird und die beispielsweise auch alltagsrassistische Stereotype bedienen.
- Die Websites sollten eine Reihe von Angeboten enthalten – zum Beispiel: interaktive Möglichkeiten (Forum, Gästebuch), Bilder, Linklisten, animierte Filmchen.
- Die Websites sollten entweder einen themenspezifischen Zugang (zum Beispiel: Musik, Mädchen/Frauen, Revisionismus, braune Esoterik) oder einen regionalen Bezug ermöglichen (zum Beispiel: Kameradschaften). Dies erlaubt Jugendlichen, an den Inhalten zu arbeiten, die sie persönlich am meisten interessieren.

Die begleitenden Pädagoginnen und Pädagogen sollten immer genau wissen, welche Inhalte auf den Websites zu finden sind. Je besser die Vorbereitung ist und je genauer die Inhalte bekannt sind, desto gezielter können inhaltliche Impulse gesetzt und desto präziser auftauchende Probleme geklärt werden.

3. Workshop: Bezug zum Thema herstellen

Im ersten Schritt eines Workshops geht es darum, die Lerninhalte mit dem Erfahrungs- und Wissenshorizont der Jugendlichen zu verknüpfen. Das eigene Verständnis bestimmter themenbezogener Sachverhalte wird bewusst zum Ausgangspunkt für den Lernprozess gemacht – dadurch wird der Zugang zum Thema erleichtert. Zwei Praxisbeispiele aus der medienpädagogischen Projektarbeit von jugendschutz.net machen deutlich, wie diese Phase aussehen kann – die folgenden Methoden können auch kombiniert werden. In beiden Fällen waren die Jugendlichen nach den Übungen gedanklich mitten im Thema und analysierten im Anschluss engagiert mit Hilfe formulierter Arbeitsaufträge ausgewählte rechtsextreme Websites.

Der Einstieg soll einen persönlichen Zugang zur Thematik ermöglichen

Beispiel 1: Nähe- und Distanz-Übung (Gruppen-Einblick)

Siehe Material auf der CD-ROM

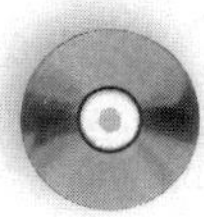

Die Nähe- und Distanz-Übung (vgl. Rabenstein u.a. 1993: 37) gab 16- bis 17-jährigen Jugendlichen eines Gymnasiums zu Beginn eines Schulprojekts die Möglichkeit, sich zu einem vorgegebenen, themenbezogenen Begriff in räumliche Nähe bzw. Distanz zu setzen. Als Begriffe wurden Nation, Heimat oder Deutschland ausgewählt. Im Anschluss fand ein Austausch über die Positionierungen statt. Mit Impulsfragen wurden sie hierbei aus der Reserve gelockt – zum Beispiel: „Was verbindet ihr mit diesem Wort?“, „Was bedeutet euch Nation, Heimat oder Deutschland?“, „Wo würde sich wohl ein Rechtsextremer verorten?“ Die Begründungen der Schülerinnen und Schüler für ihre Nähe und Distanz zu den Begriffen waren teilweise sehr ausführlich und präzise. Je konkreter der Begriff war, desto klarer bestimmten die Jugendlichen ihre Entfernung. Während beispielsweise Nation vielfach als abstrakt empfunden wurde und nur wenige eine emotionale Bindung verspürten, rief der Begriff Deutschland klar positiv besetzte Assoziationen hervor (zum Beispiel: Zugehörigkeit, Stolz, Wohlstand), aber auch negative (zum Beispiel: Angst vor Neonazis, Sozialabbau).

Beispiel 2: Brainstorming „Was verstehe ich unter rechtsextrem?“

Alle Heranwachsenden haben eine zumindest vage Vorstellung von dem, was Rechtsextremismus bedeutet. Dieses Alltagsverständnis wurde im Rahmen eines Projekttages in einer Realschule gezielt thematisiert. Mit Hilfe eines Brainstormings (vgl. Brühwiler 1994: 69 f.) zur Frage „Was verstehe ich unter rechtsextrem?“ nannten die Schülerinnen und

Schüler der 10. Klasse alle Begriffe, die sie mit rechtsextrem in Verbindung brachten. Jede Assoziation war erlaubt – die beiden Pädagogen notierten die Begriffe nach Zuruf auf Karten und hefteten sie an eine Pinnwand. In einem zweiten Schritt ordnete die Gruppe gemeinsam die Gedanken. Das visualisierte Alltagsverständnis bildete die gemeinsame Basis für die Weiterarbeit. Im Laufe des Projekttages erweiterten die Jugendlichen ihr Wissen durch Recherchen und Analysen und erarbeiteten sich schließlich ein fundiertes Verständnis von Merkmalen und Strukturen rechtsextremen Denkens und Handelns.

4. Workshop: Websites sichten und analysieren

Nach dem Einstieg in das Thema folgt die gezielte Analyse von rechtsextremen Präsentationsformen und Inhalten im Web. Es empfiehlt sich, diese Analyse in zwei Phasen zu teilen und im Plenum zwischendurch Ergebnisse zu diskutieren sowie Fragen zu erörtern. Diese erste Recherchephase dauert maximal 20 bis 30 Minuten. Zunächst suchen sich die Jugendlichen aus den zur Auswahl stehenden Startsites nach Interesse jeweils ein Web-Angebot heraus und verschaffen sich in Partnerarbeit einen ersten Eindruck. Die Teilnehmenden notieren dabei alles, was ihnen auffällt oder in den Kopf kommt. Im Anschluss präsentiert jede Zweiergruppe ihre Erkenntnisse im Plenum, die Ergebnisse werden auf einer Stellwand im Raum visualisiert, und es werden Fragen geklärt.

Jugendliche analysieren Web-Inhalte in Partnerarbeit

Leitfragen für die Recherche

Für die erste Recherchephase können folgende Fragen leitend sein:

- Wie ist die Website gestaltet?
- Wie wirkt sie? Interessant, langweilig, warum?
- Was bekommt man auf den Seiten geboten (Downloads, Musik, Gästebücher etc.)?
- Wen soll die Website wohl ansprechen?

An diese erste, grobe Sichtung schließt sich unmittelbar eine längere Phase der Analyse von Inhalten an. Die Jugendlichen setzen sich nun intensiv mit rechtsextremen Themen und Argumenten auf den Websites auseinander. Häufig kommt es untereinander zu interessanten Diskussionen über einzelne Texte, Aussagen oder Bilder, die im Netz gefunden wurden, und es werden erste Fragen geklärt. Oftmals erwachsen auch bereits hier Einsichten und ein weiterreichendes Verständnis bestimmter Zusammenhänge. Alle haben wiederum den Auftrag, sich Wichtiges, Auffälliges, Diskussionswürdiges zu notieren.

Für die zweite Recherchephase können folgende Fragen leitend sein:

- Welche Informationen erhält man dort?
- Welche Meinungen werden vertreten, und wie wird argumentiert? (Beispiele notieren)
- Gibt es bestimmte Gruppen/Menschen, die beschimpft, angefeindet werden?

Reflexion der Ergebnisse im Plenum

Im Plenum berichten die Jugendlichen, was ihnen auf den gesichteten Websites begegnet ist. Die Themen und Argumente werden auf einer Wandzeitung für alle visualisiert. In der Regel ist es nötig, dass Pädagoginnen und Pädagogen unbekannte rechtsextreme Symbole, Abkürzungen oder Hintergründe zur Struktur des deutschen Rechtsextremismus erklären. Einige interessante Websites bzw. Teile davon werden der Anschaulichkeit halber noch einmal mit dem Beamer auf eine Leinwand projiziert.

Insbesondere Reflexionsphasen zeigen immer wieder, wie wichtig eine Auseinandersetzung mit rechtsextremen Denkmustern ist, da Propaganda in ihrer verschleierten Form nur selten als solche erkannt wird. Um gängige rechtsextreme Argumente als demagogische Parolen zu enttarnen, ist es wichtig, einzelne Aussagen mit Schülerinnen und Schülern auf ihre Bedeutung zu hinterfragen. Zwei Erfahrungsberichte sollen veranschaulichen, wie eine kritische Beschäftigung mit Bildern, Texten und Quellen initiiert werden kann:

Beispiel 1: „Was ist Wirklichkeit?" – der Umgang mit Texten, Bildern und Quellen

Auf einer Website aus dem Spektrum rechtsextremer Kameradschaften fanden Schülerinnen und Schüler einer 11. Klasse ein Bild, auf dem sich eine Menschenmenge applaudierend um ein aus Sand konstruiertes Abbild des World Trade Centers (WTC) versammelt. Aus diesem Sand-WTC ragt ein Flugzeug heraus. Die Diskussion mit den Jugendlichen führte zunächst zur Frage der Authentizität des Fotos: Handelt es sich um ein Fake, oder ist es tatsächlich eine Fotografie? Die Einschätzung einer Schülerin „Wenn das Bild ein Fake ist, dann ist das bei Weitem nicht so schlimm, als wenn das Bild eine tatsächliche Situation zeigt!" wurde nicht von allen Jugendlichen geteilt. Ein Schüler bemerkte, es sei egal, ob echt oder nicht, denn es gehe ja wohl eher um die vermittelte Botschaft. Und da sei doch entscheidend, ob das Bild vor oder nach dem 11. September 2001 aufgenommen bzw. erstellt wurde.

Bild auf rechtsextremer Website

Im Folgenden wurde noch einmal sehr engagiert über den Wahrheitsgehalt von Informationen, die Aussage von Bildern und die Bedeutung des Kontextes, in dem sie präsentiert werden, diskutiert. Als wichtige Erkenntnisse wurden schließlich festgehalten:

- Grundsätzlich ist ein kritischer Umgang mit Inhalten wichtig, deren Quellen man nicht kennt oder die aus irgendeinem anderen Grund zweifelhaft erscheinen, damit man Propaganda und gezielter Fehlinformation nicht auf den Leim geht.
- Die Authentizität bestimmter Bild-/Textinformationen, die durch Medien vermittelt werden und auf die man beispielsweise im Internet stößt, lässt sich nicht immer verifizieren. Man bleibt in der Bewertung oft auf die Botschaft des Bildes/Textes zurückgeworfen.

Beispiel 2: „Stimmt doch!" – zur Wirkung fremdenfeindlicher Parolen

Fremdenfeindliche Parolen verfehlen ihre Wirkung oft nicht

Der fremdenfeindliche Text „Brief eines Ausländers" auf der Website einer regionalen rechtsextremen Kameradschaft führte zu einer kontroversen Diskussion mit Schülerinnen und Schülern einer 10. Klasse. „Ausländer" wurden darin für eine steigende Kriminalitätsrate in allen deutschen Regionen verantwortlich gemacht, und die Autoren stellten die Gleichung auf: „Ausländer sind kriminell und gewalttätig". Einige Jugendliche äußerten spontan Zustimmung und untermauerten ihre Einschätzung mit ihren „schlechten Erfahrungen". Im Übrigen seien sowieso zu viele Ausländer in Deutschland. Dies war Anlass, die Begriffe „Ausländer" und „Kriminalitätsrate" sowie deren Beziehung unter die Lupe zu nehmen. Im Internet sollten die Schülerinnen und Schüler zunächst selbst nach Hintergrundinformationen (zum Beispiel zur Migration, Gewalt von Ausländern/gegen Ausländer) und nach Statistiken (zum Beispiel zur Ausländerquote der eigenen Region/Stadt, Kriminalitätsrate) suchen. Anhand statistischer Daten und sozialwissenschaftlicher Erkenntnisse wurden dann gemeinsam Parolen über „die Ausländer in Deutschland" als Vorurteile und rechtsextreme Propaganda entlarvt sowie die Mechanismen dieser Agitation herausgearbeitet, zum Beispiel: unzulässige Verallgemeinerungen, Feindbilddenken, Sündenbockmechanismus.

5. Workshop: Kontrovers diskutieren

Die Sichtung rechtsextremer Websites und die Auseinandersetzung mit rassistischen, antisemitischen oder anderweitig demokratiefeindlichen Inhalten führen in den meisten Workshops früher oder später zu der Frage, welcher Umgang mit solchen Angeboten geeignet ist. Die Einschätzungen der Teilnehmenden decken dabei in der Regel das komplette Spektrum ab zwischen „Das gehört alles verboten“ über „Das ist doch alles gar nicht so schlimm“ bis zu „Das zwangsweise Schließen solcher Seiten ist Zensur“.

Jugendliche thematisieren gemeinsam eigene Einstellungen und Vorurteile

Die Fähigkeit, zwischen einer zulässigen Einschränkung der Meinungsfreiheit und einer Zensurmaßnahme in einem totalitär geprägten System unterscheiden zu können, ist ein wichtiger Baustein für ein demokratisch-pluralistisches Gesellschaftsverständnis, in dem unveräußerliche Menschenrechte und deren rechtsstaatlicher Schutz bejaht und jegliche Form der Diskriminierung abgelehnt werden. Erfahrungen von jugendschutz.net aus Seminaren im schulischen und außerschulischen Kontext haben gezeigt, dass sich Jugendliche im Rahmen eines inszenierten, spielerisch-diskursiven Prozesses eine differenzierte Sichtweise des Spannungsverhältnisses zwischen zulässigen Meinungsäußerungen und gesetzwidriger bzw. menschenverachtender Propaganda aneignen können. Wichtige Schritte sind dabei die Reflexion eigener wie fremder Einstellungen und der Einbezug von Hintergrundinformationen – zum Beispiel über rechtliche Bestimmungen. Im Folgenden soll eine Möglichkeit vorgestellt werden, wie diese kritische Auseinandersetzung initiiert werden kann.

Inszeniertes Rollenspiel zum Thema Meinungsfreiheit und Zensur

Siehe Material auf der CD-ROM

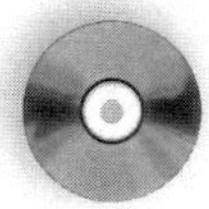

Mit allen Jugendlichen gemeinsam wird eine Verhandlung des Bundesverfassungsgerichts simuliert. Als Kontrahenten stehen sich gegenüber: ein Provider, der seinen Kunden kostenlosen Speicherplatz zur Verfügung stellt und dessen Dienst regelmäßig von Rechtsextremen missbraucht wird, um ihre Propaganda einzustellen – und der deutsche Staat, vertreten durch das Bundesministerium für Justiz. Gegenstand der Verhandlung ist die Frage, ob der Provider verpflichtet werden kann, rechtsextreme Inhalte von seinem Server zu entfernen, oder ob dadurch das grundlegende Recht der Meinungsfreiheit verletzt wird und es sich beim staatlichen Eingriff letztlich um eine Form der Zensur handelt.

Inszenierte Debatten verhelfen zu einer differenzierten Sichtweise

Zu Beginn des Rollenspiels werden – entsprechend der Zahl an Teilnehmenden – drei Gruppen gebildet, die erstens die Seite des Providers, zweitens die Seite des Bundesjustizministeriums und drittens das Bundesverfassungsgericht vertreten sollen. Ergänzend können auch Beobachterrollen vergeben werden, die sich zum gesamten Spielgeschehen Notizen machen und diese am Ende in die Auswertung des Rollenspiels einfließen lassen.

In der ersten Phase erhalten die drei Gruppen Instruktionen, die Beschreibungen ihrer Rollen und unterstützende Fragen für die inhaltliche Vorbereitung enthalten. Jede Gruppe setzt sich dann ca. eine Stunde zusammen und sammelt Argumente, mit denen sie während der „Gerichtsverhandlung" Stellung für die jeweilige Position beziehen kann. In dieser Phase sollten maximal drei Jugendliche benannt werden, die während der Inszenierung die aktiven Rollen der Anwälte, des Klägers, des Richters übernehmen.

Rollenspiel muss Alter und Fähigkeiten der Jugendlichen entsprechen

Um Überforderungen zu vermeiden, sollten sich die Art und die Intensität der Vorbereitung unbedingt am Alter und an den Fähigkeiten der Gruppe orientieren – gegebenenfalls ist Hilfe bei der Strukturierung und Gestaltung der Gruppenphase notwendig. Der konzeptionellen Vorbereitung könnten beispielsweise die folgenden Fragen zu Grunde liegen:

- Ist das Szenario „Gerichtsverhandlung" geeignet für die Teilnehmendengruppe – Über- oder Unterforderungen etc. –, oder wäre ein alternatives Setting besser vorstellbar, zum Beispiel die Inszenierung einer Podiumsdiskussion, einer Parlamentsdebatte?
- Wäre es besser, die Rolle des Gerichtes – bzw. der Diskussionsleitung, des Parlamentsvorsitzes – von einem Pädagogen übernehmen zu lassen, um das Spiel besser steuern zu können?
- Haben die Gruppen ausreichende Kompetenz, um sich selbstständig und ohne weitere Hilfestellungen auf das Spiel vorzubereiten? Wenn nein: Welche inhaltlichen und organisatorischen Hilfen sind nötig?
  - Brauchen die Gruppen zur Erarbeitung ihrer Positionen zusätzliche Materialien? Wenn ja: welche? Zum Beispiel: Texte mit Hintergrundinformationen, Gesetzesauszüge?
  - Kann die Gruppe ihre internen Rollen – zum Beispiel: Wer übernimmt die Anwaltsfunktion? – selbst verteilen, oder ist eine Moderation der Vorbereitung durch einen Pädagogen nötig?
- Wäre eine gemeinsame inhaltliche Einheit im Plenum wichtig, damit alle mit denselben Voraussetzungen in die Vorbereitung einsteigen? Sollte sich die Gruppe beispielsweise zunächst gemeinsam mit Grundrechten oder Strafrechtsbestimmungen beschäftigen?

Nach der Vorbereitungszeit treffen sich die Gruppen im Seminarraum, der zum Gerichtssaal umgestaltet worden ist, um das Rollenspiel durchzuführen. Das Gericht eröffnet die Verhandlung und beginnt mit einer inhaltlichen Beschreibung des Verhandlungsgegenstands – anschließend haben die Vertreter jeder der beiden Parteien ca. fünf bis zehn Minuten Zeit, um dem Gericht ihre Position darzulegen. Im Anschluss stellt das Gericht Fragen an die beiden Kontrahenten. Nach einem Austausch halten die Anwälte der beiden Seiten ihre Abschlussplädoyers, und das Gericht zieht sich zur Beratung zurück. Schließlich spricht das Gericht das Urteil, begründet dies und schließt die Sitzung.

Wichtig: Auswertung und Ergebnissicherung

Nach der inszenierten Verhandlung findet eine gemeinsame Auswertung statt. Neben einer Reflexion des Spielgeschehens ist am Ende wichtig, gemeinsam mit allen die zentralen Argumentationslinien in den Kleingruppendiskussionen und während der Gerichtsverhandlung zu rekapitulieren. Die Ergebnisse sollten gesichert – zum Beispiel auf Flipcharts – und zum Ausgangspunkt der weiteren Arbeit – zum Beispiel einer vertiefenden Beschäftigung mit rechtsextremen Ideologemen – gemacht werden.

6. Workshop: Positive Web-Angebote einbeziehen

Nach der Beschäftigung mit rechtsextremen Inhalten und der Analyse von typischen rassistischen, antisemitischen oder geschichtsfälschenden Thesen ist es wichtig, den Blick auf verbürgte Informationen zu richten und gezielt Gegenargumente zu sammeln. Das Ziel: Jugendlichen Quellen für Fakten und Hintergründe an die Hand zu geben und sie so zu stärken, dass sie rassistischen Demagogen eigenständig entgegentreten können. Das Internet bietet auch hierfür Anknüpfungspunkte. Es existieren viele Websites, deren Autoren verlässlich die Themen Nationalsozialismus und Rechtsextremismus behandeln und die sich als Quelle in Unterrichtsprojekten nutzen lassen. Angebote wie die Homepage ‚Holocaust-Referenz' (www.h-ref.de) enthalten einen umfangreichen Fundus an Argumenten gegen Rechtsextremismus und die Leugnung des Holocaust. Sie zeigen zugleich, wie man sich mutig gegen Rassismus und Diskriminierung engagieren kann. Darüber hinaus stellen Verfassungs-

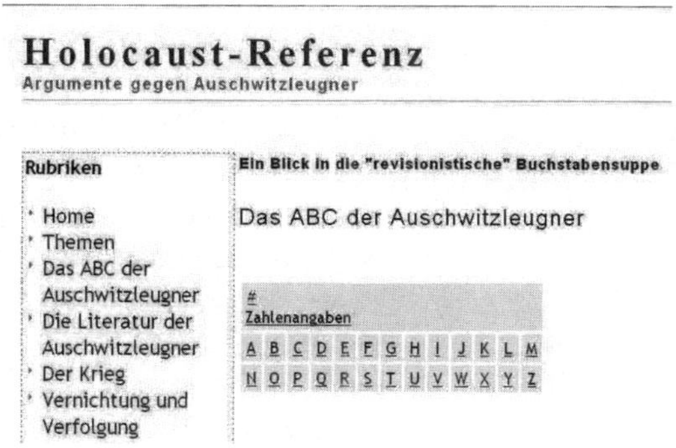

Info-Site Holocaust-Referenz

schutzbehörden, Bundes- und Landeszentralen für politische Bildung sowie zahlreiche antirassistische Initiativen auf ihren Internetseiten eine breite Palette an Hintergrundinformationen und Vorschlägen für die praktische Auseinandersetzung zur Verfügung (vgl. den Beitrag von Michael Pechel in diesem Band).

7. Workshop: Aktiv handlungsorientierte Möglichkeiten nutzen

Das Ausprobieren von Gegenaktivitäten macht Spaß

Ein letzter Schritt führt in den Projekten auf die Handlungsebene und beinhaltet das Ausprobieren von „Netz-Aktivitäten gegen rechts". Das gemeinsame Handeln macht den Jugendlichen Spaß und ermöglicht die positive Erfahrung, Rassisten nicht machtlos gegenüberzustehen. Hier können Fähigkeiten und kreative Potenziale der Lernenden eingebunden werden, und alle haben die Möglichkeit, rechtsextremer Hetze aus eigener Kraft etwas entgegenzusetzen. Die Aktivitäten reichen von Beschwerdebriefen an Provider über das Verfassen von Einträgen in Gästebüchern und Foren bis zum Erstellen von antirassistischen Bannern und Websites. Die Erfahrungen von jugendschutz.net machen deutlich, dass Jugendliche im Rahmen solcher medienpädagogischer Workshops zu einer kritischen Auseinandersetzung mit rechtsextremen Inhalten angeregt werden können und dass sich insbesondere der handlungsorientierte Ansatz motivierend auswirkt. Im Folgenden sollen einige Beispiele für Aktivitäten, die im Rahmen von Projekten und Workshops durchgeführt werden können, näher beschrieben werden.

Online-Meldestellen auf rechtsextreme Websites hinweisen

Jeder kann sich über rechtsextreme Inhalte im Netz beschweren. Es existieren einige Online-Beschwerdestellen, die auf ihrer Website per Formular oder E-Mail Hinweise auf unzulässige rechtsextreme Internet-Angebote entgegennehmen. Deren Mitarbeiter sichten und bewerten die Angebote und prüfen mögliche Vorgehensweisen. Organisationen wie jugendschutz.net (www.jugendschutz.net) haben Kontakte zu vielen deutschen und ausländischen Providern und bitten diese dann meist um die Schließung der betreffenden Web-Angebote. Strafrechtlich relevante Inhalte können auch an die zuständigen Aufsichtsbehörden oder an die Polizei gemeldet werden. Stößt ein Internet-User auf fremdsprachige rassistische Inhalte, kann er sich an das ‚International

Network Against Cyber Hate' (INACH) wenden. Darin haben sich Online-Beschwerdestellen aus Europa, den USA und Kanada zusammengeschlossen. Ein Hinweis an INACH (www.inach.net) wird von dort an die Partnerorganisation im betreffenden Land weitergeleitet, die sich dann um den Fall kümmert.

Hinweise an Anbieter von Internet-Diensten

Provider nehmen Hinweise auf Rechtsextremismus entgegen

Neben Hotlines nehmen auch die meisten Provider Hinweise auf strafbare Inhalte oder Verstöße gegen ihre Allgemeinen Geschäftbedingungen (AGB) entgegen. In Deutschland ansässige Dienste sind verpflichtet, unzulässige Inhalte von ihren Servern zu entfernen, sofern sie davon Kenntnis haben. Aber auch viele der größeren ausländischen Provider lehnen in ihren AGB (englisch: TOS – Terms of Service) das Verbreiten so genannter „hate-speech" ab und nehmen nach einem Hinweis das Angebot von ihrem Server. Oft genügt eine kurze E-Mail an die Abuse-Adresse des Dienstes mit einem Hinweis auf die Seite und den Verstoß gegen die Nutzungsbestimmungen. Diese direkte Kontaktaufnahme kann auch im Rahmen von Schulprojekten praktiziert werden.

Doch Vorsicht: In der Szene existieren auch so genannte Neonazi-Provider, das heißt: Rechtsextreme, die Gesinnungsgenossen Speicherplatz anbieten. Diese werden auf einen Beschwerdebrief nicht reagieren. Man sollte vor einer Kontaktaufnahme in jedem Fall prüfen, mit wem man es zu tun hat. Solche Schreiben sollten nur an bekannte deutsche und ausländische Host-Provider gesendet werden. Und es empfiehlt sich, die AGB eines Dienstes sorgfältig durchzulesen und sich über das konkrete Beschwerdeverfahren vorab zu informieren. Dies hilft, frustrierenden Erfahrungen vorzubeugen.

Beiträge in Gästebücher und Foren schreiben

Gästebücher sind Ansatzpunkte für konkretes Engagement

Rechtsextreme Gästebücher und Foren sind Ansatzpunkte für konkretes Engagement. Hier kann sich jeder Einzelne beteiligen und rechtsextremen Sprüchen und Parolen im direkten Austausch etwas entgegensetzen, kann seinem Ärger über Hass und Gewalt Ausdruck verleihen und mit Argumenten gegen Rassismus und Fremdenfeindlichkeit Stellung beziehen. Schulklassen wie private Gruppen können „Patenschaften" für bestimmte Foren übernehmen und dort regelmäßig Einträge verfassen. Man wird sicher nicht erwarten können, dadurch überzeugte Neonazis zu bekehren, doch jede Erwiderung demonstriert, dass menschenverachtende Äußerungen nicht unwidersprochen bleiben. Doch auch hier ist Vorsicht geboten: Um unliebsame Post von Rechtsextremen zu vermeiden, ist zu empfehlen, keine E-Mail-Adressen oder gar persönliche Daten wie Namen und Adressen preiszugeben. Wenn unbedingt nötig, sollte man eine E-Mail-Adresse verwenden, die keinen Rückschluss auf die eigene Identität ermöglicht.

Antirassistische Web-Banner integrieren

Das Web bietet viele kreative Möglichkeiten der Auseinander-setzung

Ein einfacher und öffentlich sichtbarer Weg, Stellung zu beziehen, ist das Verwenden von antirassistischen Web-Bannern. Mit solchen Emblemen auf der Website macht man deutlich: Hass und Intoleranz haben hier nichts zu suchen. Viele Internet-Communities binden in ihre Portale bereits antirassistische Banner ein, und im Netz finden sich viele Variationen zum Download. Zudem bieten Grafikprogramme Möglichkeiten, die zur Gestaltung von Emblemen im Rahmen von Schulprojekten genutzt werden können. Der Fantasie und Kreativität sind hier keine Grenzen gesetzt.

Aufklärungs-Websites erstellen

Nicht zuletzt besteht die Möglichkeit, Websites zu erarbeiten, auf denen man über die Zeit des Nationalsozialismus und den heutigen Rechtsextremismus aufklärt. Dort können geschichtliche Hintergründe, Argumentationshilfen gegen rechtsextreme Thesen, Links und Buchtipps veröffentlicht werden. Natürlich haben dort auch persönliche Statements oder Projektergebnisse ihren Platz. Eine solche Website kann zum Beispiel im Rahmen eines Projekts mit Jugendlichen gemeinsam mit allen entwickelt und über einen längeren Zeitraum inhaltlich ergänzt und aktualisiert werden.

Fazit: Kritische Auseinandersetzung kann Spaß machen

Rechtsextremismus im Internet bietet vielfältige Anknüpfungspunkte an jugendliche Lebenswelten: Codes und Symbole stiften Gemeinschaft, Neonazi-Musik reizt durch ihre Illegalität, und die von vielen rechtsextremen Gruppen propagierte Gewalt ist als Konzept zur Konfliktlösung für viele Jugendliche ein Bestandteil ihrer Wirklichkeit. Gleichzeitig stellt die rechtsextreme Welt mit ihren Identifikationsangeboten und Mythen, aber auch mit ihren einfachen Erklärungsmustern für die komplexe gesellschaftliche Realität einen Gegenentwurf dar, der möglicherweise subjektiv als attraktiv erlebt wird.

Die Frage nach einem angemessenen Umgang mit menschenverachtendem Hass im Web kann weder durch den Ruf nach Zensur noch mit dem mahnenden pädagogischen Zeigefinger beantwortet werden. Wichtig erscheint, mit jungen Menschen in einen kritischen Dialog über rechtsextreme Argumentationsmuster und Erlebniswelten einzutreten. Ein verantwortungsvoll gestalteter und am Subjekt orientierter Lernprozess kann dazu führen, dass Alltagsrassismus und eigene Vorurteile im Schein einer kritischen Betrachtung sichtbar und – im Idealfall – überwunden werden. Erfahrungen aus der Projektarbeit von jugendschutz.net untermauern dies. In vielen Workshops haben sich Jugendliche fantasievoll gegen rechtsextreme Propaganda engagiert und sich für Humanität und Menschenrechte stark gemacht. Insbesondere die konkreten gemeinsamen Aktivitäten im Web machten Spaß und motivierten. Jugendliche sind bereit, sich kritisch mit Rassismus, Antisemitismus und neonazistischen Überzeugungen auseinanderzusetzen und Zivilcourage zu zeigen – wenn man es ihnen nur zutraut.

Jugendliche machen sich für Menschenrechte stark

Literatur

Brühwiler, Herbert 1994: Methoden der ganzheitlichen Jugend- und Erwachsenenbildung, 2. Aufl., Opladen

JIM-Studie 2005: Medienpädagogischer Forschungsverbund Südwest (Hrsg.): JIM 2005. Jugend, Information, (Multi-)Media. Basisuntersuchung zum Medienumgang 12- bis 19-Jähriger, Stuttgart

Meueler, Erhard 1994: Didaktik der Erwachsenenbildung/Weiterbildung als offenes Projekt, in: Tippelt, Rudolf (Hrsg.): Handbuch Erwachsenenbildung/Weiterbildung, Opladen, S. 615-628

Rabenstein, Reinhold/Reichel, René/Thanhoffer, Michael 1993: Das Methoden-Set: 5 Bücher für Referenten und Seminarleiterinnen, Bd. 2: Themen bearbeiten, 6. Aufl., Münster

Sandner, Peter 1994: Didaktische Überlegungen zum entdeckenden Lernen mit reproduzierten Quellen in der Gedenkstättenarbeit, in: Landeswohlfahrtsverband Hessen (Hrsg.): Methoden der Gedenkstättenpädagogik, Kassel, S. 15-23

Siebert, Horst 1992: Bildung im Schatten der Postmoderne. Von Prometheus zu Sisyphos, Frankfurt/M.

uboot 2004: uboot – virtuelle Community, in: Bundeszentrale für politische Bildung (Hrsg.): Rechtsextremismus im Internet – Recherchen, Analysen, pädagogische Modelle zur Auseinandersetzung mit dem Rechtsextremismus, 2. Aufl., Bonn (CD-ROM: Pfad CD\rechtsextreme_jugendszene\nutzung_von_diensten\Kommunikation\index.html)

Klaus-Peter Hufer

„Nicht flüchten, sondern standhalten"

Rechtsextreme Störungen und Reaktionsmöglichkeiten in Veranstaltungen der politischen Bildung

„Wortergreifung": Agitatoren versuchen, Veranstaltungen zu dominieren

Politische Bildung gilt in der öffentlichen Debatte über Rechtsextremismus und Fremdenfeindlichkeit vielfach als Garant für die Abwehr inhumanen Gedankenguts bei Jugendlichen und bei Erwachsenen. Sie kann manches, gewiss nicht alles leisten. Der folgende Beitrag geht von der empirisch belegten Annahme aus, dass Rechtsextremismus kein alleiniges oder auch nur vorrangiges Jugendphänomen und Prävention altersunabhängig notwendig ist. Stehen junge Zielgruppen auch in besonderem Maße im Blickpunkt rechtsextremer Gruppen und Organisationen, die mit Hilfe der „Erlebniswelt Rechtsextremismus" entsprechendes Gedankengut an Jugendliche herantragen möchten, so sind menschenfeindliche Orientierungen doch bei Älteren keineswegs weniger verbreitet – im Gegenteil. Eine zeitgemäße, an der Lebenswirklichkeit der Teilnehmenden orientierte politische Bildung ist daher für beide Altersgruppen gleichermaßen bedeutsam. Zugleich ist Rechtsextremismus kein abstraktes Phänomen – es zeigt sich vor Ort, in Veranstaltungen der politischen Bildung zu diesem Thema, mitunter nur allzu konkret. Im Zuge einer „Wortergreifungsstrategie", die Teile der rechtsextremen Szene ausgerufen haben, treten entsprechende Agitatoren zunehmend bei öffentlichen Bildungsveranstaltungen auf und versuchen diese zu dominieren. Womöglich trägt die Konfrontation mit dem politischen Gegner sogar zur rechtsextremen Erlebniswelt bei. Der Beitrag nennt Beispiele solcher „Wortergreifungen" und skizziert bewährte Reaktionsmuster.

1. Befunde und Erhebungen

Eigentlich müsste die Erwachsenenbildung der Ort sein, in dem sich im Bildungsbereich am ehesten und heftigsten der Rechtsextremismus bzw. sein populistisches Vor- und Umfeld zeigt. Denn „Rechtsextremismus ist in allen Altersgruppen vorhanden, mit steigendem Alter wächst die Zustimmung vor allem zu chauvinistischen, ausländerfeindlichen und antisemitischen Aussagen“ (Schmidt 2006). Das ergab eine im November 2006 veröffentlichte Erhebung, die Elmar Brähler und Oliver Decker im Auftrag der Friedrich-Ebert-Stiftung durchführten. In einer vorhergehenden Studie im Jahr 2004 hatten die beiden Autoren die Erkenntnis gewonnnen, dass „die über 60-Jährigen die höchste Zustimmung“ zu rechtsextremen Aussagen zeigten (Decker/Brähler 2005: 16; vgl. auch den Beitrag von Claus Homm in diesem Band).

Auch die Untersuchungen zu dem von der Forschergruppe um Wilhelm Heitmeyer festgestellten und seit 2002 jährlich mit Zahlen belegten „Syndrom Gruppenbezogene Menschenfeindlichkeit“[1] haben ergeben, dass das Ausmaß bei Jüngeren niedriger ist als bei Älteren – entgegen dem öffentlichen Eindruck (Endrikat 2006: 112). Dieser Befund ist nicht neu, bereits früher wurde er erhoben: „Anders als fremdenfeindliche *Gewalttaten* sind fremdenfeindliche *Einstellungen* alles andere als ein Problem der jungen Leute. Im Gegenteil nimmt die Fremdenfeindlichkeit – im Osten wie im Westen – von der ältesten zur jüngsten Altersgruppe stetig ab.“ (Ahlheim/Heger 1999: 33 f.) Zur defi-

Zustimmungswerte zu Elementen der Gruppenbezogenen Menschenfeindlichkeit nach dem Alter der Befragten (in Prozent). *Quelle: Endrikat 2006*

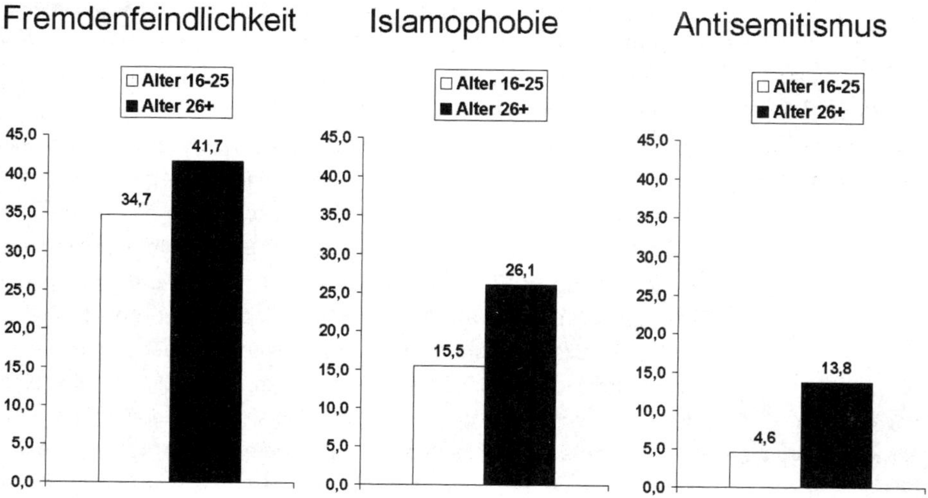

nitorischen Klarheit soll angemerkt werden, dass Fremdenfeindlichkeit *alleine* noch kein ausreichendes Kennzeichen einer rechtsextremen Einstellung ist. Aber Fremdenfeindlichkeit ist immer *ein* charakteristisches Merkmal des Rechtsextremismus (vgl. den Beitrag von Thomas Grumke in diesem Band).

Wenig Erkenntnisse über das Verhältnis von Erwachsenenbildung und Rechtsextremismus

Bei diesen Daten wäre also die politische Erwachsenenbildung *das* vorbestimmte Feld für eine sowohl vorbeugende als auch eine unmittelbare Bildungsarbeit gegen Rechtsextremismus. Allerdings folgt aus dieser Erkenn tnis nicht, dass es eine der Notwendigkeit entsprechende Literaturlage gibt[2]: Es ist eine Reihe von eher situationsbezogenen Aufsätzen zu finden – aber nur sehr wenige Monografien, die in einer praxistauglichen Weise das Verhältnis von Erwachsenenbildung und Rechtsextremismus grundsätzlich thematisieren und Handlungsmöglichkeiten aufzeigen (Ausnahmen unter anderem: Ahlheim/Heger 1999, Ahlheim 2003, Gloël/Gützlaff 2005, Hufer 2005).

Daher stellt sich die Frage, wie dieses Thema in der außerschulischen politischen Bildung/politischen Erwachsenenbildung aufgenommen, dargestellt und bearbeitet wird. Ein großes Manko dieses Bildungsfeldes ist jedoch, dass es eine Art „Black Box" ist. Denn es liegen nur wenige empirische Daten über die Quantität und noch weniger über die Qualität dieser Bildungswirklichkeit vor. In der Vergangenheit gab es so gut wie keine Erhebungen – erst in jüngster Zeit sind die ersten aussagekräftigen Untersuchungen veröffentlicht worden. So wurde in einem bundesweiten „Trendbericht" erstmals versucht, „die Gesamtheit der politischen Bildungsarbeit mit Erwachsenen" zu erfassen, um so eine „realistische Einschätzung" ihrer Leistungen und der Entwicklungslinien zu erhalten (Fritz/Maier/Böhnisch 2006, Klappentext). Die mit diesem Anspruch evaluierte politische Erwachsenenbildung zeigt beim Themenfeld „Prävention gegen Extremismus, Fremdenfeindlichkeit und Gewalt" ein klares Bild: Nach Einschätzung der Mitarbeiter(innen) in den Institutionen gehört dieser Bereich eindeutig zu den „Bedeutungsgewinnern", er führt – sogar mit erheblichem Vorsprung – das Feld der gesamten Themen an (ebd.: 52, 54). Diese Klarheit besteht sowohl bei den Zielen politischer Bildung als auch bei der Notwendigkeit der thematischen Bearbeitung. Unterstrichen wird diese Spitzenreiterposition durch eine

Interesse der Teilnehmenden am Thema ist hoch

Befragung von Teilnehmenden, der zufolge dieser Bereich bei ihnen „sogar auf Platz 1" der interessierenden Themen steht (ebd.: 57). Auch in der politischen Jugendbildung hat der Themenbereich „Extremismus und Fremdenfeindlichkeit" eine Spitzenposition inne – er liegt dort an erster Stelle der „Bedeutungsgewinner" (Schröder/Balzter/Schroeter 2004: 134 f.).

Was dann aber tatsächlich von diesen Veranstaltungen angenommen und durchgeführt wird, ist den Studien nicht zu entnehmen. Es bleibt offen, wie groß die Diskrepanz zwischen Angebot und Realisierung, bekundeter und echter Nachfrage ist. Darüber hinaus ist nicht zu erfahren, welchen Eindruck die Teilnehmenden von den schließlich durchgeführten Bildungsangeboten hatten und welche Wirkung sie im Verlauf ihrer politischen Bewusstseinsbildung zeigten.

Welchen Erfolg hat politische Bildung?

Dieses Problem konnte auch die zweite große empirische Untersuchung nicht lösen. Zwar verheißen die Verfasser, die „Wirklichkeit und Wirkung politischer Erwachsenenbildung" zu analysieren und darzustellen (Ahlheim/Heger 2006), doch letztendlich müssen sie einräumen, „dass die Wirkung politischer Bildung exakt nicht zu erheben und eindeutig-zweifelsfrei zu beschreiben ist" (ebd.: 199). Das ist jedoch nicht einem Mangel an Qualität ihrer Untersuchung geschuldet, sondern zeigt die Grenzen einer – immer wieder geforderten – Analyse des „Erfolgs" politischer Bildung. Diese ist Teil eines lebenslangen Sozialisations- und Bildungsweges, der nie eingleisig verläuft, sondern von Erfahrungen und Ereignissen aus dem Alltag und der Lebenswelt angestoßen, begleitet, ergänzt, korrigiert oder auch in Frage gestellt wird. Die Teilnahme an Veranstaltungen zur politischen Bildung ist nur ein kleines Segment in einem vielschichtigen und facettenreichen lebenslangen Lernprozess – ihm gingen Erkenntnisse voraus, und es folgen ihm welche. Im günstigen Fall werde die Teilnehmenden in ihrem Engagement für eine demokratische und zivile Gesellschaft bestärkt. Aber mit welchen Methoden kann man auf dem Kontinuum eines Lebens genau diese Ursache und Wirkung von vielleicht einem Wochenendseminar, einer eintägigen Exkursion, einem über sechs Abende gehenden Kurs, einem einundeinhalbstündigen Vortrag oder einer Podiumsdiskussion feststellen? So entzieht sich die Wirkung politischer Bildung einem technokratischen Zugriff. Die „politische Subjektentwicklung" kann von Bildung nur begleitet, nicht aber gesteuert und demzufolge nicht funktional vermessen werden (siehe Meueler 2005) – allenfalls können „Wirkungsspuren" gesucht und festgestellt werden (Ahlheim/Heger 2006: 199).

Feststellbar sind allenfalls Wirkungsspuren

In ihrer Analyse der Realität nordrhein-westfälischer Einrichtungen, die für politische Erwachsenenbildung stehen, haben Ahlheim und Heger drei Angebotsformen zum Themenbereich „Prävention von Rechtsextremismus, Fremdenfeindlichkeit und Gewalt" ausgemacht:

- solche, „die vor allem über aktuelle Entwicklungen informieren",
- Veranstaltungen, „die grundsätzlicher nach der Entstehung und der Funktion von Vorurteilen und Fremdenfeindlichkeit (fragen)" und
- stärker handlungs- und übungsorientierte Angebote" (ebd.: 124 ff.).

Thema kommt sporadisch in den Programmen vor

Die „sporadisch" in den Programmen auftauchenden Veranstaltungen „verfolgen im Wesentlichen drei Ziele. Sie informieren über Art, Ausmaß und mögliche Ursachen rechtsextremer und fremdenfeindlicher Einstellungen und Aktivitäten, sie setzen rechtsextremer Propaganda und fremdenfeindlichen Vorurteilen rationale Argumente entgegen und sie vermitteln und ‚trainieren' Verhaltensstrategien und -alternativen, die im Umgang mit vorurteilsvollen und rechtsextremen Personen hilfreich sein können" (ebd.: 123 f.).

Die Daten lassen – auch wenn sie nicht flächendeckend vorliegen – die folgenden Schlüsse zu:

- Rechtsextreme Einstellungen sind auch und gerade in den älteren Bevölkerungsgruppen virulent.
- Das haben die Mitarbeiter(innen) in den Institutionen der politischen Erwachsenenbildung erkannt – sie messen dem Thema eine wachsende Bedeutung bei.
- Auch die Teilnehmenden sehen hier ein vorrangiges Arbeitsfeld.
- Gleichwohl kann nicht belegt werden, dass die angebotenen Veranstaltungen außerordentlich stark besucht werden.

2. Beispiele aus der Praxis

Wenn die vielfach in Umlauf gebrachte These stimmt, dass der Rechtsextremismus „aus der Mitte der Gesellschaft" kommt, dann wäre auch zu folgern, dass er sich in deren Orten, Foren, Institutionen und Einrichtungen unübersehbar zeigt und lautstark artikuliert. Wann also erscheinen und wie äußern sich Rechtsextremismus und Rechtspopulismus in Bildungsveranstaltungen? Da repräsentatives Material nicht zur Verfügung steht, beschreibe ich im Folgenden einige Situationen, mit denen ich konfrontiert wurde.

Wie äußert sich Rechtsextremismus in Bildungsveranstaltungen?

- In unserer Volkshochschule bot ich einen Kurs zur Alltagsgeschichte im Nationalsozialismus an. Die Resonanz war erfreulich: über 20 Teilnehmende. Darunter waren aber auch fünf, die sich vorgenommen hatten, den „Legenden und Lügen" über diese Zeit entgegenzutreten. Das versuchten sie vehement und lautstark. Allen meinen Darstellungen und Erklärungen wurde sofort widersprochen – zum „Beleg" wurde aus Schriften einschlägiger Verlage zitiert. Die Veranstaltung drohte zu einem harten Schlagabtausch zwischen den fünfen und mir zu werden. Die übrigen Teilnehmerinnen und Teilnehmer hielten sich zunächst zurück und schwiegen. In der zweiten Stunde jedoch äußerten sie sich einhellig und forderten die fünf – übrigens alle Männer zwischen 50 und 60 Jahren – auf, die Veranstaltung zu verlassen. Mit der Bemerkung „Eine objektive Meinungsbildung ist hier nicht erwünscht" verließen sie den Raum und kamen auch nicht mehr wieder.

Fünf Teilnehmer verharmlosten den Nationalsozialismus, die übrigen schwiegen zunächst

- Auf einem Podium, bei dem es um das Leben der Juden im heutigen Deutschland ging, saß der Vertreter einer jüdischen Gemeinde. Als er einen Beitrag äußerte, rief ein Mann dazwischen: „Von einem Juden lasse ich mich nicht belehren." Er wurde des Saales verwiesen – diese Entscheidung wurde vom übrigen Publikum beklatscht.

„Von einem Juden lasse ich mich nicht belehren"

- Eingeladen war einmal Ignatz Bubis. Es wurde zu einem Großereignis: 250 Hörerinnen und Hörer drängelten sich in der Aula des örtlichen Gymnasiums. 15 davon waren bereits sehr früh gekommen – unauffällig wirkende Bürger. Sie saßen voneinander getrennt, aber alle im Blickfeld des Referenten und des Gesprächsleiters. Nach dem Vortrag bestand die Möglichkeit zur Diskussion. Es meldeten sich sofort Mitglieder aus dieser Gruppe. Mit aggressiven Statements und Fragen polemisierten sie gegen Ignatz Bubis. Besonders perfide war die Frage, ob er die freie Meinungsäußerung bejahe. Wenn ja, dann müsse er sie auch zulassen, beispielsweise in den Erkenntnissen „freier Wissenschaftler", die „eindeutige Belege" hätten, dass in den „so genannten Konzentrationslagern" niemand vergast werden konnte. Die restlichen Zuhörer saßen wie versteinert da. Nach der Veranstaltung, in der übrigens Bubis brillierte und eine Lehrstunde an demokratischer Aufgeklärtheit und an Standhaftigkeit bot, war Betroffenheit im Saal. Am nächsten Tag berichteten die örtlichen Zeitungen ausgiebig und kommentierten das Ereignis (Motto: „Der Schoß ist fruchtbar noch …"). Diejenigen, die am Abend anwesend waren, sprachen noch lange über ihr Schweigen.

Bubis lieferte Lehrstunde demokratischer Aufgeklärtheit

- „Rassismus im Alltag" hieß das Thema eines Vortrags. Referent war ein theologisch gebildeter und psychotherapeutisch geschulter schwarzer Deutscher. Unter den 23, die als Zuhörende kamen, waren zwölf, die zusammengehörten. Sie kamen alle nicht aus der Stadt, in welcher der Vortragsabend stattfand. Aber sie bestimmten die Diskussion, indem sie selbst in übelster Weise rassistische Äußerungen von sich gaben („Von einem Neger lassen wir uns nichts sagen“ – „Was verstehen Sie denn schon von Rassentheorie?“). Als Vertreter der veranstaltenden VHS war ich entschlossen, die Veranstaltung abzubrechen, der Referent aber wollte dagegenhalten. Er zeigte in einer bewundernswerten Weise den Kontrast zwischen seiner authentischen Standhaftigkeit, seiner couragierten Unerschütterlichkeit, seinen humanen Ansichten und den rassistischen und menschenverachtenden Unflätigkeiten der Gruppe. Das beeindruckte die übrigen elf sehr. Anfangs waren sie offensichtlich überrumpelt und eingeschüchtert. Daher äußerten sie sich zunächst nicht, dann aber deutlich in der Diskussion. Danach standen sie erschüttert zusammen. Auf ihren Wunsch richtete die VHS ein Anti-Rassismus-Training ein, das gut besucht wurde.

Pöbeleien gaben Anstoß zu Anti-Rassismus-Training

- Es sollte eine unverfängliche VHS-Veranstaltung sein. Denn eine in der Stadt wohnende Autorin hatte einen historischen Roman veröffentlicht, der präsentiert werden sollte. Es war ein Geschichte, die vom Übergang ins Christentum und von „heidnischen“ Widerständen handelte. Die Autorin – eine ökologisch und esoterisch inspirierte Frau – wollte an frühe Weisheiten erinnern. Das fand große Begeisterung bei etwa zehn Anwesenden, die die Diskussion an sich rissen und dabei versuchten, sie zu einer Plattform für germanische und gegen „christlich-jüdische“ Lebensformen werden zu lassen. Am Ende war die Autorin höchst irritiert: „Dass so etwas aus meinem Buch herausgelesen werden kann, hätte ich nicht gedacht.“
- Ein ähnliches Bild zeigte sich bei einer Diskussionsveranstaltung zum Thema „Mythos Schöpfung? Eine Frage zwischen Glauben und Vernunft“. Die VHS kooperierte mit einer Kirchengemeinde. Völlig unerwartet meldete sich aus der Mitte des – übrigens zahlreich erschienenen – Publikums eine ältere Frau zu Wort, die in einer lauten und flammenden Rede meinte, gegen die „herrschende Allianz des Christentums und des Judentums“ die „Reinheit und Weisheit der germanischen Kultur“ setzen zu wollen.

Flammende Rede für die „Reinheit der germanischen Kultur“

- Dieselbe Frau gab am Rande einer anderen VHS-Veranstaltung einigen Zuhörern eine Kostprobe ihrer Rassenlehre: Sie schwärmte von den „schlanken nordischen Frauen" und sprach mit deutlichem Ekel von den „breitärschigen polnischen Weibern". Ich hörte das beim Hinausgehen, wies auf die rassistische Tendenz dieser Äußerung hin und bekam immerhin die Unterstützung einer Frau, die dabeistand. Die übrigen schwiegen.

- Ein Podiumsgespräch über die Ereignisse in der Stadt während der „Reichskristallnacht": Zeitzeugen waren eingeladen, der Saal war voll, die Betroffenheit deutlich spürbar. Etwa in der Mitte der Veranstaltung erschienen vier junge, martialisch gekleidete glatzköpfige Männer. Mit schweren Stiefeln schritten sie etwa fünf Minuten lang im Veranstaltungsraum auf und ab. Mehr nicht – dann verschwanden sie.

Auftauchen glatzköpfiger Männer mit schweren Stiefeln

- Eingeladen war ein Referent zum Thema „Rechte Rockmusik". Kurz vor Veranstaltungsbeginn betraten fünf junge Männer den Raum. Sie trugen Sweatshirts mit Aufschriften, die schnell als Insignien der rechtsextremen Subkultur zu dechiffrieren waren. Auf Bitte des besorgten Referenten wurde die Polizei benachrichtigt. Ein Beamter und eine Beamtin in Zivil kamen und gingen mit der Absicht in den Raum, als „normale Besucher" zu wirken. Als sie eintraten, wurden sie von der Gruppe hämisch und höhnisch begrüßt: „Ah, der Polizeischutz ist da".
- In einem Vortrag sollte mein Buch und Seminar „Argumentationstraining gegen Stammtischparolen" vorgestellt werden. Es waren 45 Personen anwesend, darunter auch zehn Rechtsextreme. Diese waren frühzeitig gekommen – einzeln, saßen gut platziert und wollten sofort die Diskussion an sich reißen. Die übrigen Teilnehmerinnen und Teilnehmer reagierten sehr eindeutig auf sie. Immer wieder forderten sie diese auf, den Saal zu verlassen. Dennoch blieben sie – im Gegenteil: Sie wurden lauter und versuchten, die Diskussion zum Kippen zu bringen und zur Plattform ihrer Selbstdarstellung und -stilisierung umzufunktionieren („Wir Rechtsextreme sind die Neger der Nation").

Agitatoren verteilten sich gezielt im Saal

- Dieselbe Gruppe tauchte zur gleichen Veranstaltung an einem anderen Ort auf. Sie waren vorbereitet und lenkten die Diskussion auf das Thema „Ausländer sind kriminell". Als Beleg schwenkten sie gerade erschienene Presseartikel. „Was sagen Sie nun, Herr Hufer?", fragten sie. Nachdem ich widersprochen hatte, nahm auch das restliche Publikum Partei gegen diese Parole und ihre Vertreter.

Publikum wies fremdenfeindliche Parole zurück

Diese forderten mich am Ende der Veranstaltung zu einer „wirklich fairen" öffentlichen Diskussion auf. Das lehnte ich ab.

„Dass es das auch in unserer Stadt gibt ..."

- Zu meinem Vortrag über „Rassismus und Fremdenfeindlichkeit" erschienen ca. 30 Zuhörende – darunter auch Vertreter der mir mittlerweile gut bekannten Gruppe –, wieder in einer Stärke von ca. zehn Personen, wieder kamen sie sehr früh, wieder saßen sie an strategisch wichtigen Plätzen im Saal. Alle waren übrigens bestimmt über 50 Jahre alt. Ich eröffnete die Veranstaltung, indem ich gleich deutlich machte, wer mit welchen Motiven im Saal war. Mir wurde sofort entgegengebrüllt, dass ich „ein staatlich besoldeter Auftragsschwätzer" sei, dass aber „der Zahltag noch kommt". Meine Seminarunterlagen wurden zerrissen und in den Raum geworfen. Die übrigen Veranstaltungsbesucherinnen und -besucher waren spür- und hörbar geschockt. Es kam zu Rangeleien. Versuche, Gesprächsregeln herzustellen, gingen im Geschrei unter. Erst als ich heftig darauf hinwies, dass ich die Polizei holen würde, war ich in der Lage, wenigstens 15 Minuten lang einen Teil meines Vortrags zu halten. Danach gab es eine erbitterte Auseinandersetzung, in die sich zunehmend diejenigen einschalteten, die dem Geschrei der Gruppe Paroli boten. Nach dieser Veranstaltung saß ich mit ihnen – es waren etwa 20 – noch bis fast ein Uhr nachts in einem Lokal. „Dass es das auch in unserer Stadt gibt …", war an diesem Abend ein vielfach gehörter Kommentar.

Beispiele zeigen Präsenz und Permanenz des alltäglichen Rassismus

Diese Beispielen handeln nur von solchen Ereignissen, die ich als Mitarbeiter unserer VHS erlebt habe. Hinzu kommen noch etliche Begegnungen mit rechtsextrem oder -populistisch eingestellten und auftretenden Personen, die ich als Referent in anderen Institutionen vor mir hatte. Es kam auch schon vor, dass Veranstaltungen unter Polizeischutz gestellt wurden. Zwar bleibt der Eindruck subjektiv – er deckt sich aber mit den Erfahrungen einer Reihe von Kolleginnen und Kollegen der politischen Bildung, dass Vorträge, Podien, Kurse und Seminare von Rechtsextremen nicht selten als Plattformen für ihre rassistischen und fremdenfeindlichen Parolen genutzt werden. Gleichzeitig zeigen Ereignisse dieser Art auch die Präsenz und Permanenz des alltäglichen Rassismus und Rechtsextremismus.

3. Wie mit Rechtsextremen umgehen?

Welche Folgerungen können aus den Konfrontationen mit rechtsextremen Störungen der Veranstaltungen gezogen werden? Zunächst einmal die, dass entsprechende Agitatoren in der Regel in Gruppen auftreten, die vorbereitet sind und arbeitsteilig agieren. Das Rollenspiel ist einstudiert: Es gibt den aggressiven Störer, den zynischen Nachfrager, den Gegenreferenten, den Gewaltbereiten, die Beifallklatscher. Zweitens versuchen sie, sofort die Dominanz herzustellen, indem sie lautstark ins Wort fallen, dieses nicht mehr abgeben wollen oder permanent dazwischenrufen. Drittens sind Drohgebärden und bedrohende Äußerungen Teil ihrer Gesamtinszenierung. Damit wird viertens und schließlich deutlich, dass es ihnen überhaupt nicht auf eine Diskussion, einen Meinungsaustausch ankommt, sondern um die Demonstration ihrer Macht – möglicherweise ist es auch das Ziel, den Abbruch einer Veranstaltung zu erzwingen.

Agitatoren treten in Gruppen auf und sind gut vorbereitet

Und genau das muss verhindert werden. Auf keinen Fall darf es so weit kommen, dass die Veranstaltung im Chaos untergeht und vorzeitig beendet werden muss. Das wäre ihr Sieg auf ganzer Linie. Meine Erfahrungen haben mir gezeigt, dass ein entschiedenes Auftreten, das kompromisslos die Weiterführung des Vortrags oder der Diskussion am Thema fordert, eine verblüffende Wirkung bei ihnen hinterlässt. Das ist auch plausibel: Denn einmal funktioniert ihr Einschüchterungsversuch nicht, und zum anderen stehen hinter rechtsextremen Gedanken autoritäre Gelüste oder Sehnsüchte. Ein klares und – wenigstens nach außen – unerschrockenes Kontra imponiert Menschen mit solchen psychischen Strukturen. Die Absicht, mit ihnen demokratisch-diskursiv umgehen zu wollen, werden sie eher als Schwäche denn als Angebot zum Meinungsaustausch auslegen. Ein dezidierter, deutlichen Widerspruch artikulierender und auf Regeln pochender Auftritt, bei dem gegebenenfalls unmissverständlich auf das Hausrecht hingewiesen wird, verschafft dagegen zunächst einmal eine Art indirekter Anerkennung. Das ist auch das Signal an die anderen, die sich überfahren und entsetzt, manchmal auch verängstigt zeigen. Nach einer ersten Zeit der Überraschung und der Lähmung widersetzen sich die Ersten den verbalen Übergriffen und schaffen eine Gegensolidarität. Der Referent/die Referentin, der Vertreter/die Vertreterin des Veranstalters muss hier der Katalysator sein. In Abwandlung eines Buchtitels von Horst-Eberhard

Entschiedenes Auftreten zeigt verblüffende Wirkung

Veranstalter ist Katalysator der Gegensolidarität

Richter heißt das Motto „Nicht flüchten, sondern standhalten". Dafür gibt es eine Reihe von Gründen: Erstens kann/darf man Rechtsextremen keinesfalls den öffentlichen Raum überlassen. Zweitens besteht hier die Chance für einen gemeinsamen Widerstand der übrigen, demokratisch eingestellten Teilnehmenden an der Veranstaltung, der in ihren politischen Biografien von einer längerfristigen Bedeutung ist. Drittens verbietet es schlicht und ergreifend die Selbstachtung, vor Übergriffen dieser Art zu kapitulieren. Viertens fällt Demokratie nicht vom Himmel, sondern sie muss immer wieder bestätigt und verteidigt werden – hier ist ein konkretes Handlungsfeld. Fünftens wird so die Bedeutung und Kraft politischer Bildung an Ort und Stelle demonstriert. Sechstens sind die eigentlichen Adressaten des Widerspruchs die anderen: diejenigen, die nicht rechtsextrem oder fremdenfeindlich sind, die Unentschiedenen und vielleicht auch diejenigen, die – noch oder „nur" – einen „weichen" Rechtspopulismus vertreten. Für die drei letztgenannten Gruppen lohnt es sich zu argumentieren und den militanten Auftritten und Sprüchen etwas entgegenzusetzen. Auch wenn der Erfolg nicht empirisch gesichert ist, bleibt doch der Optimismus der Aufklärung: „Die Verführung, die von einem Beweis ausgeht, ist zu groß. Ihr erliegen die meisten, auf Dauer alle. Das Denken gehört zu den größten Vergnügungen der menschlichen Rasse." (Brecht 1968: 35)

Adressaten sind die Unentschiedenen

Meine Erfahrungen haben gezeigt, dass dieses Plädoyer für Reaktion und Intervention realistisch ist. Allerdings gibt es eine Einschränkung: bei physischer Gewalt. In ihrer massiven Form ist sie mir noch nicht begegnet. Sollte das einmal der Fall sein, dann helfen nur noch das Handy (das immer dabei sein sollte) und die Nummer 110.

Bei Gewalt hilft nur die Nummer 110

4. Grenzen, aber auch Chancen politischer Bildung

Wenn politische Erwachsenenbildung der Ort ist, an dem Rechtsextremismus mitsamt seiner ideologischen Umgebung zum Thema gemacht werden sollte, dann muss auf die doch nur begrenzte Reichweite von Bildungsarbeit mit Erwachsenen hingewiesen werden.

Denn die Menschen kommen freiwillig in die Veranstaltungen der politischen Erwachsenenbildung. Das bedeutet, dass bereits eine grundlegende Motivation und Interessiertheit vorhanden ist. Menschen, die diese nicht haben, nehmen die Veranstaltungen nicht wahr. Erwachsene haben eine lange Vorläufersozialisation hinter sich – entsprechend sind Weltbilder, Grundüberzeugungen, psychische Dispositionen und Handlungsrepertoire bereits herausgebildet. Im Rahmen dieser Persönlichkeitsstruktur werden Bildungsangebote aufgenommen und integriert. Überhaupt ist nur mit einer Minorität zu rechnen, die in ihrer Freizeit Veranstaltungen der politischen Bildung wahrnimmt.[3]

Nicht nur der Inhalt zählt – Lernformen müssen zeitgemäß sein

Die neuen Lebensformen sowie geänderten Rezeptionsweisen der Menschen erfordern auch entsprechende Präsentationen und Arbeitsformen politischer Bildung. Dies gilt für die Erwachsenenbildung – für die politische Jugendbildung gewiss nicht weniger. Der Vortrag über die „Gefahren des Rechtsextremismus gestern und heute", von einem Wissenschaftler der nächst gelegenen Universität im Klassenzimmer des örtlichen Gymnasiums dargeboten, kann von seiner inhaltlichen Qualität bestimmt hervorragend sein. Auch der über zehn Abende hinweg gehende Kurs über den „Aufstieg und Fall des Nationalsozialismus" ist sicherlich mit der besten Absicht geplant worden. Aber ob beide Veranstaltungen auch das vorgesehene Publikum erreichen, ist nicht sicher, möglicherweise zweifelhaft. Die Erwartungen an öffentlich Dargebotenes haben sich gewandelt. Innerhalb der politischen Erwachsenenbildung hat sich demzufolge bereits eine neue Lernkultur entwickelt, die sich in der Wahl ihrer Lernorte, Lernwege und Lernziele dem Lebensgefühl und den Kommunikationsformen der Menschen dieser Gesellschaft angepasst hat (Hufer 1999), die mit Etiketten wie Risiko-, Erlebnis-, Medien-, Multioptionen- oder Bürgergesellschaft charakterisiert wird. Entscheidend für die Qualität und Seriosität politischer Bildung wird sein, dass sie dabei ihren kritischen Aufklärungsanspruch nicht verliert. Daran muss sich auch eine neue Lernkultur orientieren – sie darf nicht zum Selbstzweck werden.

Interkulturelles Projekt spürt „das Fremde" in Moers auf

Wie dies aussehen kann, zeigt ein interkulturelles Projekt der VHS Moers. Mit der Absicht, „das Fremde" in der Stadt aufzuspüren, wurden Straßen und Plätze aufgesucht, um sich mit einem fotografischen Blick mit dem „Eigenen" und dem „Fremden" auseinanderzusetzen. Die Projektgruppe, in der Teilnehmende mehrerer Länder mitwirkten, förderte dabei überraschende Einblicke zu Tage. Sich so wechselseitig den Spiegel vorhaltend, wurde „Fremdheit [...] als eine soziale Konstruktion und als relative Größe erfahrbar gemacht" (Gesprächskreis 2005: 47).

Ein weiteres Beispiel für eine gelungene Verbindung von erlebnisorientierten Angebotsformen mit engagiert-kritischen Zielen und Inhalten ist die Workshop-Tagung der Friedrich-Ebert-Stiftung, die im Juni 2005 unter dem Thema stand „Demokratie als Geschenk?" und an der über 200 Jugendliche teilnahmen. Anlässlich des 60-jährigen Endes des Zweiten Weltkriegs wurde als Auftakt ein Zeitzeuge befragt, der das Ghetto Theresienstadt überlebt hatte. In „historischen Workshops" wurde dann die Zeit des Nationalsozialismus untersucht, an jugendliche Widerständler erinnert und der Opfer gedacht. Und in praktischen Workshops wurden Argumente gegen Stammtischparolen trainiert, wurde mit HipHop-Tanz für Toleranz geworben und Zivilcourage erlernt. Das alles fand in einer lockeren, offenen Atmosphäre statt, hatte einen bunten, manchmal fröhlichen, aber auch ernsten und arbeitsintensiven Charakter.[4]

Politische Bildung kann den harten Kern des Rechtsextremismus nicht erreichen

Trotz der neuen Bearbeitungswege und Zugangsweisen politischer Bildung wäre es eine erhebliche Überschätzung pädagogischer Möglichkeiten, wenn man glauben würde, man könne mit ihr den harten rechtsextremen Kern erreichen. Die Annahme, manifeste und militante Rechtsextreme würden eine Bildungsveranstaltung besuchen, um sich vom Gegenteil ihrer Haltung überzeugen zu lassen, ist absurd. Die eigentlichen Adressaten sind – wie oben bereits dargestellt – diejenigen, die sich gegen „rechts" artikulieren und einsetzen wollen. Mit ihnen können Menschen angesprochen werden, die sich für demokratische Lebensverhältnisse engagieren möchten, „die interessiert und neugierig sind, die Informationen und Bestärkungen erwarten und vielfach politisch engagiert sind" (Hafeneger 2000: 15). Möglicherweise lohnt es sich auch für die „anfälligen" und „unentschiedenen" Erwachsenen wie Jugendlichen. Da es nicht ausgeschlossen ist, dass sie sich in ihrer Suchbewegung auch zur Teilnahme an einer Bildungsveranstaltung gegen rechts entschließen, ist die Argumentationssicherheit der Kursleiter(innen) und Referent(inn)en sehr wichtig.

Politische Bildung macht Demokratie erlebbar

Gerade die Einrichtungen der politischen Bildung können der demokratischen Gesellschaft eine wichtige Funktion anbieten: Sie können ein Forum der Begegnung mit interessanten Menschen sein, der Erfahrung von spannenden Meinungen, der Kenntnisnahme von noch nicht gehörten Informationen, des Entdeckens zivilcouragierter Lebenswege, der Ermöglichung der eigenen Standortsuche und -festigung, des Erlebens von Demokratie durch eine diskursive und tolerante Bildungsatmosphäre.

Das ist alles nicht wenig, was die Einrichtungen der politischen Bildung für eine humane, demokratische Kultur leisten können. Sie können viel dazu beitragen, dass sich demokratisch gesinnte Menschen gegen rechtsextreme, fremdenfeindliche, Gewalt verherrlichende Aktionen und Parolen einsetzen. In Veranstaltungen der politischen Bildung erleben sie Unterstützung und Ermunterung, sie erfahren Argumente und Gründe, sie erhalten Wissen und Kenntnis. Am Ende eines meiner Argumentationstrainings gegen Stammtischparolen drückte eine Teilnehmerin ihre Zufriedenheit so aus:

„In dem Seminar habe ich gelernt, dass es auch dann einen Sinn hat, einen Standpunkt zu vertreten, wenn die Antworten nicht gleich wie aus der Pistole geschossen kommen. Außerdem bin ich froh, erlebt zu haben, dass es anderen so geht wie mir. Ich habe mir für die Zukunft vorgenommen, weiterhin meine Meinung zu vertreten, auch wenn ich mit ihr alleine stehe.“

„Ich möchte auch in Zukunft meine Meinung vertreten“

Viel mehr muss und kann politische Bildung nicht erreichen.

Anmerkungen

1 Dazu werden als Indikatoren benannt: Fremdenfeindlichkeit, Etabliertenvorrechte, Islamophobie, Heterophobie, Klassischer Sexismus, Antisemitismus und Rassismus.

2 Eine Online-Recherche in der Bibliothek des Deutschen Instituts für Erwachsenenbildung (DIE) zeigt die Misere (www.die-bonn.de).

3 Die Schätzungen der Zahl derjenigen, die sich pro Jahr an Veranstaltungen der politischen Erwachsenenbildung beteiligen, bewegen sich zwischen 0,6 Millionen (Kuwan 1999: 228) und 2,4 Millionen (Ciupke/Reichling 1999: 261). Neuere Daten liegen nicht vor – sie sind auch nicht in den beiden neuesten Studien von Ahlheim/Heger (2006) und Fritz/Maier/Böhnisch (2006) zu finden.

4 Diesen Eindruck habe ich als ein Referent der Workshop-Tagung gewonnen. Genauere Informationen über das gesamte Programm können dem Flyer der Friedrich-Ebert-Stiftung „Demokratie als Geschenk? Vergangenheit erinnern – Zukunft gestalten“ entnommen werden.

Literatur

Ahlheim, Klaus 2003: Intervenieren, nicht resignieren. Rechtsextremismus als Herausforderung für Bildung und Erziehung, Schwalbach/Ts.

Ahlheim, Klaus/Heger, Bardo 2006: Wirklichkeit und Wirkung politischer Erwachsenenbildung. Eine empirische Untersuchung in Nordrhein-Westfalen, Schwalbach/Ts.

Ahlheim, Klaus/Heger, Bardo 1999: Der unbequeme Fremde. Fremdenfeindlichkeit in Deutschland – empirische Befunde, Schwalbach/Ts.

Ahlheim, Klaus/Heger, Bardo ²1999: Vorurteile und Fremdenfeindlichkeit. Handreichungen für die politische Bildung, 2. Aufl., Schwalbach/Ts.

Brecht, Bertolt 1968: Leben des Galilei, Frankfurt/M.
Ciupke, Paul/Reichling, Norbert 1999: Die Teilnehmerinnen und Teilnehmer, in: Beer, Wolfgang/Cremer, Will/Massing, Peter (Hrsg.): Handbuch politische Erwachsenenbildung, Bonn, S. 257-288
Decker, Oliver/Brähler, Elmar 2005: Rechtsextreme Einstellungen in Deutschland, in: Aus Politik und Zeitgeschichte, H. 42, S. 8-17
Endrikat, Kirsten 2006: Jüngere Menschen. Größere Ängste, geringere Fremdenfeindlichkeit, in: Heitmeyer, Wilhelm (Hrsg.): Deutsche Zustände. Folge 4, Frankfurt/M., S. 101-113
Fritz, Karsten/Maier, Katharina/Böhnisch, Lothar 2006: Politische Erwachsenenbildung. Trendbericht zur empirischen Wirklichkeit der politischen Bildungsarbeit in Deutschland, Weinheim/München
Gesprächskreis 2005: Gesprächskreis für Landesorganisationen der Weiterbildung NRW: demokratie stärken – zukunft denken. Aus der Praxis der politischen Erwachsenenbildung in Nordrhein-Westfalen, Dortmund, www.neues-alter.de/download/Demokratie_staerken.pdf
Gloël, Rolf/Gützlaff, Kathrin 2005: Gegen Rechts argumentieren lernen, Hamburg
Hafeneger, Benno 2000: Demokratiegefährdung von rechts und politische Bildung. Bilanz und Ausblick, in: kursiv. Journal für politische Bildung, H. 2, S. 12-17
Hufer, Klaus-Peter 1999: Neue Lernkulturen in der politischen Bildung, in: Report. Literatur- und Forschungsreport Weiterbildung, H. 44, S. 48-57
Hufer, Klaus-Peter 2005: Argumentationstraining gegen Stammtischparolen. Materialien und Anleitungen für Bildungsarbeit und Selbstlernen, 7. Aufl., Schwalbach/Ts.
Kuwan, Helmut 1999: Teilnahme an politischer Weiterbildung, in: Hufer, Klaus-Peter (Hrsg.): Außerschulische Jugend- und Erwachsenenbildung, Bd. 2 des Lexikons der politischen Bildung (hrsg. von Georg Weißeno), Schwalbach/Ts., S. 228-229
Meueler, Erhard 2005: Kompetenz oder Das allseits vermessene Subjekt, in: Polis. Report der Deutschen Vereinigung für Politische Bildung, H. 4, S. 23-25
Schmidt, Volker 2006: Vor allem Westdeutsche haben ein rechtsextremes Weltbild, in: Frankfurter Rundschau vom 9.11.2006, S. 1
Schröder, Achim/Balzter, Nadine/Schroedter, Thomas 2004: Politische Jugendbildung und Erwachsenenbildung auf dem Prüfstand. Ergebnisse einer bundesweiten Evaluation, Weinheim/München

4. Projekte für die Praxis

Motive Jugendlicher, einer rechtsextremistischen Gruppe beizutreten

Unterrichtsstunde innerhalb der Reihe: Gewaltbereitschaft und Gewalttätigkeit in der Gruppe der Skinheads – Formen, Motive und Auswirkungen im Prozess rechtsextremistischer Beeinflussung

Kontakt

Volker Bußmann
E-Mail: vsatj@t-online.de
Schulform: Realschule
Fach: Deutsch
Klasse/Jahrgangsstufe: 8
Umfang der Reihe: sechs bis sieben Unterrichtsstunden

Notwendige Ausstattung/Materialien

Unterrichtsstunde:

- Beamer für Flash-Animation aus der CD der Fortbildung
- Kartons für Stichpunkte, Edding-Stifte

Unterrichtsreihe:

- Buch „Schwarzer, Wolf, Skin“ von Marie Hagemann als Klassensatz
- Musikbeispiele aus der CD der Fortbildung
- Farbe, Plakate, Zeitungen (‚stern‘, ‚Spiegel‘, ‚Focus‘, Fernsehzeitschriften) zur Erstellung einer Collage

Gliederung der Unterrichtsreihe

1. Stunde: Erarbeitung und erste Einordnung der Erscheinungsformen von Gewalt in den einzelnen Kapiteln des Buches
2. Stunde: Lieder als Stimulanzmittel zur Gewaltanwendung – Höreindrücke von Beispielen rechtsextremistischer Musik im Vergleich mit entsprechenden Textbeispielen aus der Ganzschrift

3. Stunde: Motive Jugendlicher, einer rechtsextremistischen Gruppe beizutreten, sowie deren kritische Betrachtung – erarbeitet anhand der Ganzschrift „Schwarzer, Wolf, Skin“ von Marie Hagemann
4. Stunde: „Und sie werden nicht mehr frei ihr ganzes Leben“ – eine Übung zum Erkennen von rechtsextremistischen Strategien sprachlicher Manipulation am Beispiel der von Andy zitierten Hitler-Rede
5. zwei Stunden: „Mensch ist Mensch“ – Umsetzung der Äußerung Andys in eine Collage (konnte aus stundenplantechnischen Gründen gegen Ende des Schuljahres leider nicht mehr durchgeführt werden)

Methoden

Unterrichtsstunde:

- Einstieg fragend-entwickelnd: Medium Flash-Animation
- Herausarbeitung von Motiven und anschließende Vorstellung in Partnerarbeit, anschließend Perspektivwechsel, Ausweitung auf Gegenwartssituation von Jugendlichen, vornehmlich affektiver Zugang

Unterrichtsreihe:

- Erarbeitung von Erscheinungsformen der Gewalt im Text durch Partnerinterview
- Systematisierung von Höreindrücken rechtsextremistischer Musik (Politaritätsprofil) und Vergleich mit den Texten aus der Ganzschrift
- Zweistufiges Anhören einer im Buch zitierten Hitler-Rede (zuerst ohne, dann mit Text), anschließend erste Untersuchung der Wirkung im Rundgespräch, Vergleich mit nationalsozialistischem Sprachduktus im Buch
- Collage zum Abschluss der Unterrichtssequenz

Erfahrungen

Der Zugang zum Thema mit Hilfe des Buches „Schwarzer, Wolf, Skin“ ist absolut altersgerecht und keineswegs zu früh. Interessant war die Erfahrung, dass die von der Klasse 10 erstellte Wandzeitung über rechtsextremistische Erkennungszeichen, die im Schulflur aufgehängt war, auf starkes Interesse der Achtklässler stieß. Viele blieben dort während der Pausen stehen. Nicht zuletzt dadurch wurde das Interesse geweckt, sich näher mit dem Thema zu beschäftigen.

Bewährt hat sich in der Unterrichtssequenz der vornehmlich affektive Zugang zum Thema. Das Ziel, anhand des Buches rechtsextremistische Wertvorstellungen im Sinne einer Identitätsentwicklung hin zur Zivilcourage allgemein kritisch zu hinterfragen und somit zu überdenken, ist aus meiner Sicht erreicht worden.

An welchen Punkten hätte ich zusätzliche externe Unterstützung gebraucht?

Am Ende der Unterrichtsreihe wäre ein Gespräch mit einem Aussteiger (wie auch während der Fortbildung) sehr gewinnbringend gewesen.

Literatur- und Materialientipps

Hagemann, Marie 1995: Schwarzer, Wolf, Skin, 6. Aufl., Stuttgart/Wien (Am Ende des Buches befindet sich ein Glossar, das Fachbegriffe aus dem Gebiet Nationalsozialismus/Rechtsextremismus schülergerecht erklärt)

Der Wortlaut der Hitler-Rede aus der vierten Unterrichtsstunde dieser Reihe befindet sich im Geschichtsbuch: Geschichte und Gegenwart 3, Paderborn 2001, S. 149 (Realschulausgabe). Dort ist auch ein Kapitel über Rechtsextremismus zu finden, das sich gut zur Einführung in das Thema eignet (S. 194-199).

Weitere Informationen

Zusätzliche Projektskizze von Volker Bußmann und Arbeitsblätter auf CD-ROM

Learning in Tolerance – ein Präventionskonzept gegen Rechtsextremismus

Kontakt

Eva Hoffmann
E-Mail: e.m.hoffmann@gmx.de
Schulform: Förderschule, Schwerpunkt emotionale und soziale Entwicklung
Fach: Computerkurs auf freiwilliger Basis
Klasse/Jahrgangsstufe: 7
Umfang der Reihe: eine Woche Projektunterricht oder im Halbjahr zwei Wochenstunden

Notwendige Ausstattung

- Internet-Zugang
- eigener Arbeitsplatz für jede Schülerin/jeden Schüler
- neutraler Raum für kritische, reflexive Diskussionen
- Projektwand

Gliederung der Reihe

Das Konzept setzt sich aus fünf thematischen Bausteinen zusammen:

1. Baustein: „Was wir erst mal wissen müssen …" (Grundlagenkunde: Klärung der Begrifflichkeit, Kennenlernen der Menschenrechte und Kinderrechte, Auseinandersetzung mit dem Asylrecht …)
2. Baustein: „Feindbilder – gegen wen und was sind die eigentlich?" (aktuelle Feindbilder kennen lernen und Gründe benennen können; Gegenargumente sammeln und gegeneinander abwägen …)
3. Baustein: „Skins, Hooligans und Faschos – woran erkenne ich einen ‚Rechten'?" (Erscheinungsformen, Markenzeichen etc. zuordnen können und ggf. Abgrenzungsmechanismen entwickeln)
4. Baustein: „Musik – cool, aber gefährlich" (einzelne Liedtexte analysieren und sich mit Inhalten auseinandersetzen; Emotionen äußern und bildlich darstellen; lokale Bands kennen lernen …)

5. Baustein: „Die größten Lügen der Erwachsenen – Stammtischparolen und Revisionismus" (kritische Auseinandersetzung mit klassischen Vorurteilen; Recherche von Gegenargumenten und Fakten im Internet – visuelle Gegenüberstellung)

Methoden

- Internetrecherche
- WebQuest
- Interpretation von Texten und Musikbeispielen
- Präsentationsformen (Computer und handschriftlich)
- Collagen
- Spiele und Übungen aus dem Training zur Thematisierung und Deeskalation von Rassismus und Gewalt der Villigster Gewaltakademie

Erfahrungen

- Einsatz des Internets hat die Schülerinnen und Schüler motiviert.
- Die Herangehensweise war in Teilen sehr kognitiv – mehr emotionale Zugänge schaffen
- Die Medienauswahl künftig vielfältiger gestalten

Literatur- und Materialientipps

Internet: www.hanisauland.de, www.kindersache.de

Heigl, Wunibald 1996: Arbeitsbuch gegen Ausländerfeindlichkeit. Unterrichtsvorschläge für Schule und Jugendarbeit. Bausteine für eine Erziehung gegen Rassismus, Weinheim/Basel

Frey, Jana 2005: Radikal, Garching b.M. (Roman und Lehrerbegleitmaterial über den Jugendlichen Ben, der nach und nach in die rechtsextremistische Szene abrutscht)

Kultusministerium NRW 1990: Kultusministerium des Landes Nordrhein-Westfalen (Hrsg.): Wir diskutieren Rechtsextremismus. Unterrichtsmaterial, Düsseldorf

Weitere Informationen

Staatsarbeit auf CD-ROM

Politische Erziehung im Musikunterricht?

Zum Umgang mit rechtsextremer Musik in der gymnasialen Mittelstufe

Kontakt

Gero Klevenow
E-Mail: gerokle@web.de
Schulform: Gymnasium
Fach: Musik
Klasse/Jahrgangsstufe: Grundkurs 10
Umfang der Reihe: ein Quartal mit jeweils zwei Wochenstunden

Notwendige Ausstattung

- ❑ Musikanlage
- ❑ Overhead-Projektor
- ❑ Pinn- oder Stellwände

Gliederung der Unterrichtsreihe

(Liedbeispiele und thematische/didaktische Elemente in chronologischer Reihenfolge)

Band: Stahlgewitter – Lied: Im Krieg gegen ein Scheiß-System

- Lernziel/Methode: Verdeutlichung, dass die Wirkung der Musik auf die Schülerinnen und Schüler vergleichbar und nicht zufällig ist, mit Hilfe des Adjektivzirkels auf Arbeitsblatt 01 (auf CD-ROM) – Thematisierung der Bedeutung des situativen Kontextes (des Ortes und seiner Atmosphäre), in dem diese Musik konsumiert wird.

Annett – Deutsche Mutter

- Perturbation: Das getragene Stück im Liedermacher-Stil entspricht nicht der Erwartungshaltung der Schülerinnen und Schüler.
- Erfassung der Wirkung mit Hilfe des Polaritätsprofils auf Arbeitsblatt 02 (auf CD-ROM) und genauere Auseinandersetzung mit dem Inhalt des Liedes

Argumentationstraining gegen fremdenfeindliche Parolen

- Zur politischen Handlungskompetenz gehört es, auch in der Position der Minderheit in kontroversen Diskussionen politisch überzeugend argumentieren zu können. Daher wurde das Argumentationstraining als Gruppenpuzzle angelegt. In den Ausgangsgruppen erhielten die Schülerinnen und Schüler jeweils Argumentationshilfen zu Vorurteilen, die sie vorher selber mitgetragen hatten oder zumindest nicht adäquat widerlegen konnten. Die neu gewonnenen Argumente mussten die Jugendlichen anschließend gegenüber Mitschülerinnen und Mitschülern vertreten, die sich mit anderen Vorurteilen beschäftigt hatten.

Vortrag zur Gefährlichkeit rechtsextremer Musik

- Schwerpunkt: Entstehungsgeschichte der Skinhead-Szene in England – musikalische Wurzeln der Skinhead-Musik. An dieser Stelle ist ein Referent von außen wünschenswert. Ansonsten kann aber auch ein Lehrervortrag über Skinhead-Musik – insbesondere den Widerspruch zwischen ihrer Entstehung aus der jamaikanisch-geprägten Ska-Musik und der heutigen Rezeption in der rechtsextremen Szene – erfolgen.

Zillertaler Türkenjäger – Türke, Türke

- Das Musikbeispiel unterbrechen und ohne Musik nüchtern den weiteren Text vorlesen. Hier wird deutlich, wie sehr die Musik einen Schleier über den grausamen Text legt.

Ein Experiment zur manipulativen Kraft von Musik

- Die Schülerinnen und Schüler werden in zwei Gruppen geteilt, die sich nicht sehen können. Jede Gruppe bekommt ein Bild (Gruppe 1: Mondlandschaft, Gruppe 2: Schlossmotiv) und hört dazu zum Beispiel heroische Filmmusik aus „Jurassic Park". Danach halten die Schülerinnen und Schüler ihre Assoziationen zu den Bildern stichpunktartig auf Kärtchen fest.
- Zweiter Teil: Gruppe 1 erhält das Schlossmotiv, Gruppe 2 die Mondlandschaft. Sie hören andere Musik – zum Beispiel Gustav Holst „Mars" aus „Planeten" – und halten dann ihre Assoziationen erneut fest. Die anschließende Auswertung ergibt beeindruckend, dass dasselbe Bild bei unterschiedlicher Musik auch andere und sogar gegensätzliche Assoziationen auslöst.

Projekt-Schulhof-CD – Intro

- Genauere Analyse des Textes – Entspannungsmusik soll direkten Draht ins Hirn herstellen

Hymne der ‚Hitlerjugend' – Vorwärts, vorwärts

- Vergleich zwischen Absicht und Funktion der Musik damals und heute, dadurch Wiederholung und Vertiefung der während der Reihe gewonnenen Erkenntnisse.

Besondere Motivation der Schülerinnen und Schüler löste die Frage aus: „Wie hätte mein Leben in der damaligen Zeit ausgesehen?“

Erfahrungen

Was hat sich bewährt?

- der Einstieg in die Reihe: keine Ankündigung des Themas
- Untersuchungen zur Wirkung von Musik und deren Bezug zum Text
- die vielfach wenig lehrerzentrierten Arbeitsformen
- der abschließende Vergleich heutiger rechtsextremer Liedbeispiele mit einem Marsch der ‚Hitlerjugend‘
- das vielseitig anwendbare und übertragbare Experiment zur Verdeutlichung der Manipulationskraft von Musik

Was würde ich beim nächsten Mal anders machen?

- Nach Möglichkeit sollte der Politik- und/oder Deutsch-Unterricht in die Reihe einbezogen werden. Dies gilt insbesondere für die genaueren Textanalysen sowie das Argumentationstraining gegen Stammtischparolen.

Literatur- und Materialientipps

Ahlheim, Klaus (Hrsg.) 2003: Intervenieren, nicht resignieren. Rechtsextremismus als Herausforderung für Bildung und Erziehung, Schwalbach/Ts. (Politik und Bildung 30)

Ehmann, Annegret 2000: Auseinandersetzung mit Nationalsozialismus und Holocaust in der historisch-politischen Bildung, in: Fechler, Bernd/Kößler, Gottfried/Lieberz-Groß, Till (Hrsg.): „Erziehung nach Auschwitz“ in der multikulturellen Gesellschaft. Pädagogische und soziologische Annäherungen, Weinheim/München, S. 175-192

Fehling, Reinhard 1976: Manipulation durch Musik. Das Beispiel „Funktionelle Musik“, München

Hurrelmann, Klaus 2004: Lebensphase Jugend. Eine Einführung in die sozialwissenschaftliche Jugendforschung, 7. Aufl., Weinheim/München

Lanig, Jonas/Schweizer, Marion 2005: „Ausländer nehmen uns die Arbeitsplätze weg!“ Rechtsradikale Propaganda und wie man sie widerlegt, Neuauflage, Mülheim/Ruhr

Oerter, Rolf/Montada, Leo (Hrsg.) 2002: Entwicklungspsychologie, 5. Aufl., Weinheim

Weitere Informationen

Staatsarbeit und Materialien auf CD-ROM

Rechtsextremismus im Internet – eine Gefahr für die Jugend?

Kontakt

Ralf Langner
E-Mail: ralflangner@gmx.de
Schulform: Gymnasium
Fach: Politik
Klasse/Jahrgangsstufe: 10
Umfang der Reihe: 14 Unterrichtsstunden

Notwendige Ausstattung

- ❑ Computerraum mit PCs für je zwei Personen, Internet und Beamer

Gliederung der Unterrichtsreihe

- NPD, Skinheads, Nazis – Rechtsextremismus: Was ist das eigentlich? (Klärung des Begriffs) Welche Gruppierungen der extremistischen Rechten existieren?
- Juden, Ausländer, Homosexuelle – Welche Feindbilder haben Rechtsextremisten?
- Freiheitliche demokratische Grundordnung: Mit welchen Kernelementen des Grundgesetzes ist Rechtsextremismus nicht vereinbar?
- Rechts – Extrem erfolgreich im Netz? Analyse und Präsentation rechtsextremistischer Internetseiten
- Zivilcourage im Netz: Was kann man gegen rechtsextremistische Internetseiten tun? Strategien und Handlungsmöglichkeiten als Internet-User
- NPD – demokratische Volkspartei oder rechtsextremistische Splitterpartei? „Gefahr Glatze" – Wie gefährlich sind rechte Skinheads? – Referat über Skinheads und NPD, Vorbereitung der Expertenbefragung
- Expertenbefragung zu: „Musik – Mode – Markenzeichen. Rechtsextremismus bei Jugendlichen", einschließlich Nachbereitung
- Das braune Netz – abschließende Bewertung und Reflexion: Evaluationsscheibe, Unterrichtsgespräch (Sind die Fragen beantwortet worden? Wie waren die Methoden? Klärung weiterer Perspektiven; Austausch zu weiteren Ideen)

Methoden

- Analyse von Internetseiten und Arbeitsblättern
- Vorträge und Präsentationen der Schülerinnen und Schüler
- Mind Maps zur Zusammenfassung von Ergebnissen, zum Beispiel den Elementen der freiheitlichen demokratischen Grundordnung
- Erstellung von Lernplakaten
- Expertenbefragung

Erfahrungen

Was hat sich bewährt?

- Das Thema und die Arbeit mit dem Medium sind sehr motivierend.
- Expertenvortrag/-befragung (Mitarbeiter des Verfassungsschutzes NRW)

Was würde ich beim nächsten Mal anders machen?

- Gerade die Analyse nicht eindeutiger rechtsextremistischer Internetseiten stellt die Schülerinnen und Schüler vor eine besondere Herausforderung. Die Probleme, die dabei entstehen, sollte man nicht unterschätzen.
- Bestimmte Unterrichtsstunden – zum Beispiel die Erarbeitung der strafrechtlichen Bestimmungen (Volksverhetzung, Propagandamaterial) – anders gestalten
- Verschiedene Inhalte verkürzen
- kleinere Gruppen (statt maximal vier bis fünf Schülerinnen und Schüler, maximal drei) einrichten – wenngleich dadurch die Gruppenzahl steigt
- ein zweiter Lehrer: Man kann sich dann intensiver um die einzelnen Gruppen bemühen und sie betreuen.

An welchen Punkten hätte ich zusätzliche externe Unterstützung gebraucht?

- Nur in technischer Hinsicht: Wie kann man die Arbeitsergebnisse der Schülerinnen und Schüler – passend zum zentralen Medium des Unterrichts – im Internet präsentieren?

Literatur- und Materialientipps

Bundeszentrale für politische Bildung (Hrsg.) 2004: Rechtsextremismus im Internet. Recherchen, Analysen, pädagogische Modelle zur Auseinandersetzung mit dem Rechtsextremismus, 2. Aufl., Bonn (CD-ROM)

Hufer, Klaus-Peter 2006: Argumente am Stammtisch. Erfolgreich gegen Parolen, Palaver, Populismus (hrsg. von der Bundeszentrale für politische Bildung), Bonn (Schriftenreihe 545)

Mut gegen rechts: www.mut-gegen-rechts.de (mit Unterstützung der Internet-Redaktion der Zeitschrift ‚stern' stellt „Die Internet-Plattform gegen Rechtsextremismus" aktuelle Projekte und Initiativen gegen rechts vor, sie nennt Ursachen und Gegenstrategien und veranschaulicht das Thema durch aktuelle Reportagen und Engagement von Prominenten)

Schran 1995: Nebenan der braune Sumpf. Neonazis, ihre Mitläufer und Drahtzieher, Regie: Peter Schran, Deutschland (WDR/die story)

Niedersächsischer Bildungsserver (nibis): www.internetgegenrechts.de

Weitere Informationen

Staatsarbeit und Arbeitsblätter auf CD-ROM

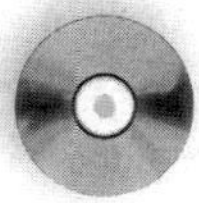

Erlebniswelt Rechtsextremismus – Was verbindet den Rechtsextremismus mit meiner Lebenswelt?

Kontakt

Tim Neuhaus
E-Mail: grrr@gmx.net
Schulform: Gymnasium
Fach: Sozialwissenschaften/Politik
Klasse/Jahrgangsstufe: 10
Umfang der Reihe: zwei Wochen, sechs Unterrichtsstunden

Notwendige Ausstattung/Materialien

- ❑ Beamer und PC mit Boxen
- ❑ Computerraum
- ❑ Materialien von der CD-ROM der Fortbildung
- ❑ Internetadressen zur Bearbeitung in der letzten Stunde

Gliederung der Unterrichtsreihe

1. Stunde: Rechtsextremismus – Was ist das eigentlich?

Der Einstieg erfolgt über einen „stummen Impuls“: Zunächst werden Begriffe an die Tafel geschrieben (zum Beispiel: Antisemitismus, Rechtsextremismus, Rechtsradikalismus, Nationalismus, Patriotismus). Die Schülerinnen und Schüler sollen auf ihre eigenen Erfahrungen und auf ihr Wissen zurückgreifen und in Gruppenarbeit versuchen, diese Begriffe möglichst trennscharf voneinander abzugrenzen. In der anschließenden Plenumsdiskussion tritt der Lehrer zunächst als Moderator auf. Dabei sollten die Schülerinnen und Schüler selbst die Bedeutung der Begriffe klären. Der Lehrer sollte auf Gesprächsregeln achten und die Ergebnisse für alle verbindlich festhalten, damit der weiteren Arbeit am Thema eine einheitliche Terminologie zu Grunde liegt.

2. Stunde: Rechtsextreme Strukturen – (K)ein Platz für die Jugend?

In dieser Stunde stellen die Schülerinnen und Schüler den Zusammenhang zwischen der rechtsextremen Szene und ihrer Lebenswelt her. Dieser Zusammenhang ist für die weitere Arbeit zentral. Immer wieder soll auch der Erfahrungshorizont der Schülerinnen und Schüler in die folgenden Stunden einbezogen werden – in dieser Sequenz wird dafür der Grundstein gelegt. Die Schülerinnen und Schüler arbeiten in Gruppen mit OHP-Folien, damit sie die Ergebnisse dem Plenum präsentieren und als Kopien zur Verfügung stellen können. Das Material wird in zwei Arbeitsblätter unterteilt, um verschiedene Formen rechtsextremer Feindbilder einzubeziehen: Die Schülerinnen und Schüler können sich zwischen einem CD-Cover („Ran an den Feind") und einem Musiktext („Die Kugel ist für dich") entscheiden – die Gruppen sollten gleich groß sein.

3. Stunde: Codes, Symbole und Chiffren – Insiderkommunikation, Provokation oder doch nur kommerzielles Interesse der Szene?
Die Aufklärung und Sensibilisierung der Schülerinnen und Schüler setzt eine genaue Kenntnis der rechten Symbolik voraus. Die Schülerinnen und Schüler erarbeiten in dieser Stunde die Hintergründe verschiedener Chiffren und Symbole und stellen sie vor. Sie erhalten Arbeitsblätter, denen sie mit Hilfe des Internets nachgehen. Die Aufteilung der Schülerinnen und Schüler auf die Gruppen, die den Arbeitsblättern entsprechen, ist frei. Es sind genügend Arbeitsblätter für jede Gruppe vorhanden. Meine Erfahrung in einer zu diesem Thema geleiteten Stunde bestätigt, dass alle vorbereiteten Themengebiete (zum Beispiel: Markenlogos, Parolen, Zahlencodes) für die Schülerinnen und Schüler interessant sind und jedes Arbeitsblatt von einigen Schülerinnen und Schülern ausgewählt wird. Durch die freie Einteilung erhalten die Schülerinnen und Schüler die Möglichkeit, den Gegenstand ihrer Erarbeitung selbst zu bestimmen – dies steigert ihre Motivation. Falls Schülerinnen und Schüler den Bearbeitungszeitraum nicht ausnutzen, stehen ihnen die anderen Arbeitsblätter sowie ein Zusatzblatt über rechtsextreme Symbole zur Verfügung. Alle Arbeitsblätter werden zum Schluss an jede Schülerin/jeden Schüler herausgegeben, damit sich alle Stichpunkte machen können.

4. Stunde: Party, Pogo, Propaganda – Musik als Einstiegsdroge?
In dieser Stunde findet der Einstieg in die rechtsextreme Musik-Szene statt. Die Schülerinnen und Schüler sollen hier zu Beginn ungeordnet ihr eigenes Erfahrungswissen vortragen. Der Lehrer sollte dieses Wissen sammeln, unter Mithilfe der Schülerinnen und Schüler strukturieren und anhand der Sekundärliteratur unterfüttern (zum Beispiel: Innenministerium NRW 2006: Musik – Mode – Markenzeichen, Pötsch 2002). Es sollte eine erste kritische Analyse der Funktion und Bedeutung rechtsextremer Musik durch die Schülerinnen und Schüler stattfinden, die durch Leitfragen zum Thema „Rechtsrock" gestützt wird („Arbeitsaufträge und Leitfragen" auf CD-ROM).

5. Stunde: Rechte Musik als unterschwelliger Ideologieträger?
Die Stunde kann zusammen mit der Musiklehrerin/dem Musiklehrer geplant oder in ausführlicherer Form in den Musikunterricht integriert werden. Mit Hilfe des Polaritätsprofils und des Adjektivzirkels (siehe Anhang der Staatsarbeit auf CD-ROM) wird die

affektive Wirkung ideologisch geprägter Liedtexte und ihrer Musik bewusst gemacht. Da die Schülerinnen und Schüler gleichzeitig verschiedene Musikstücke bearbeiten, ist es angebracht, mehrere Räume zu nutzen. Die Auswahl an Liedern wurde so getroffen, dass ein sehr aggressives und nach deutschem Recht verbotenes Lied („Die Härte") sowie ein Lied, das die rechte Ideologie subtiler vermittelt („Annett"), zur Bearbeitung angeboten wird. Die Coverversion von „Hurra, hurra, die Schule brennt" dürfte den Schülerinnen und Schülern von der Melodie bekannt sein. Die Gruppe ‚Extrabreit', welche die Urheberrechte an dem Lied besitzt, hat Anzeige wegen Verletzung dieser Rechte erstattet und distanziert sich entschieden von der Coverversion. Somit können im Anschluss auch weitere Aspekte – zum Beispiel verbotene Coverversionen bekannter Lieder – angesprochen werden. Im zweiten Lied „Deutsche Mutter" klingt Ausländerfeindlichkeit subtil an, der Text bedarf der Erklärung durch den Lehrer. Die Auswertung erfolgt durch den Lehrenden zu Beginn der nächsten Stunde. Die Stunde ist angelehnt an ein Konzept von Fridolin Wimmer (vgl. Petra-Kelly-Stiftung 2003).

6. Stunde: Das Internet – Neues Medium zur Indoktrination Jugendlicher?
Die Schülerinnen und Schüler analysieren die Gestaltung und Wirkung diverser Websites anhand von Beispielen. Sie erhalten einen Arbeitsbogen, der einige Beurteilungskriterien vorschreibt, da die Zeit in dieser Sequenz nicht für eine eigenständige Entwicklung eines Kriterienkataloges ausgereicht hat (wenngleich dies wünschenswert wäre). Sodann bearbeiten sie in arbeitsteiliger Gruppenarbeit verschiedene Websites und stellen die Ergebnisse im Plenum vor.

Methoden

- Internetrecherche – Analyse von Websites
- Symbolsuche im Internet: Was bedeuten die Symbole? Sind sie verboten?
- Anwendung musikwissenschaftlicher Theorien (Adjektivzirkel und Polaritätsprofil)
- Vortrag mit PowerPoint-Unterstützung – kurze Passagen oder informativer Einstieg, je nachdem, wie viel Zeit für die selbstständige Arbeit der Schülerinnen und Schüler verbleiben soll
- Arbeitsteilige Gruppenarbeit: Jede Gruppe untersucht einen anderen Aspekt derselben Aufgabe.

Erfahrungen

- Die ausführliche Analyse bzw. Anwendung musikwissenschaftlicher Theorien zur Verbalisierung von emotionalen Zuständen bei der Rezeption von ideologisch geprägter Musik wurde sehr gut angenommen und hat bei den Schülerinnen und Schülern schon in der Vorbereitung für eine starke Motivation gesorgt.

- Der einführende PP-Vortrag war zu lang – die Schülerinnen und Schüler möchten zwar informiert werden, aber danach selbst entdecken bzw. ihre eigenen Erfahrungen (und da gab es sehr viele) besprechen. Dazu kam, dass der Vortrag über rechtsextreme Strukturen offenbar zu wissenschaftlich angelegt war und zu wenig mit der Lebenswelt der Schülerinnen und Schüler gemein hatte. Die Wiedererkennung des Vorgetragenen war schlecht. Den unzureichenden Lernzuwachs habe ich an verschiedenen Punkten in der weiteren Arbeit festgestellt. So tauchten weiterhin gelegentlich terminologische Unklarheiten auf – von mir referierte und nicht selbst im Netz entdeckte Symbole oder Chiffren wurden nicht erinnert.

Literatur- und Materialientipps

Verfassungsschutzbericht 2005: Bundesministerium des Innern (Hrsg.): Verfassungsschutzbericht 2005, Berlin 2006 *[siehe beiliegende CD-ROM]*

Bundeszentrale für politische Bildung (Hrsg.) 2006: Methodentraining I für den Politikunterricht – Themen und Materialien, 2. Aufl., Bonn

Innenministerium des Landes Nordrhein-Westfalen (Hrsg.) 2006: Musik – Mode – Markenzeichen. Rechtsextremismus bei Jugendlichen, 3. Aufl., Düsseldorf, www.im.nrw.de/sch/doks/vs/neuauflage_mmm.pdf *[siehe beiliegende CD-ROM]*

Rechtsextremismus – Ursachen 2003: Rechtsextremismus – Ursachen und Gegenstrategien (hrsg. vom Innenministerium des Landes Nordrhein-Westfalen), Düsseldorf, www.im.nrw.de/sch/688.htm

Jaschke, Hans-Gerd 2001: Rechtsextremismus und Fremdenfeindlichkeit. Begriffe, Positionen, Praxisfelder, 2. Aufl., Wiesbaden

Petra Kelly Stiftung (Hrsg.) 2003: Kleine Schritte gegen rechte Tritte? Konzepte gegen Rechtsextremismus. Dokumentation der Tagung am 28./29. November 2003 in Tutzing, Tutzing, www.petra-kelly-stiftung.de/sites/pdf-doku/Rechtextremismus-Doku.PDF

Pötsch, Sven 2002: Rechtsextreme Musik, in: Grumke, Thomas/Wagner, Bernd (Hrsg.): Handbuch Rechtsradikalismus, Personen – Organisationen – Netzwerke vom Neonazismus bis in die Mitte der Gesellschaft, Opladen, S. 117-127

Weitere Informationen

Staatsarbeit auf CD-ROM (Arbeitsblätter im Anhang)

Rassismus heute

Kontakt

Beate Quakernack
E-Mail: bquakernack@gmx.de
Schulform: Gymnasium
Fach: Geschichte
Klasse/Jahrgangsstufe: 10
Umfang der Reihe: fünf Unterrichtsstunden

Notwendige Ausstattung

- PC/Notebook, Beamer
- CD-ROM der Fortbildung (Text: „Intro", Lied: „Frei, sozial, national")

Gliederung der Unterrichtsreihe

1. Stunde:
Einstieg: CD-Cover „Anpassung ist Feigheit" als Folie: Bildanalyse, Hypothesenbildung („Welche Art von Musik könnte sich auf der CD befinden?")
Erarbeitung: Hören des „Intros", Schülerinnen und Schüler schreiben in Stichworten an die Tafel, was ihnen im Ohr geblieben ist. Dabei wird zwischen „Stimmung", „Zitaten", „Themen" unterschieden. Auf der Tafelrückseite macht jeder ein Kreuz bei „Das Intro spricht mich an" oder „Das Intro spricht mich nicht an".
Präsentation: Eine Schülerin/ein Schüler stellt das Tafelbild vor und fasst Auffälligkeiten zusammen. Die Tafel wird umgeklappt und das Abstimmungsergebnis ausgewertet.

2. Stunde:
Einstieg: kurze Übung, um die Bedeutung von Wörtern hervorzuheben (übernommen aus Posselt/Schumacher 1993: 291). Jeder bekommt eine kleine Tabelle, in der er ankreuzen muss, welche Assoziationen der übergeordnete Begriff bei ihm auslöst. Nach 30 Sekunden wird die gleiche Übung mit einem anderen Begriff wiederholt, wobei der erste Zettel umgedreht zur Seite gelegt wird. Ausgewählt wurden die Begriffe „Politischer Flüchtling" und „Asylant". Anschließend drehen alle beide Zettel um und vergleichen. In der Regel haben sie unterschiedliche Werte angekreuzt,

obwohl beide Begriffe synonym benutzt werden können. Zudem ist ihnen nicht bewusst, dass der Begriff „Asylant" eine Wertung beinhalten kann und daher der wertneutrale Begriff „Asylbewerber" vorzuziehen ist. Mit dieser Übung sollen die Schülerinnen und Schüler für ihren Umgang mit Sprache sensibilisiert werden.

Der Bogen – Begriffe: „Politischer Flüchtling", „Asylant"

	1	2	3	4	5	
viele						wenige
laut						leise
auffällig						übersehbar
rückständig						fortschrittlich
dunkel						hell
sauber						schmutzig
aggressiv						friedlich
arbeitsam						faul
städtisch						ländlich
ordentlich						chaotisch
stark						hilfsbedürftig
angesehen						verachtet
interessiert						unbeteiligt

Erarbeitung: Die Schülerinnen und Schüler erhalten den Text des „Intros" und analysieren ihn in Einzelarbeit abschnittsweise. Die Ergebnisse werden nach jedem Abschnitt zusammengetragen und an der Tafel festgehalten, um den Aufbau des Textes und die rhetorischen Mittel zu visualisieren:

- Welche Aussagen werden im ersten Abschnitt über den Adressaten der CD gemacht?
- Markiert farbig die Begriffe, die im zweiten Abschnitt die gegenwärtige Situation unserer Gesellschaft kennzeichnen.
- Im dritten Abschnitt wird ein Gegensatz (DIE – WIR) aufgebaut. Markiert mit zwei anderen Farben die Aussagen, die über die beiden Gruppen gemacht werden.
- Unterstreicht wiederum mit zwei Farben die Behauptungen, die im dritten Abschnitt aufgestellt werden, und die dazugehörigen Begründungen.
- Kringelt alle Verallgemeinerungen und alle Verharmlosungen im Text ein.

3. Stunde:
Einstieg: Zitat des NPD-Vorsitzenden Udo Voigt: „Die Musik transportiert Meinung, […] das ist für uns ein wichtiges Bindeglied zur Jugend. […] wenn wir ihr Herz über die

Musik geöffnet haben, ihnen auch unsere Ideen letztlich schulisch beizubringen."
Die Schülerinnen und Schüler nehmen Stellung zu diesem Zitat. Anschließend werden einige rechtsextreme Lieder angespielt, und die Jugendlichen stimmen ab, welches Lied sie analysieren möchten, zum Beispiel: „Frei, sozial und national".
Erarbeitung: Das Lied wird vorgespielt – anschließend beschreiben die Schülerinnen und Schüler schriftlich das Bild, das beim Hören des Liedes vor ihrem inneren Auge aufgetaucht ist.
In Gruppen bekommen sie den Text ausgeteilt. Nun sollen sie sich selbstständig – nach dem Vorbild der vorangegangenen Stunde – an die Analyse begeben. Folgende Aufgaben können eine zusätzliche Hilfe sein:

- Markiert die Textstellen, in denen Aussagen zur Selbstbeschreibung des lyrischen Ichs gemacht werden.
- Beschreibt das Weltbild, das daraus abgeleitet werden kann.

Präsentation der Ergebnisse

4. Stunde:
Wieso ist die CD „Anpassung ist Feigheit" (Projekt Schulhof) verboten worden? Die Schülerinnen und Schüler sammeln mögliche Gründe und Argumente und vergleichen sie mit der derzeitigen rechtlichen Situation. Dabei wird der PowerPoint-Vortrag zur Rechtslage von der Seminar-CD eingesetzt.

5. Stunde:
Simulation einer Podiumsdiskussion: „Aufklärend oder anwerbend: Rechtsextreme Musik im Unterricht?"

Methoden

- Bild- und Textanalyse
- arbeitsgleiche Gruppenarbeit
- Podiumsdiskussion

Erfahrungen

Bewährt hat sich:

- die Kombination von Text und Musik
- die erste Textanalyse sehr gelenkt und lehrerzentriert durchzuführen, da den Schülerinnen und Schülern die Übung in der Textanalyse meist fehlt und einige andernfalls eher oberflächlich arbeiten könnten

- unterschiedliche Musikstile vorzustellen
- die Schülerinnen und Schüler ein Lied oder mehrere auswählen zu lassen
- der Einstieg mit dem „Intro“ der CD zum „Projekt Schulhof“
- eine Stunde zur derzeitigen rechtlichen Lage anzuschließen, da die Entrüstung bei Schülerinnen und Schülern oft sehr groß ist bzw. die Gefahr, die von der Musik ausgeht, unterschätzt wird („Durch so ein Lied wird doch keiner rechtsradikal. Schließlich ist das meiste doch total versteckt darin“).

Literatur- und Materialientipps

Arndt, Susan/Hornscheidt, Antje (Hrsg.) 2004: Afrika und die deutsche Sprache, Münster

Leiprecht, Rudolf/Kerber, Anne (Hrsg.) 2005: Schule in der Einwanderungsgesellschaft, Schwalbach/Ts.

Posselt, Ralf-Erik/Schumacher, Klaus 1993: Projekthandbuch: Gewalt und Rassismus, Mülheim/Ruhr

„Dass Auschwitz nicht noch einmal sei" – Aufklärung in der Erziehung nach Auschwitz

Kontakt

Felicitas Serwe
E-Mail: felicitasmarie@hotmail.com
Schulform: Hauptschule
Fach: Deutsch
Klasse/Jahrgangsstufe: 7
Umfang der Reihe: 25 bis 30 Unterrichtsstunden

Notwendige Ausstattung und Materialien

- ❑ Buch „Damals war es Friedrich" von Hans Peter Richter als Klassensatz
- ❑ Plakate, Edding, Kleber
- ❑ Literatur, Material, Internet-Zugang für die Arbeitsgruppen:
  - Abtei Brauweiler in der NS-Zeit
  - Jüdisches Leben in Köln und Umgebung
  - Geschichte des Antisemitismus – Erstellen einer Zeitleiste
  - Widerstand und Helfer
  - Gedenkstätten und Denkmale
  - Jugendbücher über die NS-Zeit

Gliederung der Unterrichtsreihe

- Erste Annäherung an das Thema NS-Zeit
- Literarischer Ausgangspunkt und roter Faden: Lektüre des Buches – identifikatorisches Lernen durch Empathie
- Arbeitsgruppen, die Hintergrundinformationen aufarbeiten, sodass die Schülerinnen und Schüler zu Expert(inn)en auf diesem Gebiet und als Lernende zu Lehrenden innerhalb der weiteren Arbeitsschritte werden
- Verlegen eines Stolpersteines (Gunter Demnig) als aktives Geschehen

Methoden

- Internetrecherche, Recherche in anderen Medien
- Textarbeit (Texteinsammelmethode: Texte exzerpieren und interpretieren)

- szenische Interpretationen: Rollenspiele ausgewählter Textstellen des Buches
- Erstellung von Informationsplakaten, Dokumentationen
- Lernen durch Lehren (Vermittlung von Expertenwissen)
- Präsentationen/Referate (Vorbereiten, Halten, Feedback)

Erfahrungen

Was hat sich bewährt?

- das fächerübergreifende Arbeiten mit anderen Fächern (Religion: Synagoge etc.)
- das Buch als Ausgangspunkt und roter Faden
- die Arbeitsgruppenthemen, die die geografische Nähe der Schülerinnen und Schüler einbeziehen und Hintergrundinformationen zum Buch ergänzend erarbeiten lassen
- das Lernen durch Empathie
- dass die Schülerinnen und Schüler zu „Experten" in ihren Schwerpunktthemen wurden
- Stolpersteine verlegen zu lassen, um aktiv etwas gegen das Vergessen zu tun

Was würde ich beim nächsten Mal anders machen?

- Umfangreiche zeitliche Struktur genau beachten: keine Unterbrechungen der Reihe durch Klassenfahrten, Projektwochen und Ähnliches – dadurch mussten mehrfach Dinge wiederholt werden. Anderenfalls wäre evtl. auch der Besuch in der Synagoge und in der Kölner NS-Gedenkstätte EL-DE-Haus zu realisieren gewesen.

Literatur- und Materialientipps

Richter, Hans Peter 2001: Damals war es Friedrich, 46. Aufl., München, Hinweise zum Einsatz im Unterricht: www.gedenkstaettenpaedagogik-bayern.de/lit-richter_damals_war_es_friedrich.htm

Vogelsänger, Wolfgang 1993: Literatur-Kartei zum Jugendbuch „Damals war es Friedrich" von Hans Peter Richter, Mülheim/Ruhr

Waldherr, Franz 2001: Hans Peter Richter: Damals war es Friedrich. Modelle für den Literaturunterricht 5-10, München

Aktion Stolpersteine: www.stolpersteine.com

NS-Gedenkstätte im EL-DE-Haus: museenkoeln.de/ns-dok_neu/

Weitere Informationen

Staatsarbeit auf CD-ROM

Nazideutschland – ein Zeitzeuge berichtet

Lesung von Ralph Giordano mit Expertenbefragung und Diskussion

Kontakt

Sonja Bähren
E-Mail: sonjabaehren@gmx.de
Schulform: Gymnasium
Fach: Sozialwissenschaften
Klasse/Jahrgangsstufe: 11

Notwendige Ausstattung/Materialien

- ❑ Vorbereitung: Computerraum mit Internet für Recherchen
- ❑ Abendveranstaltung: Aula

Ablauf des Projekts

1. inhaltliche Vorbereitung:
   - Informationen über Ralph Giordano
   - Erstellung von Fragen an Giordano
   - Was ist Rechtsextremismus?
   - Kontakt mit der Polizei und dem Verfassungsschutz NRW

   organisatorische Vorbereitung:
   - Erstellen und Verteilen von Plakaten
   - Aufbau: Technik, Rednerpult, Stühle, Garderobe, Büchertisch
2. Durchführung:
   - Lesung, Expertenbefragung und Diskussion mit anschließender Signierung von Büchern
3. Auswertung:
   - Kritische Reflexion des Zeitzeugen: Welche Fragen wurden beantwortet? Welche Probleme ergaben sich? Welche Verständnisschwierigkeiten bestehen?

Methoden

- Lesung: Ralph Giordano hat aus seinem Buch „Die Bertinis“ gelesen. Diese Passagen waren altersgerecht ausgewählt – sie behandelten die Schulzeit und das Ende des Krieges.
- Expertenbefragung: Die Expertenbefragung besteht zunächst aus einer reinen Befragung ohne Diskussion – Letztere kann sich anschließen. Die Befragung wurde durch gründliche Informationsbeschaffung und Erarbeitung eines Fragenkataloges vorbereitet. Diese Fragen betrafen Erinnerungen an die NS-Zeit und Einschätzungen des heutigen Rechtsextremismus.
- Internetrecherche, Kontakt mit Polizei und Verfassungsschutz, Bekanntgabe der Abendveranstaltung bei der Polizei. Der Hintergrund sind ständige Drohbriefe, die Ralph Giordano bekommt. Am betreffenden Abend waren zwei Personen vom Polizeilichen Staatsschutz zugegen.

Erfahrungen

- Die Übergabe der Verantwortung für eine öffentliche Abendveranstaltung in die Hände der Schülerinnen und Schüler wirkte hoch motivierend – dies ermöglichte eine konzentrierte Zusammenarbeit, bei der die Schülerinnen und Schüler selbstständig und engagiert handelten.
- Bewährt hat sich die Abendveranstaltung in Form einer Lesung und Expertenbefragung.
- Für die Vorbereitung würde ich einen Zeitraum von mindestens acht Doppelstunden ansetzen.
- Die Anzahl der vorbereiteten Fragen sollte nicht zu hoch sein – auch wenn es schwierig ist, Schülerinnen und Schülern deutlich zu machen, dass eine Frage nicht gestellt werden kann.
- Schülerinnen und Schüler sollten die Möglichkeit haben, ihre Fragen vom Sitzplatz aus zu stellen.

Literatur- und Materialientipps

Giordano, Ralph 1995: Die Bertinis, Frankfurt/M.

Weitere Informationen

Staatsarbeit auf CD-ROM

Rechtsextremismus im Internet

Eine WebQuest für einen Geschichte-Zusatzkurs in der Jahrgangsstufe 13

Kontakt

Wendel Hennen
E-Mail: wendel.hennen@gmx.de
Schulform: Gymnasium
Fach: Geschichte
Klasse/Jahrgangsstufe: 13 (Zusatzkurs, zwei Stunden pro Woche)
Umfang der Reihe: fünf Doppelstunden über einen Zeitraum von fünf bis sieben Wochen

Notwendige Ausstattung

- ❑ genügend Internetarbeitsplätze für die Lerngruppe
- ❑ uneingeschränkter Zugang zu allen Inhalten des Internets (ggf. Freischaltung von Filtersystemen mit dem Systemadministrator vereinbaren)
- ❑ nach Möglichkeit: internetfähiges Selbstlernzentrum

Gliederung der Unterrichtsreihe

1. Einführung in das Thema Rechtsextremismus im Internet am Beispiel der Webseite einer neonazistischen Kameradschaft; Einführung in die Methode WebQuest – Einteilung der Gruppen; Beginn der Arbeit in den Gruppen
2. drei Doppelstunden: selbstständige, vom Lehrenden begleitete Arbeit in den Gruppen zu Schwerpunkten des Themas – Ziel ist es, gemeinsam einen Leitfaden zum Umgang mit dem Rechtsextremismus im Internet zu erstellen.
   Jede Gruppe erarbeitet eines der folgenden Kapitel:
   - Die freiheitliche demokratische Grundordnung
   - Rechtsextreme Ideologie
   - Rechtsextreme Webseiten
   - Rechtsextreme Musik im Internet
   - Maßnahmen gegen Rechtsextremismus
   - Wie wehrhaft soll die Demokratie sein?

3. Die Schülerinnen und Schüler stellen die Ergebnisse der Gruppenarbeit dem ganzen Kurs vor und überarbeiten ihr Kapitel – am Ende wird der Leitfaden auf der Homepage der Schule veröffentlicht (Leitfaden auf CD-ROM).

Methode

Die WebQuest ist eine handlungsorientierte Methode zum Interneteinsatz im Unterricht. Die von Bernhard Dodge erfundene und von Heinz Moser in Europa weiterentwickelte Methode soll das nicht als Lernumgebung konzipierte Internet didaktisch erschließen. Dies geschieht, indem eine Lehrkraft eine umfangreichere, meist offenere Aufgabe konzipiert, die zu ihrer Bearbeitung relevanten Internetquellen recherchiert und den Schülern in Form einer Linkliste zur Verfügung stellt. Nach dem erweiterten Konzept von Heinz Moser werden darüber hinaus klassische Printmedien durch einen Handapparat oder in Bibliotheken einbezogen. Ziel einer WebQuest, die als Sozialform auf arbeitsteilige Kleingruppen setzt, ist ein Produkt, mit dem die Arbeitsergebnisse der Lerngruppe oder auch einer breiteren Öffentlichkeit präsentiert werden: zum Beispiel der Schulöffentlichkeit oder den Nutzern des World Wide Web, wenn man als Präsentationsform eine Webseite erstellt.

Erfahrungen

- Die Methode WebQuest hat sich als sehr motivierend für die Schülerinnen und Schüler erwiesen. Selbst als die Noten bereits feststanden, und auch während der Vor-Abi-Klausuren haben sie in ihren Kleingruppen intensiv weitergearbeitet. Die hier feststellbare intrinsische Motivation spiegelt sich auch in den Rückmeldungen am Ende der WebQuest.
- Insgesamt wäre es besser gewesen, klarere Vorgaben für die Präsentation der Gruppenarbeitsergebnisse zu machen und vor allem am Ende mehr Zeit für die Präsentation der Ergebnisse zu haben. Die Überarbeitung der sechs einzelnen Beiträge und ihre Integration zu einem Gesamttext blieben so Aufgabe des Lehrenden und waren sehr zeitintensiv. Diesen Schritt sollte man besser in die Verantwortung der Schülerinnen und Schüler geben, zum Beispiel durch die Bildung eines Redaktionsteams mit Beteiligten aus allen sechs Gruppen. Dem Lehrenden bliebe dann nur noch die Aufgabe einer Endredaktion.
- Sehr hilfreich wäre ein echtes Selbstlernzentrum gewesen, von dem aus die Schülerinnen und Schüler auch zwischen den einzelnen Stunden hätten arbeiten können.

Literatur- und Materialientipps

Brülls, Susanne 2005: Themengebundene WebQuest-Portale als Ausgangspunkt für selbstständiges Denken und Handeln im und durch das Internet (hrsg. vom Didaktischen Zentrum der Universität Oldenburg), Oldenburg (Oldenburger VorDrucke 533/05)

Bundeszentrale 2004: Bundeszentrale für politische Bildung (Hrsg.): Rechtsextremismus im Internet. Recherchen, Analysen, pädagogische Modelle zur Auseinandersetzung mit dem Rechtsextremismus, 2. Aufl., Bonn (CD-ROM)

Dodge, Bernie: The WebQuest Page, webquest.sdsu.edu (San Diego State University)

Günther, Matthias/Moser, Heinz: webquest-forum, www.webquest-forum.de (Aktionsprogramm n-21, Pädagogische Hochschule Zürich, Johannes Kepler Universität Linz)

Moser, Heinz 2000: Abenteuer Internet. Lernen mit WebQuests, Zürich

Weitere Informationen

Staatsarbeit von Wendel Hennen, WebQuest „Rechtsextremismus im Internet“ und von den Schülerinnen und Schülern erstellter Leitfaden auf CD-ROM

Reflexion über Sprache

Sprache in der Politik – Sprache im Rechtsextremismus

Kontakt

Daniela Steinkuhle
E-Mail: d.steinkuhle@gmx.de
Schulform: Gymnasium
Fach: Deutsch
Klasse/Jahrgangsstufe: Leistungskurs 12
Umfang der Reihe: ca. 27 Unterrichtsstunden

Notwendige Ausstattung

- ❑ Overhead-Projektor
- ❑ Videogerät, Fernseher
- ❑ DVD-Player
- ❑ PC/Notebook, Beamer
- ❑ Internet-Zugang/Computerraum

Schwerpunkte der Unterrichtsarbeit

Sprachbegriff

- Abbildtheorie, Gegenstandstheorie (Wittgenstein), Rollenspiel: „Spracherwerb in einer fremden Welt“ (siehe: Häfele/Stammel 1997)
- Zeichentheorie/Semiotik (Morris/de Saussure)

Sprachwirkungen – beliebig oder fassbar?

- Hängt die Realitätswahrnehmung von Sprache ab? (TV: Mitschnitte von Politikern)
- Gibt es richtige oder falsche Verwendungsweisen? (Abbildtheorie/Gebrauchstheorie)

Sprache in der Politik: Der Kampf um Wörter

- Begriffe besetzen (Beispiele: Soziale Marktwirtschaft; Mitte versus Neue Mitte)
- Politische Textsorten und -stile (Beispiel: Rede)
- Können Wörter lügen? (Weinrich)

- Der Begriff Rassismus – fremdenfeindliche Äußerungen von Politikern?

Was sind Vorurteile? – Was sind Stammtischparolen?

- Was kennzeichnet sie sprachlich?
- Was bewirken Vorurteile (Film: Dokumentation „Blue Eyed")

Rechtsextremismus: immer noch aktuell?

- Film: „... und morgen die ganze Welt" (arte)
- Besuch eines Mitarbeiters des Verfassungsschutzes NRW zum Thema Neue Rechte
- Musikbeispiele aus der Szene
- Internetrecherche und Bearbeitung einschlägiger Seiten (Beispiele: www.deutschlandluegen.info; www.kameradschaftschwarzesonne.de; www.g-d-f.de)

Stilistisch-rhetorische Analyse

- Textwirkung – rhetorische Figuren – Stilebenen

Semantische Analyse

- Schlagwörter, Fahnenwörter, Stigmawort, semantische Felder, Denotation, Konnotationen, Metaphern (Krankheit, Krieg, Natur etc.) – Euphemismen, ideologische Wortschöpfungen (Volksaufklärung, Reichskristallnacht etc.)

Argumentationsanalyse

- Redestrategien (Belastungstopoi, Kriminalitätstopoi etc.), appellative Formen, rabulistisches Argumentieren

Kommunikationsanalyse

- Situationsanalyse, Adressatenanalyse (Mehrfachadressierung?) – Handlungssteuerung durch Sprache (Funktion des Textes)

Sich argumentativ wehren können – Produktion von Gegenargumenten

Lernziele

- Die Schülerinnen und Schüler werden sich der Aktualität des Themas Rechtsextremismus bewusst, auch im Hinblick auf die Funktion des Internets; sie erhalten Einblicke in die „Erlebniswelt Rechtsextremismus".
- Die Schülerinnen und Schüler klären Merkmale und Funktionen von Vorurteilen, indem sie sich zum Beispiel die Funktion von Sündenböcken für eine Gesellschaft transparent machen.
- Die Schülerinnen und Schüler erkennen Methoden der sprachlichen Manipulation am Beispiel rechtsextremer Propaganda im Internet und an anderen Textsorten.

- Sensibilisierung für sprachliches Handeln, die Schülerinnen und Schüler werden zur bewussten Wahrnehmung sprachlicher Vorgänge in der Gesellschaft aufgefordert.
- Die Schülerinnen und Schüler erkennen durch Anschauung und Reflexion, dass auch sie selbst zur Zivilcourage in ihrem täglichen Leben aufgefordert sind.
- Erweiterung der Medienkompetenz durch den Einsatz des Internets, Dokumentarfilms und Kurzfilms

Methoden

- Kartenabfrage
- Textanalyse in Einzel-, Partner-, Gruppenarbeit
- Expertengruppen
- Rollenspiel (Spracherwerb in einer fremden Welt)
- Expertenbefragung (Mitarbeiter des Verfassungsschutzes NRW)
- Internetrecherche
- Film
- Diskussionsrunden (Fish-Bowl etc.)
- Übungen zu Selbst- und Fremdbild

Erfahrungen

Ergebnisse der Evaluation durch die Schülerinnen und Schüler

- Grundsätzlich haben die Schülerinnen und Schüler dem Thema ein hohes Interesse entgegengebracht. Knapp 80 Prozent waren der Ansicht, dass die Thematik in der Schule besprochen werden sollte.
- Über 90 Prozent stimmten der Aussage zu, dass Politik eine Waffe zur Manipulation von Menschen sein kann.
- Knapp 70 Prozent gaben an, dass ihnen durch die Unterrichtsreihe rechtsextreme Strategien verdeutlicht wurden.
- Einem Viertel der Schülerinnen und Schüler sind durch die Unterrichtsreihe ihre eigenen Vorurteile bewusster geworden.
- Bewährt hat sich der sprachphilosophische Einstieg über den Zusammenhang Sprache – Denken – Wirklichkeit.
- Bewährt hat sich auch die Wahl der Methoden – insbesondere die Expertenbefragung, Filme und die Internetrecherche haben starken Eindruck hinterlassen.
- Dies gilt auch für die Diskussionen, in denen die Schülerinnen und Schüler häufig

über die Pausen hinweg, besonders bei den sprachphilosophischen Themen, diskutiert haben.

- Die Lehrerin/der Lehrer sollte über gutes Wissen im Bereich Rechtsextremismus/ Neue Rechte verfügen und entsprechende Argumentationstechniken kennen.
- Basiswissen über das Asylrecht bzw. gängige Vorurteile in Bezug auf Ausländer ist hilfreich (siehe: Broschüre der Bundeszentrale für politische Bildung).
- Abhängig von der Lerngruppe muss in entsprechenden Situationen klar Stellung auf der Grundlage des Grundgesetzes bezogen werden.
- Es empfiehlt sich eine kurze Elterninformation, insbesondere mit Blick auf die Internetarbeit.

An welchen Punkten hätte ich zusätzliche externe Unterstützung gebraucht?

- Hilfreich wäre ein Argumentationstraining, durchgeführt von Fachleuten.
- Ein Highlight für die Schülerinnen und Schüler wäre es sicher auch, mit Aussteigern ins Gespräch zu kommen.

Literatur- und Materialientipps

Danquart 1992: Der Schwarzfahrer, Regie: Pepe Danquart, 12 Minuten, Deutschland (Trans Film), nähere Informationen: www.bpb.de/publikationen/16WIQE,0,0,Schwarzfahrer.html

Verhaag 1996: Blue Eyed, Regie: Bertram Verhaag, 95 Minuten, Deutschland (DENKmal-Film/WDR/3Sat/BR), nähere Informationen: www.bpb.de/files/HVDC2O.pdf

Barthel, Martin 2003: „Den Rechten auf die Finger schauen" – Sprachanalytische Betrachtungen zum Thema „(Rechts)Extremismus". Analyse von Sprachmanipulation – mit sozialer und politischer Brisanz, in: RAAbits/Sprache, 34. Ergänzungslieferung, Februar 2003

Bialkowski, Brigitte u.a. (Hrsg.) 2002: Facetten. Lese- und Arbeitsbuch Deutsch für die Oberstufe, Leipzig/Stuttgart/Düsseldorf

Biermann, Heinrich/Schurf, Bernd (Hrsg.) 1999: Texte, Themen und Strukturen. Deutschbuch für die Oberstufe, Berlin

Bremerich-Vos, Albert (Hrsg.) 2002: Der Deutschunterricht, H. 5/2002: Sprache und Politik

Bundeszentrale 2004: Bundeszentrale für politische Bildung (Hrsg.): Rechtsextremismus im Internet. Recherchen, Analysen, pädagogische Modelle zur Auseinandersetzung mit dem Rechtsextremismus, 2. Aufl., Bonn (CD-ROM)

Fremdenfeindlichkeit 2004: Fremdenfeindlichkeit, in: Bundeszentrale für politische Bildung (Hrsg.): Forschen mit GrafStat. Die multimediale Lehr- und Lernumgebung für die politische Bildung, Neuauflage, Bonn (CD-ROM), siehe auch: www.grafstat.de/bpb.htm, http://egora.uni-muenster.de/FmG/index_fremd.shtml

Häfele, Josef und Stammel, Hans (Hrsg.) 1997: Reflexion über Sprache. Bedeutung,

Sprache, Denken. 34 Arbeitsblätter mit didaktisch-methodischen Kommentaren. Sekundarstufe II, Stuttgart/Düsseldorf/Leipzig

Neuland, Eva/Volmert, Johannes (Hrsg.) 2003: Der Deutschunterricht, H. 2/2003: Sprache in der Politik

Vorurteile 2005: Vorurteile (hrsg. von der Bundeszentrale für politische Bildung), überarbeitete Neuauflage, Bonn (Informationen zur politischen Bildung 271)

Weitere Informationen

Staatsarbeit auf CD-ROM

Jüdisches Leben: gestern & heute

Kontakt

Markus Wolf
E-Mail: OB03@gmx.de
Schulform: Fachoberschule für Sozial- und Gesundheitswesen (Berufskolleg)
Fach: Sozialwissenschaften
Klasse/Jahrgangsstufe: Oberstufe, Abschluss: Fachoberschulreife
Umfang der Reihe: Projekt über ein ganzes Schuljahr (zwei Wochenstunden)

Notwendige Ausstattung

❏ PC
❏ Overhead-Projektor
❏ Audio-, Video-, DVD-Geräte

Gliederung der Unterrichtsreihe

- jüdische Religion, Mythologie (Thora, Talmud, Auszug aus Ägypten, 1. Staatsgründung Davids, babylonisches Exil, Zerstörung des II. Tempels) – ca. acht Unterrichtsstunden
- Judentum im christlichen Abendland im Mittelalter (soziale Stellung, Verfolgung als angebliche „Brunnenvergifter“, „Kindsmörder“, wegen angeblicher „Hostienschändung“) – ca. acht Unterrichtsstunden
- Neuzeit: Emanzipation versus Antisemitismus (Preußisches Edikt, Affäre Dreyfuß, Protokolle der Weisen von Zion) – zwei bis vier Unterrichtsstunden
- Zionismus (Theodor Herzl, Alija, zionistischer Weltkongress) – zwei Unterrichtsstunden
- Staatsgründung Israel: Leben und Kultur, Kriege, Friedensinitiativen (Roadmap, Genfer-Initiative, Oslo-Abkommen, Gaza-Rückzugsplan) – individuelle Planung je nach Schwerpunkt
- jüdisches Leben und jüdische Kultur in der Gegenwart (jüdische Feiertage, Zuwanderung aus der GUS) – 2-3 Unterrichtsstunden

- antisemitischer (islamistischer) Terrorismus (Teile der ‚Muslimbruderschaft', Hassan al Banna, Seyyid Qutub, ‚Hamas', ‚Islamischer Djihad'; ‚Hizbollah') – individuelle Planung je nach Schwerpunkt
- das moderne Erscheinungsbild des Antisemitismus und rechtsextremer Antisemitismus – individuelle Planung je nach Schwerpunkt

Methoden

- Gedenkstätten besuchen: Museum Dorsten, Alte Synagoge Essen*, Deportationsorte
- Erkundungen in Gemeindezentren* (siehe Staatsarbeit auf CD-ROM), Synagogen, Einrichtungen (Schulen, Kindergärten)
- Text- und Bilddokumentationen: Der brennende Dornbusch. Glanz und Elend der europäischen Juden, 2005*; The Warsaw Getto, 2001; Die Geschichte der Familie Chotzen. Jüdisches Leben in Deutschland von 1914-2006 (www.chotzen.de); Das kurze Leben der Anne Frank, 2002; Filmausschnitte von palestinian media watch (www.pmw.org.il)*; Radiomitschnitte (Deutschlandfunk*, WDR 5: „Zeitzeichen"*)
- Rollenspiele
- Patenschaften aufbauen mit Schulen oder anderen (Jugend-)Einrichtungen zum Beispiel in Städten, zu denen bereits Städtepartnerschaften existieren
- Einladungen von Zeitzeugen bzw. Historikern

Die mit * gekennzeichneten Elemente waren Bestandteil meines Schulprojekts – weitere Hinweise sind als Anregungen zur Ergänzung zu verstehen.

Erfahrungen

- Für Erkundungen ist es notwendig, enge und verbindliche Kontakte zu knüpfen und zu vertiefen.
- Kontakt mit Jugendlichen: Beispielsweise die Gemeinde Duisburg-Mülheim-Oberhausen leistet eine intensive Jugendarbeit – zum Beispiel mit Partys, Konzerten, Fahrten, Bildungsveranstaltungen. Das ist nicht Duisburg-typisch, sondern gilt auch für andere Gemeinden – zum Beispiel Düsseldorf. Ich gehe davon aus, dass viele Gemeinden ihre Jugendarbeit künftig ausbauen werden – besonders um die jungen Kontingent-Flüchtlinge in die Gemeinde und in die deutsche Gesellschaft zu integrieren. Bei einer Exkursion mit Kindern oder Jugendlichen erleichtert es den kognitiven und empathischen Zugang, wenn die Schülerinnen und Schüler mit Gleichaltrigen zusammentreffen und sich austauschen.

Literatur- und Materialientipps

Botschaft des Staates Israel in Deutschland (Hrsg.) 2005: Studienplan Israel, Berlin, www.israel.de

Bundeszentrale für politische Bildung (Hrsg.) 2002: Israel Projektwoche. Arbeitshilfen für die politische Bildung, 2. Aufl., Bonn (Loseblattsammlung und CD-ROM)

Die Geschichte des Judentums, Schwerpunktausgabe der Zeitschrift Geo Epoche, H. 20 (11/2005)

Heyl, Matthias u.a. 2001: Projekt „Jüdisches Leben“. Einführung in jüdische Kultur und Geschichte. Eine Handreichung für die Schule und Bildungsarbeit, 5. Aufl., Hamburg, www.fasena.de

Jäger, Margarete/Jäger, Siegfried (Hrsg.) 2003: Medienbild Israel. Zwischen Solidarität und Antisemitismus, Münster u.a., siehe auch: www.diss-duisburg.de/Internetbibliothek/Artikel/Artikel_Inhalt.htm

Pollatschek, Iris/Schmidt, Wolf-Rüdiger 2004: Der brennende Dornbusch. Glanz und Elend der europäischen Juden, Gütersloh 2004 (DVD: München 2005)

Salomon, Norman 1999: Judentum. Eine kurze Einführung, Stuttgart

Weitere Informationen

Staatsarbeit sowie Fragen der Schülerinnen und Schüler und Entwurf einer Unterrichtsreihe auf CD-ROM

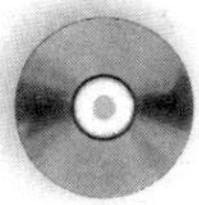

Netz ohne Nazis

Tagesworkshop mit methodischen Elementen der Zukunftswerkstatt

Kontakt

Stefan Glaser
E-Mail: sg@jugendschutz.net
Veranstaltungsform: außerschulischer Tagesworkshop
Dauer: ca. sechs bis sieben Stunden
Teilnehmende: 15 Jugendliche zwischen 14 und 18 Jahren

Notwendige Ausstattung

- ❏ Internet-Zugang/Computerraum
- ❏ Seminarraum
- ❏ PC/Notebook, Beamer
- ❏ Lautsprecher und Kopfhörer
- ❏ Moderationskoffer
- ❏ Plakat- bzw. Stellwände

Programm des Workshops

1. Inhaltlicher Einstieg (60 Minuten)
Vor der ersten Phase steht ein kurzer thematischer Einstieg, der dem Austausch von Erfahrungen und Erwartungen an den Workshop dienen soll. Methode: Nähe- und Distanz-Übung (vgl. den Aufsatz von Stefan Glaser in diesem Band)

2. Kritik-Phase (120 Minuten)
Frage: Was steht einem Netz ohne Rassismus und Neonazismus im Weg?
Die Teilnehmenden setzen sich mit rechtsextremen Websites, den dortigen Präsentationsformen und Inhalten auseinander. Die Jugendlichen notieren sich, auf was sie gestoßen sind und was ihnen daran missfällt. Auf Karten werden die Ergebnisse/Missstände visualisiert. Gemeinsam werden anschließend bestimmte Problemfelder herausgefiltert, die Ansatzpunkte für Gegenstrategien sein könnten.

3. Utopie-Phase (120 Minuten)
Frage: Wie müsste ein Netz ohne Rassismus und Neonazismus aussehen?
In dieser Phase spinnen die Teilnehmenden fernab vom Computer, wie ein Netz ohne Rassismus und Neonazismus aussehen könnte und welche Maßnahmen hierzu ergriffen werden könnten. Die Ebene der Realität wird bewusst verlassen, indem alle davon ausgehen, sämtliche Möglichkeiten der Welt zur Verfügung zu haben – zum Beispiel Geld, Einfluss, Unterstützung. Die so erarbeiteten Vorschläge werden in Kleingruppen gesammelt, dann im Plenum vorgetragen und auf einer Wandzeitung visualisiert.

4. Verwirklichungs- und Praxisphase (60 Minuten)
Frage: Was kann in der Realität getan werden, um ein Internet ohne Rassismus und Neonazismus zu verwirklichen?
In dieser Phase werden die Vorschläge aus der Utopie-Phase mit dem Möglichen abgeglichen. Gemeinsam betrachten alle die gegebene Situation und überlegen, welche der Ideen realistisch sind. Die Maßnahmen werden danach kategorisiert, wie schnell und von welchen Akteuren sie umgesetzt werden können. Jede Kleingruppe probiert im Anschluss eine Möglichkeit aus (zum Beispiel: Schreiben in Gästebücher, Beschwerdebriefe an Provider) – danach reflektiert die Gruppe ihre Aktion und bewertet deren Effektivität. Zuletzt berichten die Teilnehmenden im Plenum über ihre Erfahrungen und erstellen gemeinsam eine Rangliste effektiver Maßnahmen.

5. Entwicklung von Perspektiven (60 Minuten)
Frage: Was will ich/wollen wir konkret tun, damit ein Netz ohne Rassismus und Neonazismus verwirklicht wird?
In dieser zusätzlichen Phase formulieren alle Teilnehmenden, ob und wie sie Teile der Utopie künftig verwirklichen wollen (zum Beispiel: Erstellen einer Website für Toleranz und Demokratie). Am Ende werden Kleingruppen gebildet und die kommenden Arbeitsschritte (Nah- und Fernziele) festgelegt. Im Idealfall vereinbart die Gruppe konkrete Modalitäten zur Weiterarbeit und Termine für die nächsten Treffen.

Lernziele

- Die Jugendlichen setzen sich kritisch mit rechtsextremen Web-Präsentationen, den dortigen Inhalten und den darin vertretenen Positionen auseinander.
- Die Jugendlichen analysieren problematische Faktoren rechtsextremer Web-Präsenz.
- Die Jugendlichen entwerfen Utopien, wie ein Internet ohne Rassismus und Neonazismus aussehen könnte.

- Die Jugendlichen lernen Wege der Auseinandersetzung mit rechtsextremen Parolen kennen und probieren Möglichkeiten der Zivilcourage im Web aus.
- Die Jugendlichen lernen Web-Portale kennen, die über Rechtsextremismus und die Zeit des Nationalsozialismus aufklären.
- Die Jugendlichen entwickeln konkrete Perspektiven für eine Weiterarbeit.

Methoden

Methodisch wird in Anlehnung an das von Robert Jungk in den 1960er Jahren entwickelte Konzept der Zukunftswerkstatt gearbeitet. Elemente einer Zukunftswerkstatt bieten sich methodisch immer dann an, wenn es darum geht, Probleme zu lösen und Ideen und Modelle für die Zukunft zu entwerfen. Sie läuft in der Regel in drei Phasen ab:

a) Beschwerde- und Kritikphase: Kritische Bestimmung des Ist-Zustands
In dieser Phase kann jeder seine Kritik einbringen: kann sagen, was ihm stinkt, ihn stört – Missstände sollen aufgezeigt werden.

b) Phantasie- und Utopiephase: Entwicklung eines Wunschhorizonts (Alternativen, Verbesserungen, neue Formen)
In dieser Phase geht es darum, der Phantasie freien Lauf zu lassen und zu spinnen, was verändert werden soll: Keinerlei Grenzen sind gesetzt – man hat theoretisch alle Möglichkeiten.

c) Praxis- und Verwirklichungsphase: Klärung der Handlungsmöglichkeiten
In dieser Phase werden die Phantasien auf ihre Umsetzbarkeit in der Realität überprüft, das heißt: Es geht um die Verwirklichung der Utopien. Einige Ideen probieren die Teilnehmenden bereits während der Zukunftswerkstatt aus. Schließlich werden Perspektiven und Möglichkeiten der Weiterarbeit geklärt.

In diesem Rahmen kommen verschiedene Methoden der außerschulischen Jugendbildungsarbeit zum Einsatz, zum Beispiel:

- Nähe- und Distanz-Übung
- Brainstorming
- Rollenspiel

Erfahrungen

Bei der Durchführung des Workshops waren alle Jugendlichen sehr motiviert. Die Tatsache, dass die meisten Jugendlichen keine Internet- oder Rechtsextremismus-Spezialisten waren, wirkte sich positiv auf die unvoreingenommene Ideen-Sammlung aus. Problematisch war der sehr enge Zeitrahmen, sodass die einzelnen Phasen der Zukunftswerkstatt sehr verkürzt wurden. Insbesondere während der Utopie-Phase fehlte die Zeit, sich auf das kreative Arbeiten einzustellen und dem Anspruch methodisch und prozessorientiert adäquat Rechnung zu tragen. Diese Phase verkümmerte zu einem schlichten gemeinsamen Sammeln (in Form eines Brainstormings) und Erörtern möglicher Gegenmaßnahmen. Am Ende waren zwar Ergebnisse erarbeitet – der Workshop blieb jedoch hinter den eigentlichen Möglichkeiten zurück. Gleichwohl war die Rückmeldung der Jugendlichen durchweg positiv, was noch einmal zeigte, dass das gemeinsame Lernen mit Spaß und Elan verbunden war.

Für künftige ähnliche Veranstaltungen müsste(n)

- mehr Zeit für die einzelnen Phasen eingeplant werden, damit die Möglichkeit für ein methodisch vielfältiges Arbeiten bleibt
- genügend Räume bereitstehen, die einen „szenischen Wechsel“ erlauben
- eine schnellere Internetanbindung nutzbar sein
- eine Betreuung über den Workshop hinaus gewährleistet werden.

Literatur- und Materialientipps

Brühwiler, Herbert 1994: Methoden der ganzheitlichen Jugend- und Erwachsenenbildung, 2. Aufl., Opladen

Rabenstein, Reinhold/Reichel, René/Thanhoffer, Michael 1993: Das Methoden-Set: 5 Bücher für Referenten und Seminarleiterinnen, Bd. 2: Themen bearbeiten, 6. Auf., Münster

Kuhnt, Beate/Müllert, Norbert R. 2004: Moderationsfibel Zukunftswerkstätten – verstehen, anleiten, einsetzen. Das Praxisbuch zur Sozialen Problemlösungsmethode Zukunftswerkstatt, 5. Aufl., Neu-Ulm

Weitere Informationen

Erfahrungsbericht auf CD-ROM

Rechtsextremismus im Internet – Erscheinungsformen und Gegenmaßnahmen

Kontakt

Wendel Hennen
E-Mail: wendel.hennen@gmx.de
Veranstaltungsform: Seminar eines Jugendverbandes einer Partei (Jungsozialisten in der SPD)
Ort: Rechenzentrum der Universität zu Köln
Dauer: fünf Stunden
Teilnehmende: ca. 20 Studierende

Notwendige Ausstattung

- ❑ Computerpool mit Internet-Arbeitsplätzen für je zwei Teilnehmende
- ❑ Audio-Kapazität für jeden Rechner und für den Seminarraum
- ❑ Beamer

Programm

1. Begrüßung, Programmüberblick, technischer Rahmen (30 Minuten)
2. Block I:
   Einführung (30 Minuten)
   - Was ist (Rechts-)Extremismus?
   - Rechtsextreme Ideologie, Feindbilder
   - Was ist die freiheitliche demokratische Grundordnung?

   Rechtlicher Rahmen (30 Minuten)
   - Strafrecht
   - Jugendschutz (anschließend: Pause, 15 Minuten)
3. Block II: Rechtsextremismus im Internet
   - Analyse ausgewählter Internetseiten in Gruppenarbeit, anschließend Präsentation (75 Minuten)
   - kurze Analyse des Spektrums rechtsextremer Musik, Gruppenarbeit und Präsentation (45 Minuten – anschließend: Pause, 15 Minuten)
4. Block III: Möglichkeiten des Widerstands (60 Minuten)
   - individueller Widerstand, Provider, jugendschutz.net

Methoden

- Vortrag, PowerPoint-Präsentationen
- Gruppenarbeit, Präsentationen der Gruppenarbeit
- „Unterrichts“-Gespräch (offene Fragen klären, Erfahrungen austauschen)

Erfahrungen

- Besonders bewährt haben sich die PowerPoint-Präsentationen, die auch auf der Fortbildung in Soest verwendet wurden („Erlebniswelt“, „Recht gegen Rechts“ – auf CD-ROM). Mit entsprechendem Hintergrundwissen, um auf Nachfragen reagieren zu können, gaben sie dem Referenten eine sehr gute Möglichkeit, in die Thematik einzuführen – die Präsentationen haben die Teilnehmerinnen und Teilnehmer für die weitere Gruppenarbeit an rechtsextremen Webseiten und rechtsextremer Musik sehr gut vorbereitet.
- Insgesamt war die Zeit zu knapp bemessen, um alle von den Teilnehmerinnen und Teilnehmern angesprochenen Themen erschöpfend zu behandeln. Allerdings verfügten die Teilnehmerinnen und Teilnehmer durch das Seminar über ausreichende Informationen, um sich selbstständig weiterzuinformieren.
- Die Zusammenarbeit mit der Universität hat sich außerordentlich bewährt. Hier stand ein geeigneter Computerpool kostenneutral zur Verfügung. Durch die Juso-Hochschulgruppe war diese Möglichkeit gegeben.
- Die Veranstaltung war parteiöffentlich ausgeschrieben und in den Gremien der studentischen Selbstverwaltung der Universität zu Köln beworben worden.

Literatur- und Materialientipps

Ideologie und Mythen online. Die Neue Rechte im Internet (hrsg. vom Innenministerium des Landes Nordrhein-Westfalen), Düsseldorf 2003, www.im.nrw.de/sch/688.htm

Party, Pogo, Propaganda. Die Bedeutung der Musik für den Rechtsextremismus in Deutschland (hrsg. vom Innenministerium des Landes Nordrhein-Westfalen), Düsseldorf 2005, www.im.nrw.de/sch/688.htm *[siehe beiliegende CD-ROM]*

Recht gegen Rechts. Straf- und Jugendschutzrecht im Internet (PowerPoint-Präsentation) *[siehe beiliegende CD-ROM]*

jugendschutz.net 2006: Rechtsextremismus im Internet. Erfolgreich die Plattform entziehen und eine medienkompetente Auseinandersetzung fördern. Ergebnisse der Projektarbeit 2005 (hrsg. von jugendschutz.net), Mainz, www.jugendschutz.net/pdf/Projektbericht2005.pdf *[siehe beiliegende CD-ROM]*

Versteckspiel 2005: Versteckspiel. Lifestyle, Symbole und Codes von neonazistischen und extrem rechten Gruppen, Berlin (hrsg. von der Agentur für soziale Perspektiven e.V. für den SPD-Parteivorstand), www.stark-gegen-rechts.spd.de/servlet/PB/show/1665350/290305_WBHM-Versteckspiel.pdf

Im Zeichen der Schwarzen Sonne – Symbole und Mythen des Rechtsextremismus

Dreitägiges Seminar

Kontakt

Thomas Pfeiffer
E-Mail: thomas.pfeiffer@im.nrw.de
Veranstaltungsform: Seminar für Studierende
Ort: Wewelsburg
Dauer: drei Tage (Übernachtung vor Ort)
Teilnehmende: 30 Studierende der Geschichts- und Sozialwissenschaft

Notwendige Ausstattung

- Einrichtung mit Tagungsraum und Übernachtungsmöglichkeit (Jugendherberge Wewelsburg)
- PC/Notebook, Beamer, Lautsprecher

Programm

Die Wewelsburg bei Paderborn war Ausgangspunkt und kontinuierlicher Bezugspunkt des Seminarprogramms. Sie diente der SS als Versammlungs- und Schulungsstätte – zum Umbau der Burg wurden Häftlinge des Konzentrationslagers Niederhagen gezwungen. Im Zentrum des „Obergruppenführersaals" – der zu den Kulträumen der Burg zählte – befindet sich ein Bodenmosaik des zwölfspeichigen Sonnenrads. Dieses Symbol wird in rechtsextremistischen Kreisen in der Regel als „Schwarze Sonne" bezeichnet und ist heute eines der verbreitetsten Zeichen dieser Szene (vgl. den Beitrag „Erlebniswelt Rechtsextremismus" von Thomas Pfeiffer in diesem Band). Daher übt die Wewelsburg eine besondere Anziehungskraft auf Rechtsextremisten aus.

Die Veranstaltung umfasste eine inhaltliche Einführung an der Ruhr-Universität Bochum rund zwei Monate vor dem Seminar. Die Einführung legte Grundlagen zum Thema Rechtsextremismus, zur Funktion und Bedeutung politischer Symbolik sowie zur Rechtslage in Bezug auf einschlägige rechtsextremistische Zeichen. Die

Teilnehmenden fanden sich in Arbeitsgruppen zusammen, die inhaltliche Beiträge für die Veranstaltung vorbereitet haben.

Das Seminar gliederte sich in zwei Teile:

1. Tag: Fokus „Nationalsozialismus"
Die Wewelsburg als historischer Ort prägte vor allem den ersten Seminartag. Er umfasste eine ausführliche Führung durch das Gebäude – insbesondere die beiden Kulträume der Burg (Obergruppenführersaal, Gruft). Es schloss sich ein Gespräch mit dem Leiter des Kreismuseums Wewelsburg, Wulff E. Brebeck, sowie der wissenschaftlichen Volontärin Sabine Kritter an. Das Kreismuseum Wewelsburg hatte wenige Wochen vor dem Seminar seine Hausordnung geändert – Besucher, die als Rechtsextremisten erkennbar sind, erhalten keinen Zutritt zur Ausstellung mehr. Die Neuregelung löste eine lebhafte, kontroverse Diskussion im Seminar aus. Das Tagesprogramm rundete der Dokumentarfilm „Schwarze Sonne" von Rüdiger Sünner ab, der sich mit der Bedeutung von Symbolen und Mythen im Nationalsozialismus befasst (eher am Rande auch mit ihrer Rolle im heutigen Rechtsextremismus) und in diesem Rahmen auf die Wewelsburg eingeht.

2. und 3. Tag: Fokus „Zeitgenössischer Rechtsextremismus"
Das weitere Seminar rückte den aktuellen Rechtsextremismus in den Mittelpunkt. Ausgangspunkt war die Rezeption der „Schwarzen Sonne" in ausgewählten rechtsextremistischen Zusammenhängen: etwa in der neonazistischen Zeitschrift ‚Der Förderturm' und im ‚Thule-Seminar', das zur intellektuellen Neuen Rechten zählt. Dr. Thomas Grumke (Verfassungsschutz NRW) ging der Frage nach, ob gemeinsame Symbole und Codes die internationalen rechtsextremistischen Szenen verbinden könnten, und zeigte, dass die „Schwarze Sonne" auch in neonazistischen Kreisen der USA rezipiert wird. Tagesabschluss war das Gespräch mit einem Aussteiger der rechtsextremistischen Skinhead-Szene, das die Bedeutung der Symbole und Symbolfiguren in den Mittelpunkt stellte. Am dritten Tag ging das Seminar der nordischen Mythologie, den Runen und Vorstellungen eines neuen Heidentums nach. Der Bezug auf entsprechende Bilder, Legenden und Glaubensansätze ist nicht notwendigerweise rechtsextremistisch – er wirft aber die Frage auf, nach welchen Gesichtspunkten ein unpolitischer, möglicherweise spielerischer Umgang mit solchen Elementen und eine rechtsextremistische Rezeption zu unterscheiden sind. Sie konnte nicht abschließend geklärt werden: Als ein gewisser Konsens kristallisierte sich heraus, dass es darauf ankomme, inwieweit eine grundlegende Gleichheit der Menschen – von der das Grundgesetz ausgeht – in Abrede gestellt wird.

Methoden

- Einstiegsübung zu rechtsextremistischen Zeichen und Codes: Die Teilnehmenden erhielten in Kleingruppen je eine von sieben Abbildungen aus dem Rechtsextremismus – CD-Cover, Zeitschriftenseiten, Internet-Auszüge – mit dem Auftrag, die enthaltenen Zeichen und Codes zu entdecken und gemeinsam deren Bedeutung zu klären (Abbildungen befinden sich auf der beigefügten CD-ROM).
- Besuch der Gedenkstätte, Diskussion
- Film „Schwarze Sonne“ (Rüdiger Sünner)
- Aussteiger-Gespräch
- Vortrag, PowerPoint-Präsentationen

Erfahrungen

- Die Verbindung des Seminarthemas mit dem historischen Ort hat sich sehr bewährt. Generell erscheint eine Perspektive, die die Erinnerung an die nationalsozialistische Gewaltherrschaft mit der Analyse heutiger rechtsextremistischer Aktivitäten kombiniert, vielversprechend. Auf diese Weise werden Kontinuitätslinien und Modernisierungsprozesse deutlich.
- Die Kooperationsbeziehung aus Wissenschaft (Ruhr-Universität Bochum), politischer Bildung (Landeszentrale NRW), Gedenkstättenarbeit (Kreismuseum Wewelsburg) und Sicherheitsbehörden (Verfassungsschutz NRW) hat vielfältige Blicke auf das Thema ermöglicht. Vertreter(innen) der Kooperationspartner standen während des gesamten Seminars als Ansprechpartner(innen) für die Teilnehmenden zur Verfügung.
- Für viele Teilnehmende war das Aussteiger-Gespräch ein besonders eindrucksvolles Element des Seminars. Dies bestätigt Erfahrungen aus zahlreichen anderen Veranstaltungen.
- Die eher vage Antwort auf die Frage, wo die Grenze zwischen legitimem Umgang mit mythischen Elementen und demokratiefeindlichen Tendenzen verläuft, blieb für einige Teilnehmende unbefriedigend. An diesem Punkt wäre eine intensivere Auseinandersetzung sinnvoll gewesen.

Literatur- und Materialientipps

Innenministerium des Landes Nordrhein-Westfalen (Hrsg.) 2006: Musik – Mode – Markenzeichen. Rechtsextremismus bei Jugendlichen, 3. Aufl., Düsseldorf, www.im.nrw.de/sch/doks/vs/neuauflage_mmm.pdf *[siehe beiliegende CD-ROM]*

Fahr, Margitta-Sybille 2005: Spirit of 88. Rechtsextreme Zeichen und Symbole (hrsg. von der Landeszentrale für politische Bildung Thüringen), Erfurt (vgl. Lese-Tipps in diesem Band)

Sünner 1997: Schwarze Sonne. Mythologische Hintergründe des Nationalsozialismus. Kultorte und Esoterik des III. Reiches, Film von Rüdiger Sünner, absolut MEDIEN, 90 Min., Berlin (DVD) (vgl. Lese-Tipps in diesem Band)

Weitere Informationen

Seminarprogramm und -bericht auf CD-ROM

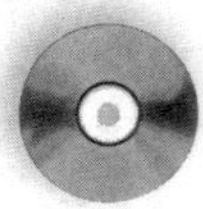

Wir im Revier: für Demokratie – gegen Rechtsextremismus

Jugendkongress

Kontakt

Thomas Pfeiffer
E-Mail: thomas.pfeiffer@im.nrw.de
Veranstaltungsform: Kongress für Schüler-/Klassensprecher(innen) und Vertreter(innen) von Schülerzeitungen (peer leaders)
Ort: Dietrich-Keuning-Haus Dortmund (soziokulturelles Zentrum)
Dauer: sieben Stunden
Teilnehmende: ca. 150 Jugendliche aller Schulformen (überwiegend ab Klasse 10, nicht unter Klasse 8)

Notwendige Ausstattung

- Einrichtung mit großem Saal für Plenumsphasen und zahlreichen Räumen für Gruppenarbeit
- gute Tontechnik im großen Saal
- PC/Notebooks, Beamer, Lautsprecher für alle Einzelgruppen

Programm

1. Phase: Begrüßung und „Schüler fragen Politiker" (30 Minuten)
Der Programmpunkt „Schüler fragen Politiker" trat an die Stelle üblicher Grußworte. Die dialogische Form sollte der teilnehmerorientierten Ausrichtung der Veranstaltung Rechnung tragen. An der Diskussion beteiligten sich – für das Trio der Einrichtungen, die die Veranstaltung trugen: der Vorsitzende des Schulausschusses im Rat der Stadt Dortmund, Hermann Diekneite, NRW-Schulministerin Barbara Sommer und NRW-Innenminister Dr. Ingo Wolf. Das Gespräch – wie den Jugendkongress insgesamt – moderierte der Sportreporter Werner Hansch. Die lebhafte Diskussion ging über die vorgesehenen 30 Minuten hinaus, sodass sich der folgende Programmpunkt verkürzte.

2. Phase: Infos und Gespräch (90 Minuten)
Fragen nach der Ideologie, nach Symbolen und Strategien des Rechtsextremismus standen im Mittelpunkt der Gruppen „Infos und Gespräch". Zu den Zielen zählte die Fähigkeit, den ideologischen Hintergrund jugendkultureller Angebote (zum Beispiel: Musik, Internet) zu erkennen, mit denen Rechtsextremisten Schülerinnen und Schüler gewinnen möchten. Das Plenum wurde in fünf Teilgruppen geteilt mit jeweils rund 30 Jugendlichen. In jeder Gruppe standen ein Mitarbeiter des Verfassungsschutzes NRW und des Polizeilichen Staatsschutzes Dortmund als Referenten und Ansprechpartner zur Verfügung.

3. Phase: Mittagspause mit Markt der Möglichkeiten (60 Minuten)
Während des gesamten Jugendkongresses präsentierten Behörden sowie Dortmunder Schulen und Initiativen ihre Projekte für Demokratie und gegen Rechtsextremismus. Ansprechpartner(innen) an den Ständen waren überwiegend Jugendliche. Die Mittagspause war als maßgebliche Phase vorgesehen, in der die Teilnehmenden die Stände auf dem Markt der Möglichkeiten besuchen und sich ein Bild von der Vielfalt des Engagements machen konnten. Mittagessen und Getränke stellte das Bistro des Dietrich-Keuning-Hauses bereit.

4. Phase: Workshops (150 Minuten)
Die Workshops vertieften Aspekte des Themas Rechtsextremismus, stellten kreative Formen der Auseinandersetzung in den Mittelpunkt oder nahmen Facetten einer multikulturell geprägten Stadt in den Blick. Die Workshops sollten maximal 15 Jugendliche umfassen und schwerpunktmäßig aktivierende Methoden aufgreifen. Mit der Anmeldung zum Kongress wählten die Teilnehmenden einen der folgenden Workshops aus – zusätzlich konnten sie eine zweite Priorität angeben:

- Jugend und Verfolgung im Nationalsozialismus – Gespräch mit Valentin Frank (Zeitzeugen-Gespräch)
- Rechtsextremistische Musik
- Ausstieg aus der Szene
- Junge Jüdinnen und Juden in Dortmund heute (Besuch des jüdischen Jugendzentrums und der Synagoge)
- Einblicke in die Nordstadt (Stadtteilerkundung, Besuch einer Moschee)
- Ich und ein Rassist?! (Argumentationstraining)
- Argumente gegen Stammtischparolen
- Theater gegen Rechtsextremismus
- Videoarbeit gegen Rechtsextremismus

Aufgrund der großen Nachfrage wurde die Obergrenze für das Zeitzeugen-Gespräch auf 30 und für den Theater-Workshop auf 20 Jugendliche erhöht. Der Workshop

„Rechtsextremistische Musik" fand in zwei parallelen Gruppen statt, die sich phasenweise in je vier Kleingruppen aufteilten.

5. Phase: Grußwort Christoph Metzelder: „Für Demokratie – gegen Rechtsextremismus" (30 Minuten)
Am Ende des Kongresses sollte ein attraktiver Schlusspunkt stehen, der die Aufmerksamkeit der Teilnehmenden noch einmal weckt und den Tag inhaltlich abrundet. Mit Fußballnationalspieler Christoph Metzelder (Borussia Dortmund) übernahm ein prominenter Sympathieträger das Grußwort „Für Demokratie – gegen Rechtsextremismus", der in der Fußballstadt Dortmund gerade unter Jugendlichen Ansehen genießt und für glaubwürdiges humanitäres Engagement – insbesondere gegen Rassismus im Sport – steht. An das Grußwort schloss sich eine Fragerunde an. Am Ende erfüllte Metzelder Autogrammwünsche.

Methoden

- Podiumsdiskussion
- Vortrag, PowerPoint-Präsentationen
- Diverse Methoden in Workshops

Erfahrungen

- Der Jugendkongress basierte nicht nur auf der Zusammenarbeit der Stadt Dortmund, des Schul- und des Innenministeriums NRW – er wurde auch von einem breiten Fächer zivilgesellschaftlicher Initiativen vor Ort unterstützt. Die Kooperation war eng und vertrauensvoll.
- Das erste Konzept- und Planungstreffen fand rund zehn Monate vor der Veranstaltung statt. Der lange Vorlauf hat sich sehr bewährt.
- Der Jugendkongress sollte aufklären, sensibilisieren und Impulse setzen. Die Veranstalter haben ihn auch als Element einer demokratischen Erlebniswelt verstanden. Hierzu sollte eine Reihe von Faktoren beitragen – insbesondere die Beteiligung von prominenten Persönlichkeiten.
- Besonders bewährt haben sich Workshops, die mit kreativen, aktivierenden Methoden dem Thema nachgegangen sind – dies gilt beispielsweise für den Workshop „Theater gegen Rechtsextremismus".
- Die Idee des Workshops „Einblicke in die Nordstadt" konnte nicht vollständig verwirklicht werden. Das Konzept sah vor, dass Jugendliche aus diesem multikulturell geprägten, mitunter vorurteilsbehafteten Stadtteil anderen Jugendlichen

„ihre" Nordstadt zeigen – alltägliche Orte, die in ihrem Leben wichtig sind. Diese Art einer Stadtteilerkundung weiter zu erproben und zu entwickeln dürfte sich lohnen.

- Das Echo der Schülerinnen und Schüler war sehr erfreulich: In der abschließenden anonymen Befragung beurteilten 48 Prozent den Jugendkongress als „sehr gut", 52 Prozent fanden ihn „gut".

Weitere Informationen

Einladungsflyer und Dokumentation auf CD-ROM

5. Anhang

Stefan Glaser, Thomas Grumke und Thomas Pfeiffer

Lese-Tipps

Aus der Vielfalt der Literatur zum Themenfeld Rechtsextremismus haben wir Publikationen ausgewählt, die für die Praxis besonders relevant erscheinen. Allgemeinverständlichen Büchern mit begrenztem Umfang haben wir den Vorzug vor fachwissenschaftlichen opulenten Werken gegeben. Zu den Auswahlkriterien zählt auch die kostengünstige Verfügbarkeit der Bücher – beispielsweise über die Zentralen für politische Bildung oder als Download im Internet.

Überblicke, Einführungen

Jaschke, Hans-Gerd 2001: Rechtsextremismus und Fremdenfeindlichkeit. Begriffe, Positionen, Praxisfelder, 2. Aufl., Wiesbaden

Klärner, Andreas/Kohlstruck, Michael (Hrsg.) 2006: Moderner Rechtsextremismus in Deutschland, Hamburg

Pfahl-Traughber, Armin 2001: Rechtsextremismus in der Bundesrepublik, 3. Aufl., München

Stöss, Richard 2005: Rechtsextremismus im Wandel (hrsg. von der Friedrich-Ebert-Stiftung), Berlin, library.fes.de/pdf-files/ostdeutschland/02930.pdf

Rechtsextremismus ist heute ein komplexes und ein vielschichtiges Phänomen mit vielen Facetten. Umso wichtiger sind stringente und informative Einführungen zum Phänomen. Die Bände von Hans-Gerd Jaschke, Armin Pfahl-Traughber und Richard Stöss sind allesamt monografische Überblicksdarstellungen von ausgewiesenen Rechtsextremismusexperten und bieten unter anderem Informationen zum Begriff des Rechtsextremismus, zur Beschaffenheit und Geschichte der Szene, zu Einstellungen und zum Wahlverhalten. Als Einstieg in das Thema Rechtsextremismus sind diese weniger als 200 Seiten umfassenden Bände hervorragend geeignet.

Der von Andreas Klärner und Michael Kohlstruck herausgegebene Band setzt dagegen schon etwas Vorwissen voraus und vereint elf Beiträge zum Rechtsextremismus aus Sicht verschiedener Disziplinen. Das Buch ist ein wahres Füllhorn an Informationen zu so unterschiedlichen Aspekten wie der rechtsextremistischen Demonstrationspolitik, dem Begriff der „national befreiten Zonen“ oder der Entwicklung von rechtsextremistischen Orientierungsmustern bei jungen Frauen.

Einstellungen

Decker, Oliver/Brähler, Elmar 2006: Vom Rand zur Mitte. Rechtsextreme Einstellungen und ihre Einflussfaktoren in Deutschland (hrsg. von der Friedrich-Ebert-Stiftung), Berlin, www.fes.de/rechtsextremismus/pdf/Vom_Rand_zur_Mitte.pdf

Heitmeyer, Wilhelm (Hrsg.) 2002-2007: Deutsche Zustände. Folge 1-5, Frankfurt/M.

Ist die Würde des Menschen in Deutschland antastbar? Deckt sich der Verfassungsanspruch mit dem gesellschaftlichen Klima? Fragen wie diese sieht der Konfliktforscher Wilhelm Heitmeyer im Zentrum der auf zehn Jahre angelegten Studien zur „Gruppenbezogenen Menschenfeindlichkeit", die sein Team in einer jährlichen Folge der „Deutschen Zustände" publiziert. In der Halbzeitbilanz nach fünf Jahren zeichnet sich ab, dass weniger dramatische Zuwächse der „Gruppenbezogenen Menschenfeindlichkeit" – also feindseliger Haltungen der Deutschen beispielsweise gegenüber Juden, Moslems, Homosexuellen und Obdachlosen – zu verzeichnen sind als eine Verfestigung entsprechender Einstellungen auf allzu hohem Niveau. Besonderes Augenmerk legen die Studien auf Menschen, die sich selbst zur politischen Mitte zählen. In dieser Gruppe weist die fünfte Folge eine kontinuierliche Zunahme fremdenfeindlicher Einstellungen aus – während solche Haltungen insgesamt nach einem deutlichen Anstieg in den Jahren 2003 bis 2005 ganz leicht gesunken sind. Zu den Stärken der „Deutschen Zustände" zählt die Verbindung der empirischen Studien mit journalistischen Fallgeschichten.

Oliver Decker und Elmar Brähler haben die Ergebnisse des Heitmeyer-Teams in mancherlei Hinsicht bestätigt – zum ersten Mal kam diese Untersuchung allerdings zu dem Ergebnis, dass Menschen mit rechtsextremistischem Weltbild in den alten Bundesländern etwas häufiger anzutreffen seien als in den neuen. Zur mitunter bequemen Auffassung, Rechtsextremismus sei ein Ost-Phänomen, setzte die Studie einen Kontrapunkt. Einen dauerhaften Bestand rechtsextremistischer Einstellungen macht das Statement deutlich „Wir sollten wieder einen Führer haben, der Deutschland mit starker Hand regiert": 15,4 Prozent der Befragten stimmten zu – gut ein Vierteljahrhundert zuvor hatte die Sinus-Studie festgestellt, dass fünf Millionen Deutsche „wieder einen Führer haben" wollten. Seinerzeit entsprach dies 13 Prozent der (westdeutschen) Wahlberechtigten.

Musik

Archiv der Jugendkulturen (Hrsg.) 2001: Reaktionäre Rebellen. Rechtsextreme Musik in Deutschland, Berlin

Canaris, Ute 2005: Musik//Politik. Texte und Projekte, Bochum

„Musik ist unsere Waffe – gefährlicher als Panzer und Granaten": Das Zitat der rechtsextremistischen Band ‚Sturmwehr' stellt Klaus Farin dem Band „Reaktionäre Rebellen" voran, den das von ihm geleitete ‚Archiv der Jugendkulturen' herausgegeben hat. Der Satz ist typisch für die Selbstinszenierung vieler Szene-Musiker und erinnert an Etiketten wie „Braune Musik-Fraktion" und „Terroristen mit E-Gitarre", die sich die Band ‚Landser' ans Revers geheftet hat. Andererseits zählt Musik tatsächlich zu den Mitteln, von denen sich die Szene die größte Bindung der Anhänger, Breitenwirkung und den größten Rekrutierungserfolg versprechen kann. Der Band beleuchtet die Geschichte der Musik mit rechtsextremistischen Inhalten, analysiert Texte, Fans und Geschäft dieser Sparte. Zur Differenzierung auf diesem Themenfeld hatte Farin schon in den frühen 1990er Jahren beigetragen, als er auf die vielen Gesichter und die nicht rassistischen Ursprünge der Skinhead-Kultur hingewiesen hatte.

Thematisch sehr viel breiter angelegt ist der von Ute Canaris herausgegebene und im CD-Format erschienene Band „Musik//Politik". Er geht von der Frage aus, ob „Musik Schlüssel sein könnte, um Zugänge zu politischen Fragestellungen und politischem Engagement zu eröffnen". Das Buch stellt Schlaglichter aus sehr unterschiedlichen Arbeitsfeldern und Genres zusammen: zum Beispiel aus dem Jazz, der Weltmusik, dem Rap, der Gedenkstättenarbeit – bis zu Kölschen Dialekt-Bands wie ‚Bläck Fööss' oder ‚BAP' und Liedern aus dem Repertoire der Kölner ‚Edelweißpiraten'. Der Aufsatz „Wir sind keine Spaßfraktion" geht den politischen Strategien des Rechtsrock nach und skizziert die musikalische Gegenwehr, für die Bands wie ‚Die Ärzte' und ‚BrothersKeepers' stehen. Im zweiten Teil stellt das Buch Beispiele musikalisch-pädagogischer Projekte vor, die Musik und Politik verbinden.

Symbole und Mythen

Fahr, Margitta-Sybille 2005: Spirit of 88. Rechtsextreme Zeichen und Symbole (hrsg. von der Landeszentrale für politische Bildung Thüringen), Erfurt

Versteckspiel 2005: Versteckspiel. Lifestyle, Symbole und Codes von neonazistischen und extrem rechten Gruppen, Berlin (hrsg. von der Agentur für soziale Perspektiven e.V. für den SPD-Parteivorstand), www.stark-gegen-rechts.spd.de/servlet/PB/show/1665350/290305_WBHM-Versteckspiel.pdf

Sünner, Rüdiger 2001: Schwarze Sonne. Entfesselung und Missbrauch der Mythen in Nationalsozialismus und rechter Esoterik, Freiburg i.Br./Basel/Wien (Taschenbuchausgabe)

Gemeinsame Zeichen, Symbole und Mythen schweißen nach innen zusammen und grenzen nach außen ab – sie stärken den wichtigsten Faktor der Erlebniswelt Rechtsextremismus: das Gruppengefühl. Mit Symbolen und Mythen dieser Szene vertraut zu sein ist die Voraussetzung, um rechtsextremistische Materialien zu analysieren und zu entlarven – häufig auch, um Rechtsextremismus bei Jugendlichen zu erkennen. Überblicke über die häufigsten Zeichen und Codes der Szene geben die Broschüren „Musik – Mode – Markenzeichen" des Verfassungsschutzes NRW *(auf der beigefügten CD-ROM)* und die Publikation „Versteckspiel", die der SPD-Vorstand vertreibt. Beide Publikationen gehen auf Dresscodes und Bekleidungsmarken, NS-Symbole und (Zahlen-)Codes ein – sie nennen auch einschlägige Bands, deren Merchandising-Produkte Erkennungszeichen der Szene sind. In der Broschüre „Versteckspiel" geschieht dies etwas detaillierter, während „Musik – Mode – Markenzeichen" rechtliche Aspekte ausführlicher darstellt. Weniger um einen möglichst umfassenden Überblick als um eine nähere Analyse beispielhafter Symbole geht es Margitta-Sybille Fahr in der Broschüre „Spirit of 88". Noch mehr Hintergründe zu Mythen im Nationalsozialismus und in völkischen Gruppen vor dem NS, mit Abstrichen auch im zeitgenössischen Rechtsextremismus, bietet Rüdiger Sünners Taschenbuch „Schwarze Sonne" – ein Standardwerk zu diesem Thema.

Revisionismus

Bailer-Galanda, Brigitte/Benz, Wolfgang/Neugebauer, Wolfgang (Hrsg.) 1996: Die Auschwitzleugner. „Revisionistische" Geschichtslüge und historische Wahrheit, Berlin

Benz, Wolfgang (Hrsg.) 1996: Legenden, Lügen, Vorurteile. Ein Wörterbuch zur Zeitgeschichte, 8. Aufl., München

Lipstadt, Deborah E. 1996: Leugnen des Holocaust. Rechtsextremismus mit Methode, Reinbek b.H.

Tiedemann, Markus 2005: „In Auschwitz wurde niemand vergast". 60 rechtsradikale Lügen und wie man sie widerlegt, Mülheim/Ruhr

Rechtsextremistischer „Geschichtsrevisionismus" wird vielfach mit der Leugnung des Holocaust gleichgesetzt. Dass der Begriff „Revisionismus" eine große Bandbreite an Aspekten beschreibt, machen sowohl Deborah Lipstadts als auch das von Brigitte Bailer-Galanda, Wolfgang Benz und Wolfgang Neugebauer herausgegebene Buch deutlich. „Revisionismus" verfolgt das Ziel, den Nationalsozialismus zu entkriminalisieren sowie in letzter Konsequenz die zu Grunde liegenden Ideen wieder salonfähig zu machen. Die Protagonisten – darunter Altnazis und Akademiker – bestreiten die deutsche Kriegsschuld und billigen, verharmlosen oder leugnen die Verbrechen der Nationalsozialisten. Sie rechnen die Zahl der Opfer herunter, erstellen zweifelhafte Gutachten oder ziehen Zeitzeugenberichte und historische Dokumente in Zweifel. Sowohl die Autorinnen und Autoren des Sammelbands als auch Lipstadt stellen den Inhalten „revisionistischen" Denkens die geschichtlichen Fakten gegenüber. Auch die internationale Vernetzung der Akteure kommt dabei zur Sprache.

Wolfgang Benz liefert mit dem „Wörterbuch zur Zeitgeschichte" eine fundierte und handliche Zusammenstellung von Fakten, um die gängigsten Geschichtsmythen zu widerlegen. In Kurzartikeln gehen renommierte Historikerinnen und Historiker den Ursprüngen von zählebigen Vorurteilen nach: Leserinnen und Leser erfahren zum Beispiel Hintergründe über die gefälschten, antisemitischen „Protokolle der Weisen von Zion" oder können sich informieren, was sich hinter nationalsozialistischen Tarnbezeichnungen wie „Sonderbehandlung" verbirgt. Markus Tiedemann hat eine ganz konkrete Argumentationshilfe für die pädagogische Praxis geschrieben: Er widerlegt – thematisch gegliedert – 60 rechtsextremistische Geschichtslügen wie „Zyklon B war lediglich ein Entlausungsmittel" durch unzweifelhafte historische Quellen und bietet damit ein ideales Handbuch nicht nur für den Geschichtsunterricht.

Internationale Perspektive

Greven, Thomas/Grumke, Thomas (Hrsg.) 2006: Globalisierter Rechtsextremismus? Die extremistische Rechte in der Ära der Globalisierung, Wiesbaden

Grumke, Thomas/Klärner, Andreas 2006: Rechtsextremismus, die soziale Frage und Globalisierungskritik. Eine vergleichende Studie zu Deutschland und Großbritannien seit 1990 (hrsg. von der Friedrich-Ebert-Stiftung), Berlin, www.fes.de/aktuell/documents/StudieEndversion.pdf

Maegerle, Anton 2005: Globalisierung aus Sicht der extremen Rechten (hrsg. von der Bildungsvereinigung Arbeit und Leben Niedersachsen/Arbeitsstelle Rechtsextremismus und Gewalt), Braunschweig

Obwohl Nationalismus immer ein ideologisches Element des Rechtsextremismus ist, wird dieser zunehmend auch zu einem internationalen Phänomen: Nationalismus und Internationalismus sind heute für die extremistische Rechte keine einander ausschließenden Kategorien. Zugleich wird eine völkische Globalisierungskritik immer deutlicher geäußert. Dies wird in dem von Thomas Greven und Thomas Grumke herausgegebenen Sammelband an einer Reihe von Beispielen belegt. Experten aus Deutschland, den USA, Russland und Großbritannien zeichnen anhand von Ideologie und Struktur nach, wie stark sich der zeitgenössische Rechtsextremismus als die einzig authentische Anti-Globalisierungs-Bewegung versteht, die sich gleichzeitig weltweit vernetzt.

In einer faktenreichen Zusammenstellung nähert sich Anton Maegerle der Globalisierung aus der Sicht von Rechtsextremisten und arbeitet die unterschiedlichen Facetten rechtsextremistischer Ideologie und Propaganda zu diesem Thema heraus. Einen vergleichenden Ansatz haben Thomas Grumke und Andreas Klärner gewählt: Sie untersuchen die Instrumentalisierung der sozialen Frage und der Globalisierungskritik von Rechtsextremisten in Deutschland und Großbritannien und kommen zu dem Ergebnis, dass sich trotz vollkommen unterschiedlicher Szenebedingungen die Argumentationsmuster stark gleichen und ähnliche Ziele der Agitation vorliegen. Diese Erkenntnisse sind auch für die pädagogische Praxis wichtig, da schon Jugendliche durch Schulungen und Handreichungen mit entsprechenden rechtsextremistischen Argumenten ausgestattet sein können, die es zu kontern und zu entlarven gilt.

Ausstieg

Lindahl, Kent/Mattsson, Janne 2001: Exit. Mein Weg aus der Neonazi-Szene, München

Kent Lindahl erzählt eine schwedische Jugend fernab des Ikea-Idylls – eine, die von Gefühlskälte in der Familie geprägt ist, von Alkoholismus und Drogenkonsum, Gewaltexzessen und Beteiligung am organisierten Verbrechen. Der Autor unterteilt sein bisheriges Leben in drei Phasen: Zu Beginn des Buches schildert er die Kindheit in einer Stockholmer Arbeiterfamilie; beschreibt Entwicklungen und Ereignisse, denen er zentrale Bedeutung für den späteren Einstieg in die Neonazi-Szene beimisst. Im Hauptteil berichtet Lindahl aus rund zehn Jugendjahren, in denen er sich zunächst neonazistischen Skinhead-Gruppen anschließt, dann rechtsextremistischen Zirkeln außerhalb des Skin-Kults zuwendet und sich später in einer mafiösen Connection an kriminellen Akten von Raubüberfall bis Drogenhandel, aber ohne politische Ziele beteiligt. Zum Schluss beschreibt der Autor die Abkehr von der neonazistischen und der kriminellen Szene. Wie bei anderen Rechtsextremisten vollzieht sich diese eher als allmählicher und schmerzhafter Rückzugsprozess denn als urplötzlicher Ausstieg. Auf den letzten Seiten des Buches schildert Lindahl die Gründung des Aussteigerprogramms ‚Exit' in Schweden.

Frauen und Mädchen im Rechtsextremismus

Bitzan, Renate (Hrsg.) 1997: Rechte Frauen. Skingirls, Walküren und feine Damen, Berlin

Hofmann, Ruth 2003: „Weil die ohne Weiber gar nicht können!". Junge Frauen in der rechten Szene, Freiburg

Röpke, Andrea 2006: „Retterin der weißen Rasse" – Rechtsextreme Frauen zwischen Straßenkampf und Mutterrolle (hrsg. von der Bildungsvereinigung Arbeit und Leben Niedersachsen/Arbeitsstelle Rechtsextremismus und Gewalt), Braunschweig

Lange Zeit wurde rechtsextremistischer Aktivismus als rein männliches Phänomen betrachtet. Doch spielen Mädchen und Frauen in diesem Zusammenhang nicht mehr nur untergeordnete Rollen: Fremdenfeindliche Einstellungen sind bei Frauen nicht minder verbreitet als bei Männern, auch in der rechtsextremistischen Szene sind Frauen mitunter aktiv, sie beteiligen sich an Aufmärschen und Gewaltexzessen. Dem breiten Spektrum rechtsextremistischer Frauentypen spürt der von Renate Bitzan herausgegebene Sammelband nach. Die Autorinnen widmen sich Frauen in rechtsextremistischen Parteien und Organisationen, im gewaltbereiten neonazistischen Spektrum oder Mädchen in rechten Cliquen. Auch das esoterische, neuheidnische Gedankengut – ein Bereich, an dem rechtsextremistische Frauen besonders häufig beteiligt sind – klammert der Band nicht aus. Kurzbiografien von Frauen aus der Szene runden das Buch ab und erweitern seinen Wert um die Funktion als Nachschlagewerk.

Andrea Röpke zeigt, dass sich die Rollendefinitionen rechtsextremistischer Frauen heute zwischen den Polen „Mutter“ und „Straßenkämpferin“ abspielen. Sie wirft einen Blick hinter die Kulissen: berichtet über Frauen in gewaltbereiten Kameradschaften und der NPD, über die ‚Gemeinschaft Deutscher Frauen‘ und Strategien in Teilen des organisierten Rechtsextremismus, um junge Mädchen gezielt zu rekrutieren. Ihre Analyse zeigt: Trotz der Vielzahl an Funktionen und Lifestyles sind Frauen keineswegs gleichberechtigte Kameradinnen. Vielmehr bleibt ihre wahre Bestimmung im rechtsextremistischen Sinne die der Mutter als „Retterin der weißen Rasse“.

Mit zehn Selbstporträts junger Frauen aus der rechtsextremistischen Szene wirft Ruth Hofmann einen etwas anderen Blick auf das Phänomen. Die Bandbreite der Porträts umfasst 15- bis 26-Jährige und reicht von Frauen in politischen Organisationen bis zu Mädchen in losen rechtsorientierten Gruppen. Sie erzählen ihre Lebensgeschichte, berichten über ihren Werdegang in der Szene und ihr Selbstverständnis. Die Porträts bleiben unkommentiert, und viele Aussagen verstören. Jedoch öffnet gerade der unverstellte Blick einen Zugang zur Gedanken- und Lebenswelt der Porträtierten.

Neue Rechte

Gessenharter, Wolfgang/Pfeiffer, Thomas (Hrsg.) 2004: Die Neue Rechte – eine Gefahr für die Demokratie?, Wiesbaden

Die augenfälligsten Hinweise auf rechtsextremistische Aktivitäten prägen das Bild dieser Szene in der Öffentlichkeit: Gewalttaten, Demonstrationen und Wahlerfolge. Besonders wahrgenommen werden Rechtsextremisten, die die Symbolsprache des Dritten Reiches sprechen, sich durch neonazistische Abzeichen und martialische Aufmärsche provokant in Erinnerung rufen. Die intellektuelle Neue Rechte hat andere – schwerer erkennbare – Pfade eingeschlagen: Sie greift auf demokratiefeindliche Theoretiker der 1920er Jahre zurück – auf die „Konservative Revolution“, insbesondere den Staatsrechtler Carl Schmitt –, sie produziert Bücher und Zeitschriften mitunter in elitärem Duktus und bedient sich der sprachlichen Tarnung. Könnte es dieser Strömung gelingen, die politischen Koordinaten schleichend nach rechts außen zu verschieben? Zählt sie zu den Ideologieschmieden des Rechtsextremismus, und welchen Einfluss auf Politik und Medien übt sie aus? Fragen wie diese diskutieren 17 Autoren aus den Perspektiven der Sozialwissenschaften, des Verfassungsschutzes und des Journalismus. Ihre Antworten fallen höchst unterschiedlich aus. Alle Beiträge bilden den Erkenntnisstand des Jahres 2003 ab – sie basieren auf einer Fachtagung zu diesem Thema, die der Verfassungsschutz NRW im Oktober des Jahres veranstaltet hat.

Internet

Schulen ans Netz e.V. (Hrsg.) 2004: Jugendmedienschutz. Sicherer Umgang mit neuen Medien in der Schule, Bonn

Hessische Landeszentrale für politische Bildung (Hrsg.) 2005: Vernetzter Hass im Web – was tun!, Wiesbaden

Das Internet gehört für immer mehr Kinder und Jugendliche selbstverständlich zur Lebenswelt. Der schnelle Zuwachs an Diensten und Angeboten sowie die internationale Dimension des Mediums bieten nicht nur positive Möglichkeiten für Information und Kommunikation, sondern bergen auch Gefahren, insbesondere für jüngere Nutzer. Den grundlegenden Fragen des Jugendmedienschutzes widmet sich die Publikation des Vereins ‚Schulen ans Netz'. Sie ist gedacht als Handreichung für die Schule und enthält Hinweise zum rechtlichen Rahmen und zu den Möglichkeiten des technischen Jugendschutzes, zum Beispiel dem Einsatz von Filtern. Die Praxisrelevanz des handlichen Ordners wird noch einmal deutlich erhöht durch Tipps und Ideen für die medienpädagogische Arbeit mit Schülerinnen und Schülern sowie die praktischen Kopiervorlagen. Die Broschüre „Vernetzter Hass im Web – was tun!" der Hessischen Landeszentrale für politische Bildung konzentriert sich auf das Problem rechtsextremistischer Web-Angebote. Sie stellt Strategien dar, wie sich Rechtsextremisten an jugendliche User wenden, erläutert die Bedeutung rechtsextremistischer Musik sowie die Aktivitäten entsprechender Kameradschaften und Frauengruppen im Web. Die Broschüre schließt mit einem Blick auf rechtliche Fragen und macht leicht umsetzbare Vorschläge, wie sich Internet-User gegen eine rechtsextremistische Vereinnahmung des Netzes wehren können.

Broschüre „Vernetzter Hass im Web – was tun!"
auf beiliegender CD-ROM

Methoden und Projekte

Groiß, Britta/Likar, Gudrun (Hrsg.) 2001: Rechtsherum – wehrt euch! Geschichten vom Wegsehen und Hinsehen, Wien
Hufer, Klaus-Peter 2005: Argumentationstraining gegen Stammtischparolen. Materialien und Anleitungen für Bildungsarbeit und Selbstlernen, 7. Aufl., Schwalbach/Ts.
Hufer, Klaus-Peter 2006: Argumente am Stammtisch. Erfolgreich gegen Parolen, Palaver und Populismus, Schwalbach/Ts.
Jugendbegegnungsstätte Anne Frank (Hrsg.) 2003: Rechtsextremismus – was heißt das eigentlich heute? Über Rechtsextremismus, Rassismus und Zivilcourage. Prävention für Schule und Bildungsarbeit, Frankfurt/M.
Lanig, Jonas/Schweizer, Marion 2005: „Ausländer nehmen uns die Arbeitsplätze weg!" Rechtsradikale Propaganda und wie man sie widerlegt, Neuauflage, Mülheim/Ruhr
Posselt, Ralf-Erik/Schumacher, Klaus 2001: Projekthandbuch: Gewalt und Rassismus, aktualisierte Auflage, Mülheim/Ruhr
Schmitt, Ulli 2001: Nicht wegschauen – eingreifen, 2. Aufl., Mainz

Was kann schulische und außerschulische Bildungsarbeit rechtsextremistischen Tendenzen präventiv entgegensetzen? Wie kann sie Jugendliche gezielt für die Auseinandersetzung mit fremdenfeindlicher Propaganda stärken? Diesen Fragen stellen sich die Autorinnen und Autoren aller Bände. Klaus-Peter Hufer entlarvt in seinen Büchern die Mechanismen und Reflexe, die mit Stammtischparolen wie „Die Ausländer nehmen uns die Arbeitsplätze weg" verbunden sind, und reflektiert, warum wir oft nicht adäquat reagieren. Sein Trainingsbuch unterbreitet einen konzeptionellen Vorschlag, wie sich im Kontext politischer Bildung die Auseinandersetzung mit Stammtischparolen einüben lässt. Einen ähnlichen Ansatz verfolgen Jonas Lanig und Marion Schweizer. Sie bereiten die gängigsten fremdenfeindlichen und antisemitischen Thesen auf, ordnen sie nach zehn Kategorien wie Kriminalität, Soziales oder Staatliche Ordnung und entkräften sie mit gesicherten Informationen. Zu den Stärken des Buches zählen über den Band verteilte Porträts von Menschen ausländischer Herkunft und Zeitungsmeldungen über rechtsextremistische Übergriffe. Dadurch reißen Lanig und Schweizer Statistiken und emotionslose Fakten aus der Anonymität – die Opfer rechtsextremistischer Parolen und Gewalt erhalten ein Gesicht. Die Bände von Ulli Schmitt, von Ralf-Erik Posselt und Klaus Schumacher, von Britta Groiß und Gudrun Likar sowie der Jugendbegegnungsstätte Anne Frank schildern Strategien gegen Rechtsextremismus und ermuntern zur Zivilcourage. Schmitts Buch eignet sich besonders als Nachschlagewerk. Es erläutert im Kapitel „Rechtsextremismus von A–Z" die gängigsten Codes und Schlagworte dieser Szene, ergänzt am Ende des Bandes durch eine Liste von Gesetzestexten, verbotener Organisationen und Symbole. Im Kapitel „Nicht wegschauen – eingreifen!" nennt der Autor Beispiele, was man fremdenfeindlichem und neonazistischem Auftreten in Alltagssituationen entgegensetzen kann. Projektvorschläge unterbreiten die Bände der Jugendbegegnungsstätte Anne Frank sowie von Posselt und Schumacher. Beide vermitteln Grundlagenwissen über Rechtsextremismus, Gewalt sowie antirassistische Pädagogik und zeigen Möglichkeiten, Aspekte des Themas mit Jugendlichen zu bearbeiten. Durch die enge Kopplung an methodische Fragen sind diese Publikationen für Praktiker(innen) besonders interessant. Gerade das Handbuch „Gewalt und Rassismus", das 1994 mit dem Gustav-Heinemann-Friedenspreis für Kinder- und Jugendbücher ausgezeichnet wurde, eröffnet eine breite Palette handlungsorientierter Ideen für die schulische und außerschulische Bildung. Einen etwas anderen – literarischen – Weg schlägt der Sammelband „Rechtsherum – wehrt euch!" ein. Darin finden sich 13 Geschichten, die beispielsweise von Alltagsrassismus, Neonazis und dem Leben in der Fremde erzählen. Die Aufsätze sind besonders für Jugendliche geeignet: Sie berühren, liefern Denkanstöße, werben für ein verantwortungsvolles Miteinander und machen Mut zur Zivilcourage.

Alexandra Beyersdörfer

Materialien-Tipps

DVD: Unser Ausland – 10 Experten aus 10 Ländern – und was ihnen hierzulande auffällt

(Gesicht zeigen! Aktion weltoffenes Deutschland e.V., Berlin 2002, ca. 120 Minuten)
Unser Ausland: In Form von zehn Kurzfilmen berichten in Berlin wohnende Ausländerinnen und Ausländer über Kultur, Lebensweise und Besonderheiten der Deutschen. Dies tun sie jedoch nicht nur aus dem Blickwinkel der „Fremden“, sondern auch als ausgewiesene Expertinnen und Experten für eine spezielle Profession. Mit viel Humor und Augenzwinkern werden deutsche Eigenarten beobachtet und liebevoll kommentiert.

Geeignet für außerschulische Projektarbeit

DVD: Rechtsextrem – zwischen Lifestyle und Gewalt Zehn Filmbeiträge

(Landeszentrale für politische Bildung NRW, Düsseldorf 2006, insgesamt ca. 300 Minuten)
Dieses Filmmaterial bietet nicht nur einen breiten und tief gehenden Einblick in die Facetten des rechtsextremen Auftretens, sondern zeigt auch Möglichkeiten der kritischen Auseinandersetzung. Die Doppel-DVD teilt sich auf in die Kapitel „Die rechte Szene heute“, „Aktiv gegen Rechts“ und „Blick zurück – Geschichte und Theorie“. Die Dokumentarfilme gehen zum Beispiel folgenden Fragen nach: Wie sieht die rechtsextreme Szene heute aus? Woran erkennt man Rechtsextremisten, welche Symbole oder Dresscodes sind für sie typisch? Welche Rolle spielen Frauen in der Szene? Bleiben Nazis immer Nazis – oder entwickeln sie sich weiter? Wer macht rechte Musik – und wozu wird sie genutzt? Wie kann man sich gegen rechte Parolen zur Wehr setzen? Und auf welchen Theorien baut das Gedankengebäude von Rechtsextremisten auf?

Geeignet für den Einsatz in Schule und Weiterbildung

DVD:
„Kampf um die Köpfe" – Die Szene der Neonazis im Bremer Raum

(Senator für Arbeit, Frauen, Gesundheit und Soziales, Bremen 2005, ca. 20 Minuten)
Das strategische Vorgehen neonazistischer Kameradschaften und deren Vernetzung mit der NPD stellt der Film am Beispiel der Bremer Szene dar. Ebenso wird deutlich, mit welchen propagandistischen Methoden neue Anhänger akquiriert und Andersdenkende skrupellos angegriffen werden. Eine klare Struktur gibt diesem Kurzfilm die Gliederung in Kapitel, in denen nicht nur jugendrelevante Themen wie rechtsextreme Musik oder in der Szene beliebte Kleidungsmarken behandelt werden, sondern auch Opfer rechter Gewalt zu Wort kommen.

Sehr gutes Arbeitsmaterial für Projekte in Schule und Jugendarbeit

DVD:
… kein Wald mit Buchen

(Evangelischer Kirchenkreis Altenkirchen, Detmold 2003, ca. 45 Minuten)
Jugendliche aus Brandenburg und Rheinland-Pfalz besuchen das ehemalige Konzentrationslager Buchenwald. Was sie dabei empfinden und denken, welche Fragen und Reaktionen aufkommen, wird nachvollziehbar geschildert. Der Film geht von der Frage aus, welche Motive der Auseinandersetzung mit dem Holocaust zu Grunde liegen, aber auch von der Feststellung, dass nur auf diese Weise eine tiefgründige Aufarbeitung der Geschichte und eine verantwortungsvolle Gestaltung der Zukunft möglich sind. Ein Begleitbuch und Folien stehen als zusätzliche Materialien zur Verfügung und machen diese DVD zu einem empfehlenswerten Baustein einer geschichtsbewussten Unterrichtsgestaltung.

Geeignet für schulische und außerschulische Bildungsarbeit.

DVD:
Der Rebell

(absolut Medien, Berlin 2005, insgesamt ca. 180 Minuten)
Der 90-minütige Dokumentarfilm „Der Rebell" erzählt den Lebensweg des Odfried Hepp vom rechtsextremen Kameraden zum meistgesuchten Neonazi Deutschlands in den 1970er und 80er Jahren. Verantwortlich hierfür waren unter anderem seine Verbindungen zur ‚Palästinensischen Befreiungsfront' und seine terroristischen Aktivitäten gegen amerikanische Truppen. Zu Wort kommen in dem Film vor allem

Hepp selbst, aber auch Weggefährten und Familienmitglieder. Ausgestattet mit Extras in Form weiterer Kurzfilme und Informationen zu historischen Ereignissen seit 1949, die an einer Zeitleiste angeordnet sind, ist ein Dokument entstanden, das einen wichtigen Beitrag zur politischen Bildung leisten kann.

Geeignet für schulische und außerschulische Jugendarbeit

DVD:
Wölfe im Schafspelz

(Programm Polizeiliche Kriminalprävention des Bundes und der Länder, Stuttgart 2006, insgesamt ca. 90 Minuten)

„Wölfe im Schafspelz" ist ein Beitrag der Polizei zur Aufklärung über und als Initiative gegen Rechtsextremismus. Die DVD besteht aus dem Spielfilm „Platzangst" sowie einer Dokumentation über Agitation und Gewaltbereitschaft dieser Szene. In Verbindung mit dem Begleitheft und den darin enthaltenen Unterrichtsvorschlägen eignen sich beide Filmbeiträge sehr gut für den Einsatz im Unterricht. Vor allem der 64-minütige Spielfilm „Platzangst" bietet einen Ansatz, um jenseits der theoretischen Ebene einen Zugang zu den Themen Rechtsextremismus und Gewalt zu finden. Im Mittelpunkt steht der Teenager Martin, der in die rechtsextreme Szene abgerutscht ist und straffällig wurde. Er verliebt sich in die Aussiedlerin Marina, die der Szene als verhasste „Russin" gilt – ein Umstand, der Martin in einen emotionalen Konflikt führt. Das offene Ende des Films ermöglicht nicht nur die Diskussion über Handlungsoptionen des Protagonisten, sondern auch eine empathische Annäherung an Ursachen rechtsextremer Gesinnung und den Umgang mit solchen Einstellungen.

Geeignet für Schule und Jugendarbeit

CD-ROM:
Erinnern für Gegenwart und Zukunft

(Survivors of the Shoa Visual History, Berlin 2000)

Diese CD-ROM ist ein Produkt des deutschen Ablegers der ‚Shoah-Foundation', die von Steven Spielberg gegründet wurde. Ihr Ziel ist die Erinnerung an den Holocaust. Neben einem ausführlichen Glossar stellen erschütternde Zeitzeugenberichte den eigentlichen Inhalt der Publikation dar. Die Lebensgeschichten zweier Auschwitz-Überlebender geben einen nachhaltigen Eindruck von den Geschehnissen des Dritten Reichs. Sie werden durch Aussagen weiterer Opfer ergänzt. Die Gestaltung in Form von abwechselnden Erzählsequenzen und Off-Kommentaren lässt die Inhalte der CD-ROM nie anstrengend wirken, sondern macht sie zu einem Dokument, das Einblicke gewährt in individuelle Schicksale im dunkelsten Kapitel deutscher Geschichte.

Geeignet für schulische und außerschulische Lernformen

CD-ROM: Standpunkte: Erziehung für Demokratie – gegen Rechtsextremismus

(Berliner Landesinstitut für Schule und Medien/RAA Berlin, Berlin 2003)
Lehrerinnen und Lehrer, die sich ein breites Wissen zum Thema Rechtsextremismus aneignen möchten, sind mit dieser CD-ROM gut ausgerüstet. Der Datenträger bietet nicht nur umfassende Begriffsklärungen, sondern auch Argumentationshilfen, um typische Stammtischparolen zu widerlegen. Schier unerschöpflich wirkt der Materialienteil: Er stellt vor allem Originalmaterial der rechtsextremen Szene zur Verfügung wie Flugblätter, Musik und Reden. Diese Inhalte sind nach Themenbereichen geordnet. Ebenso breit gefächert ist der Bereich der Unterrichtsmaterialien und der Methoden. Damit stellt diese CD-ROM eine Fundgrube dar, die es ermöglicht, den Rechtsextremismus vielschichtig und vielseitig in der Schule zu thematisieren.

Grundsätzlich geeignet für schulische und außerschulische Bildungsarbeit

CD-ROM: Rechtsextremismus im Internet

(Bundeszentrale für politische Bildung, Bonn 2004)
Die von jugendschutz.net erstellte und von der Bundeszentrale für politische Bildung herausgegebene CD-ROM bietet neben der ausführlichen Erklärung des Begriffs Rechtsextremismus und weiterer damit verbundener Termini einen Überblick über die rechtsextreme Szene im Internet. Am Beispiel verschiedener Internetauftritte führt die CD-ROM vor, mit welchen Mitteln solche Websites Jugendliche ansprechen. Vervollständigt wird sie durch eine Auswahl an Unterrichtseinheiten, Präsentationen und vollständigen Beispielen rechtsextremer Musikstücke.

Geeignet für den Einsatz im Unterricht sowie in der Jugendarbeit

CD-ROM:
dem ball is' egal wer ihn tritt

(Schalker Fan-Initiative e.V., Gelsenkirchen 2006)
„dem ball is' egal wer ihn tritt" ist ein antirassistisches Bildungsprojekt, das in das europäische Netzwerk FARE (Football Against Racism in Europe) eingebunden ist. Moderiert von WDR-Reporter Manni Breukmann, stellt diese CD-ROM die Projektarbeit vor – über die Vereinsgrenzen hinweg zeigen Fußballprofis dem Rassismus die Rote Karte. Die CD-ROM ist für die Arbeit mit Jugendlichen gedacht: Sie enthält einen entsprechenden Projektbericht, und die Herausgeber bieten an, bei Seminaren, Workshops und Unterrichtsreihen mit Rat und Tat zur Seite zu stehen. Mit Sicherheit ein ausgezeichneter Ansatzpunkt, um Rassismus und Fußball zu thematisieren.

Geeignet für Unterricht und außerschulische Projektarbeit

CD-ROM:
Rechte Jugendkulturen – Zwischen Lifestyle, Clique und Partei

(Arbeitsstelle Rechtsextremismus und Gewalt, Braunschweig 2002)
Diese CD-ROM dient als Begleitmaterial zur gleichnamigen Ausstellung, ist aber auch unabhängig von ihr einsetzbar. Zu finden sind Präsentationen über die verschiedenen Facetten des Rechtsextremismus, gespickt mit Zitaten und Hörbeispielen. Dies ermöglicht einen schnellen und breiten Überblick und bietet gleichzeitig Ansätze, dem Rechtsextremismus zu begegnen.

Geeignet für Schule und Weiterbildung

step 21 box [clique] und [Zukunft: Identität]

(Step21, Jugend fordert! gGmbH, Hamburg 1999/2004)
Lehrerinnen und Lehrer, die nicht nur Input geben möchten, sondern einen innovativen und kreativen Weg der Auseinandersetzung mit Rechtsextremismus und Rassismus suchen, bekommen mit den beiden step 21 boxen [clique] und [Zukunft: Identität] ein hervorragendes Material an die Hand. Neben Infobroschüren und anderen Texten sind die Arbeitskoffer vor allem mit Materialien ausgestattet, die Jugendliche anregen, eigene Produkte zu erarbeiten.

Die step 21 box [clique] bietet insbesondere Videomaterial und Anleitungsbeispiele für dessen Einsatz im Unterricht, darüber hinaus Software, die dazu anregt, selbst Songs zu komponieren und die passenden Liedtexte zu schreiben. Die step 21 box [Zukunft: Identität] ist medial noch besser ausgestattet. Vorhanden ist eine DVD, die Filmmaterial aus „Kick it like Beckham“ und der Soap „Gute Zeiten Schlechte Zeiten“ sowie einen Kurzfilm zur Verfügung stellt. Zur Box gehören mehrere CD-ROMs, auf der sich Comic-, Musik- und Radio-Software befindet, um auch auf diese Weise die Kreativität von Jugendlichen zu fördern. Ergänzt wird das Ganze durch Broschüren und Unterrichtseinheiten.

Insgesamt sehr empfehlenswert für schulische und außerschulische Projektarbeit

Michael Pechel

Surf-Tipps

Das Internet bietet zahlreiche Quellen, die aktuell und zuverlässig über Ideologien, Strukturen und Aktivitäten des Rechtsextremismus informieren. Im Folgenden finden Sie eine Auswahl von Seiten, die sich insbesondere für die Nutzung in Schule und außerschulischer Jugendarbeit eignen. Für einen weiteren Überblick stehen Linklisten im Netz zur Verfügung – zum Beispiel die Sammlung www.internetgegenrechts.de auf dem Niedersächsischen Bildungsserver.

Aktuelles

Mut gegen rechte Gewalt
www.mut-gegen-rechte-gewalt.de

Bundesweit: Nach dem Rechten sehen. Aus der im Jahr 2000 ins Leben gerufenen ‚stern'-Aktion „Mut gegen rechte Gewalt" entwickelte sich neben anderen Projekten das gleichnamige und redaktionell unabhängige Internetportal – dieses stellt seit Langem eine der besten Informationsquellen zu Erscheinungsformen des Rechtsextremismus dar. Die Startseite berichtet mit Reportagen und News ausführlich über Aktivitäten des rechten Randes, aber vor allem über die vielfältige zivilgesellschaftliche Gegenwehr in Städten und Regionen. Mit der aktuellen Termindatenbank, Nachrichten von Projekten und Initiativen, Porträts von Engagierten und Hilfen für Aussteiger aus der rechtsextremen Szene ist die Seite ein wirklicher Mut-Macher.

Hinzu kommen Hintergrundanalysen zur Entstehung von Rassismus und Antisemitismus, ein ausführliches Begriffslexikon, Literaturberichte und Linktipps. In der Rubrik „Leserpost: Meckern mit Mut“ können sich Leserinnen und Leser selbst zu Wort melden. Und engagiertes Schreiben wird auch anderweitig gefördert: Die ‚stern‘-Aktion gegen rechte Gewalt vergibt jährlich Preise für Schülerzeitungen in Deutschland, die sich vorbildlich mit den Themen Rechtsextremismus, Fremdenfeindlichkeit und Antisemitismus beschäftigen.

redok
www.redok.de

redok – wie Rechtsextremismus und Dokumentation: ein neues Nachrichtenportal, das durch Übersichtlichkeit und journalistische Sorgfalt überzeugt. Der Bereich „Report“ enthält aktuelle Ereignisberichte der Online-Redaktion zum Geschehen am rechten Rand. Dazu kommen im Bereich „Hintergrund“ längere und namentlich gekennzeichnete Beiträge sowie Buchrezensionen. Unter „Aufgelesen“ werden ausgewählte deutschsprachige Zeitungsartikel zusammengefasst, ein Link führt zum Originalbeitrag – wenn er vom jeweiligen Online-Archiv noch bereitgehalten wird. Die Rubrik „Nachzulesen“ verweist auf umfangreiche Online-Broschüren im pdf-Format – zum Beispiel auf die lesenswerte sozialwissenschaftliche Studie der Friedrich-Ebert-Stiftung zu rechten Orientierungen in der Mitte der Gesellschaft oder die Analyse „Sie marschieren wieder“ zu rechtsextremen Aktivitäten im Bremer Umfeld, herausgegeben von der ‚Bremer Tageszeitungen AG‘. Über das Abonnement des Newsletters werden neue redok-Beiträge automatisch verschickt.

Hintergrundinformationen

Bundeszentrale für politische Bildung
www.bpb.de/themen/R2IRZM, 0, Rechtsextremismus.html

Parteien, Freie Kameradschaften, Dresscodes und Szene-Musik: Moderner Rechtsextremismus hat viele Gesichter. Wer sind seine Akteure? Wie zeigt er sich, und wie kann man ihm begegnen? Das neue Informationsangebot der Bundeszentrale für politische Bildung klärt kontinuierlich, sachlich und umfangreich über Rechtsextremismus auf. Die monatlich wechselnden Themenschwerpunkte sorgen für Aktualität, ständige Rubriken für das notwendige Hintergrundwissen.

Das Dossier stellt Texte der derzeit besten Expertinnen und Experten zum Thema bereit. Unter dem Menüpunkt „Was heißt Rechtsextremismus?“ finden sich unter anderem gründliche Begriffsbestimmungen, ein Überblick typischer Argumentationsmuster und die Analyse antisemitischer Bestandteile rechtsextremer Ideologien. Der Bereich „Situation in Deutschland" blickt auf Geschichte und Gegenwart: die 40-jährige Entwicklung der NPD zur derzeit aggressivsten Partei des rechtsextremen Spektrums, die schleichende kulturelle Unterwanderung (nicht nur) Ostdeutschlands und mehr. „Dem Rechtsextremismus begegnen" schildert Ansätze, Konzepte und Strategien aus Politik und Zivilgesellschaft.

Hinzu kommen: ein (ausbaufähiges) Begriffsglossar, die gute und aktuelle Literaturliste, das kommentierte Linkverzeichnis, der Hinweis auf Publikationen der Bundeszentrale und ein interaktiver Veranstaltungskalender.

Brandenburgische Landeszentrale für politische Bildung www.politische-bildung-brandenburg.de/extrem/themen.htm

Rechtsextremismus ist längst kein Gespenst mehr, das sich aus der Vergangenheit speist. Dieses Webangebot zeigt die heutigen Erscheinungsformen der Szene: Strukturen und Organisationen, Lifestyle und Bilderwelten, Musikproduktion und Ideologien.

Die einzelnen Bereiche sind inhaltlich und grafisch hervorragend aufbereitet. Einige Beispiele: „Rock gegen ZOG" geht den Behauptungen einer „jüdischen Weltverschwörung" nach und bestimmt die antisemitischen Anteile der rechtsextremen Kritik am Kapitalismus und „amerikanischen Imperialismus". Als Illustrationen dienen Auszüge aus Internetseiten, Liedtexte sowie einschlägige Plakate und CD-Cover. „Ehrbare Soldaten – Neonazis und Computerspiele" nimmt sich die Grauzone digitaler Kriegsspiele vor – beliebt bei vielen Militaria-Fans, um die Schlachten des Zweiten Weltkriegs noch einmal zu schlagen. „Braune Lichtmenschen" zeigt die rassistischen Ränder von Neuheidentum und Esoterik, Germanenkult und Runenglauben.

Die Themen werden ergänzt durch ein ausführliches Glossar, alle Bereiche stehen als Textversion zum Download zur Verfügung. Der Servicebereich enthält Linktipps, Buchbesprechungen und Veranstaltungshinweise, im öffentlichen Forum der Seite kann heftig diskutiert werden. Im Ranking der Landeszentralen nimmt dieses Portal zum Thema Rechtsextremismus die Spitzenstellung ein!

Lehrer-Online: Rechtsextremismus als Thema im Unterricht www.lehrer-online.de

Lehrer-Online ist eine Serviceplattform des ‚Schulen ans Netz e.V.' mit Informationen und Materialien rund um den Einsatz digitaler Medien im Unterricht. Im Mittelpunkt stehen Unterrichtseinheiten aus verschiedenen Schulformen und -stufen. Dabei fällt der Überblick nicht ganz leicht – von der Eingangsseite ausgehend, wird man am besten über die Schnellnavigation oder die Sitemap fündig.

Im Sekundarstufenbereich findet sich im Sektor Geisteswissenschaften im Fach Politik/Sowi unter „Unterricht" und dort bei „Gesellschaft" die fachübergreifende Unterrichtseinheit „Rechtsextremismus und Fremdenfeindlichkeit" mit formulierten Lernzielen, Schülerarbeitsblättern, Lehrerhandreichungen und Hinweisen auf weiterreichende Internet-Ressourcen. Unter „Politik aktuell 2004" ist der Basisartikel „Rechtsextremismus: Parteien, Programme und Parolen" mit didaktisch-methodischen Kommentaren enthalten – für den Musikunterricht befassen sich fachdidaktische Artikel mit den Themen: „Die rechte Musikszene: Thema im Unterricht" sowie „Rechtsrock im Musikunterricht?". Gut gefallen die Einheiten „Racism"/„Racisme" für den englischen und französischen Sprachunterricht sowie die Anregung für den multimedialen Geschichtsunterricht „Argumente gegen die Leugner des Holocaust".

Kurz-Urls:
www.lehrer-online.de/url/rechtsextremismus
www.lehrer-online.de/url/rechtsrock-im-musikunterricht
www.lehrer-online.de/url/rechte-musikszene
www.lehrer-online.de/url/rechtsextreme-parteien
www.lehrer-online.de/url/racisme
www.lehrer-online.de/url/racism
www.lehrer-online.de/url/holocaust-leugner

Bundesamt für Verfassungsschutz
www.verfassungsschutz.de

Das Bundesamt und die Landesbehörden für Verfassungsschutz bieten seit Langem aus erster Hand online Informationen zum Thema (Rechts-)Extremismus, hinzu kommen Angebote wie die bundesweite Wanderausstellung „Die braune Falle – Eine rechtsextremistische ‚Karriere'".

Als pdf-Version hält das Bundesamt unter anderem die Broschüren „Argumentationsmuster im rechtsextremistischen Antisemitismus" und „Rechtsextremistische Skinheads: Musik und Konzerte" bereit. Die Abteilung Verfassungsschutz im Innenministerium Nordrhein-Westfalen ging neue Wege: Mit dem Comic „Andi" und der begleitenden Internetseite www.andi.nrw.de werden Jugendliche direkt angesprochen (vgl. den Beitrag von Thomas Grumke in diesem Band).

jugendschutz.net
www.jugendschutz.net

Der deutsche und internationale Rechtsextremismus nutzt das Internet von Beginn an als Propagandaplattform und spricht Jugendliche mit gezielten Angeboten an. jugendschutz.net überprüft das Internet auf Verstöße gegen den Jugendschutz und erstellt Informations- und Praxismaterialien für Jugendliche, Pädagoginnen und Pädagogen. Das Portal bietet im Bereich „Rechtsextremismus im Internet" unter anderem die Online-Broschüre „Vernetzter Hass im Web – was tun!" sowie Materialien zu jugendschutzrelevanten Inhalten auf Websites der NPD und zu den „Schulhof-CDs" dieser Partei.

tagesschau.de – Inland/Rechtsextremismus
www.tagesschau.de

Stellvertretend für die insgesamt gute Berichterstattung in den Internet-Portalen der öffentlich-rechtlichen Fernsehsender kann das Dossier „Rechtsextremismus in Deutschland" auf tagesschau.de genannt werden. Experteninterviews, Hintergrundberichte, interaktive Umfragen und Video-Streams ergeben eine aktuelle und zuverlässige Informationsbasis.

FR-Online: Dossier Antisemitismus
www.fr-online.de/antisemit/

Was ist Antisemitismus? Wo beginnt er? In der Online-Ausgabe der ‚Frankfurter Rundschau' informiert eine Textsammlung über alte und neue, offene und latente Erscheinungsformen von antijüdischen Ressentiments. Dabei reicht das Spektrum von der Schändung jüdischer Friedhöfe und Synagogen durch Neonazis bis zu verbreiteten Stereotypen in der Mitte der Gesellschaft. In Deutschland nimmt ein „sekundärer Antisemitismus" als „Antisemitismus nach Auschwitz" die spezifische Funktion historischer Schuldabwehr ein. Aber Judenfeindschaft ist ein weltweites Phänomen: Die Texte analysieren den stabilen Bodensatz typischer Vorurteile in europäischen Gesellschaften und das Aufflammen islamistischen Judenhasses vor dem Hintergrund des Nahost-Konfliktes. Eine kurze Linkliste ermöglicht weiterführende Informationen.

Aktivitäten, Vernetzung, Projekttage

Aktionsprogramm „Jugend für Toleranz und Demokratie – gegen Rechtsextremismus, Fremdenfeindlichkeit und Antisemitismus" www.entimon.de/aktiv_gegen_hass/content/e38/index_ger.html

Aktiv gegen Hass! Im Jahr 2001 startete das umfassende Aktionsprogramm der Bundesregierung mit seinen drei Säulen Entimon, Civitas und Xenos. Gefördert wurden seitdem vielfältige Maßnahmen zur Stärkung der Zivilgesellschaft, zur kommunalen und regionalen Vernetzung sowie zur Förderung von Toleranz in Schule, Berufsausbildung und Arbeitswelt. Das Portal informiert über die Grundlagen der Programme und enthält einen umfangreichen Nachrichtenbereich zu abgeschlossenen und aktuellen Projekten, Publikationen und Veranstaltungen – eine Mediathek versammelt online Materialien, die im Zuge von Entimon-, Civitas- und Xenos-Projekten entstanden sind. Über den Newsletter werden Neuigkeiten aus den Programmen automatisch per E-Mail verschickt.

Netzwerk Courage http://netzwerk-courage.de/site/content/blogcategory/18/33/

Für Demokratie Courage zeigen: Ehrenamtlich engagierte Teamerinnen und Teamer führen Projekttage an Schulen und Berufsschulen, in Jugendeinrichtungen und Ausbildungsbetrieben durch – seit 1999 und bislang in neun Bundesländern. Sie setzen rassistischen Vorteilen Argumente entgegen und ermutigen zum demokratischen Engagement. Das Portal informiert über unterschiedliche inhaltliche Schwerpunkte der Projekttage und bietet Kontakt zur jeweiligen Landesnetzstelle mit einem Veranstaltungskalender – eine einwöchige Schulung gibt die Möglichkeit, sich selbst zur Teamerin/zum Teamer ausbilden zu lassen. Dieses Angebot richtet sich nach dem „Peer-to-Peer"-Prinzip an junge Menschen: Jugend für Jugend heißt, dass die Schüler(innen) und Teamer(innen) ähnlichen Alters sind und dadurch dieselbe Sprache sprechen.

Schule ohne Rassismus www.schule-ohne-rassismus.org

Gemeinsam Verantwortung übernehmen. Das in fünf europäischen Ländern aktive Projekt ist auch in Deutschland ein Erfolgsmodell: Über 300 Schulen wurde bundesweit der Titel „Schule ohne Rassismus – Schule mit Courage" verliehen, und es wurde mit zahlreichen Auszeichnungen bedacht. Das Ziel: aktiver Einsatz gegen alle Formen von Diskriminierung und für eine gewaltfreie und demokratische Schulkultur. Das Prinzip: Freiwilligkeit und Selbstverpflichtung. Formale Voraussetzung zur Teilnahme am Projekt SOR-SMC ist die Unterschrift von mindestens 70 Prozent aller direkten Angehörigen einer Schule – der Titel wird den Schülerinnen und Schülern und somit der Schule in einem feierlichen Festakt übergeben. Das Anliegen wird von den Koordinationsstellen durch Veranstaltungen auf Bundes- und Länderebene, die Vermittlung von Paten und Partnerorganisationen, Angebote für Lehrerinnen und Lehrer mit Hintergrundinformationen und didaktischen Hilfen dauerhaft unterstützt. Das Portal zeigt im Bereich „Projekte und Aktionen" die Lebendigkeit und inhaltliche Breite des Ansatzes: Schüler(innen) produzieren im Verbund mit Sendern eigene Radioreportagen, Live-Dokumentationen berichten über Aktionstage und Open-Space-Veranstaltungen, eine Fachtagung beschäftigt sich mit dem „Islam im Klassenzimmer", die bremische Bürgerschaft vernetzt sich mit Schulen zu „Bremen ohne Rassismus" und vieles mehr. Hervorragend gestaltet ist ‚Q-rage' als Online-Zeitung der Bundeskoordination „Schule ohne Rassismus" – sie wird ausschließlich von Schülerinnen und Schülern erstellt. Ein umfangreicher Pressespiegel beweist die öffentliche Wirkung des Netzwerks, zusätzlich werden in der Rubrik „Zur Diskussion" gute Medienberichte zu aktuellen Themen zusammengestellt.

Amadeu Antonio Stiftung
www.amadeu-antonio-stiftung.de

Amadeu Antonio Kiowa war eines der ersten Todesopfer rassistischer Gewalt nach der Wiedervereinigung. Schwerpunkt der in seinem Namen gegründeten Stiftung ist die Unterstützung von lokalen Initiativen und Projekten in den Bereichen Jugend und Schule, Opferschutz und -hilfe, alternative Jugendkultur und kommunale Netzwerke, die zivilgesellschaftliches Handeln stärken. Dazu gehören die Anregung von Bürgerstiftungen und als ein zentrales Aufgabenfeld der Kampf gegen Antisemitismus. In Kooperation mit der Zeitschrift ‚stern' wurde das Neonazi-Aussteigerprojekt ‚Exit' und die Internet-Plattform mut-gegen-rechte-gewalt.de gestartet.

Das Portal informiert über die Förderpraxis der Stiftung, im Newsbereich sind aktuelle Nachrichten aus der Auseinandersetzung mit Rechtsextremismus und Rassismus und ein monatlicher Newsletter aufgelistet.

Friedrich-Ebert-Stiftung, Forum Berlin: Projekt gegen Rechtsextremismus www.fes.de/rechtsextremismus/index.htm

Projekt gegen Rechtsextremismus: Diese Internetseite der Friedrich-Ebert-Stiftung gibt nicht nur einen zuverlässigen Überblick über Veranstaltungstermine von Landesbüros der Stiftung, sondern dokumentiert zusätzlich Konferenzen und Diskussionsveranstaltungen in Form von Tagungsberichten. Unter dem Menüpunkt „Material" stehen zahlreiche Bücher, Broschüren und Studien zum Download bereit, die auch als Printversion bei der Stiftung bezogen werden können.

Informations- und Dokumentationszentrum für Antirassismusarbeit e.V. (IDA) www.idaev.de

IDA setzt als Initiative von 25 Jugendverbänden bundesweit Zeichen gegen Rassismus. Arbeitsschwerpunkte sind die Sammlung von Informationen und Materialien, Erstellung von Eigenpublikationen, Vernetzung von Initiativen und die Durchführung von Fachtagungen, Seminaren, Workshops und Methodentrainings zur antirassistischen und interkulturellen Bildungsarbeit. Das Webportal enthält nützliche Datenbanken für die Suche nach Trainingsanbieter(inne)n sowie eine umfangreiche Mediathek – alle dort aufgeführten Materialien sind ausleihbar.

Aktuelle Informationen über IDA, Neuigkeiten aus den Jugendverbänden, Veranstaltungs- und Literaturhinweise gibt die IDA-Infomail als pdf-Datei – sie kann abonniert werden.

Zeitgeschichte

Lernen aus der Geschichte www.lernen-aus-der-geschichte.de

Das Webportal stellt mehrsprachig aktuelle Projekte aus Schulen, Gedenkstätten und Einrichtungen der historisch-politischen Bildung zu den Themen Nationalsozialismus, Holocaust, Zweiter Weltkrieg sowie Menschenrechte vor und fördert neue Projekte. Startpunkt war im Jahr 2000 eine CD-ROM mit Begleitbuch unter dem Titel „Lernen aus der Geschichte – Projekte zu Nationalsozialismus und Holocaust in Schule und Jugendarbeit".

Der Projektbereich erschließt zahlreiche internationale Jugendprojekte zur Zeitgeschichte durch den Zugriff über Themen, Fächer und Methoden. Einzelne

Projektberichte stehen multimedial mit Bildern, Glossar, Karten und Schriftdokumenten zur Verfügung. Im Bereich „Aktuelles" bietet das Portal Veranstaltungshinweise, Programmtipps zu Radio- und Fernsehsendungen, ausführliche Buchbesprechungen und weiterführende Links.

Holocaust-Referenz – Argumente gegen Auschwitzleugner
www.h-ref.de

Durch das Internet entstanden für die Internationale der Geschichtsfälscher vollkommen neue Möglichkeiten der Verbreitung. Jürgen Langowski hält mit dieser Seite dagegen: Ein „ABC der Auschwitzleugner" untersucht die gängigen Behauptungen – die Rubrik „Literatur der Auschwitzleugner" widerlegt rechtsextreme Verschwörungstheorien und Machwerke wie den vorgeblich naturwissenschaftlichen „Leuchter-Report". Dazu kommen nützliche Personen- und Organisationsregister und viele Beispiele für Zahlenverdrehungen, Tricks und Täuschungen. Alle Quellen werden sorgfältig belegt. Im angeschlossenen „NS-Archiv" finden sich zahlreiche Originaldokumente zum Komplex Verfolgung und Vernichtung teils als Abschrift, teils als Faksimile – eine Fundgrube für den Geschichtsunterricht!

Zeitzeugengeschichte
www.zeitzeugengeschichte.de

Erlebte Geschichte – lebendig gestalten! Wie haben die Menschen während des Nationalsozialismus gelebt? Wie stellte sich ihr Alltag dar? Wie erlebten die Menschen die Deportation der Juden? Das alles sind Themen, auf die das Zeitzeugenprojekt Antworten sucht. Das neue Projekt einer Berliner Medienwerkstatt ermutigt zum Fragen und Zuhören – und zur aktiven Nutzung neuer Medien.

Einer Zeitleiste 1933–1945 und einer thematischen Gliederung sind Audio- und Videoclips zugeordnet, zusätzlich werden die Zeitzeugen in Kurzbiografien vorgestellt. Auf diese Art entsteht ein beeindruckender Blick auf Alltag, Widerstand und Verfolgung im „Dritten Reich". Das Portal ist offen – nach einer inhaltlichen Beschreibung können Clips von außen hochgeladen werden.

Shoa
www.shoa.de

Zukunft braucht Erinnerung: Unter diesem Motto ist shoa.de das größte deutschsprachige Internetportal zu den Themen Antisemitismus, Holocaust und „Drittes Reich". Es wird von über 100 ehrenamtlichen Autorinnen und Autoren realisiert. Die Seite bietet zahlreiche sorgfältig geschriebene und belegte Online-Artikel sowie Quellen und Personenbiografien. Da diese naturgemäß recht textlastig und statisch sind, werden inzwischen in Einzelbereichen Flash-Animationen eingesetzt. Neben der inhaltlichen Qualität der Beiträge sind Aktualität und Interaktivität hervorzuheben. Dazu dienen der monatliche Newsletter, ein Diskussionsforum, Buchbesprechungen und ein guter Veranstaltungskalender. Das Projekt shoa.de wurde vom ‚Bündnis für Demokratie und Toleranz' ausgezeichnet und für den Adolf Grimme Preis Online 2005 nominiert.

Exil-Club
www.exil-club.de

Exil-Club – Zu Hause in der Welt. Schwerpunkte der Seite sind Einwanderung, Exil, das Miteinander von Kulturen in einem Land – ihr Ziel ist interkulturelles Lernen: In der Auseinandersetzung mit dem „Fremden" kann man auch viel über die eigene kulturelle Identität erfahren. Dazu stellt Exil-Club eine Fülle gut gegliederter Informationen bereit: von geschichtlichen Themen wie „Deutsche in Amerika", „Polen in Deutschland" oder „NS-Diktatur und Exil" bis zur Situation unserer aktuellen Einwanderungsgesellschaft. Exil-Club als Projekt des ‚Schulen ans Netz e.V.' bietet eine kostenfreie internetbasierte Lern- und Arbeitsumgebung für den handlungsorientierten Unterricht. Der „Mach-mit!"-Bereich für die Projektarbeit im Internet schildert die vielfältigen Möglichkeiten: online zusammenarbeiten, Dateien austauschen, Projekt-Websites gestalten und veröffentlichen. Unterrichtseinheiten mit Arbeitsblättern und methodisch-didaktischen Anregungen zum Themenspektrum Exil, Migration und Fremdsein ergänzen das Angebot für Lehrerinnen und Lehrer. Im Projekt-Bereich sind zahlreiche grenzübergreifende Jugendseminare und Zeitzeugenbegegnungen dokumentiert, die an Exil-Club-Wettbewerben teilgenommen haben.

Thomas Grumke

„Andi“ – Bildungscomic und Website für Demokratie und gegen Extremismus

In welchem Kontext steht „Andi“?

Im Rahmen des Ansatzes „Verfassungsschutz durch Aufklärung“, der in NRW eine umfangreiche Arbeit mit Lehrerinnen und Lehrern, weiteren Multiplikatorinnen und Multiplikatoren sowie mit Schülerinnen und Schülern umfasst, ist der Bildungscomic „Andi“ ein wichtiger Baustein. Den wachsenden Anstrengungen rechtsextremistischer Akteure, Jugendliche zu indoktrinieren, soll mit dieser Publikation gezielt entgegengewirkt werden. Der Stil orientiert sich an der Zielgruppe, denn hier bleiben Textwüsten wirkungslos. Im weitesten Sinne geht es darum, der „Erlebniswelt Rechtsextremismus“ eine „Erlebniswelt Demokratie“ entgegenzusetzen: Der Comic richtet sich gegen den Extremismus – und er bezieht sich dezidiert positiv auf die Demokratie. Parallel soll er den Rechtsextremismus und seine Symbole entmystifizieren.

An wen richtet sich „Andi“?

Die Zielgruppe sind Jugendliche zwischen 12 und 16 Jahren. Angezeigt ist eine Medienform, mit der sich junge Menschen beschäftigen und die an ihren Alltagserfahrungen anknüpft. Als Stilmittel wurde daher ein Bildungs-Comic gewählt: die Verknüpfung des Stilmittels Comic mit Bildungsinhalten. Der Verfassungsschutz hat mit dieser Veröffentlichung völliges Neuland betreten – aber auch gezeigt, dass er Zielgruppenorientierung ernst meint.

Und warum ein Comic?

Das Stilmittel Comic ist in der Lage, die Aufmerksamkeit von jungen Menschen zu erwecken und gleichzeitig die gewünschten Themen aufzuarbeiten. Aber darin lag auch die größte Schwierigkeit des Projekts: einen Comic zu produzieren, dem gleichzeitig ein klarer inhaltlicher Anspruch zugetraut wird. Jugendliche nehmen sehr genau wahr, wenn sie nicht ernst genommen werden, und dieser Eindruck durfte auf keinen Fall entstehen.

Welche Inhalte werden vermittelt?

Im Comic wird der Alltag in einer beliebigen Schule dargestellt, in der Schülerinnen und Schüler unterschiedlichster politischer Überzeugungen und Herkunft täglich interagieren. Durch eine gezielte Dramaturgie kann deutlich gemacht werden, warum sich Demokratie lohnt und welche Nachteile konkret für Bürgerinnen und Bürger aus dem Scheitern der Demokratie erwachsen würden.

Ein positiver Bezug auf die freiheitliche demokratische Grundordnung ist der Dreh- und Angelpunkt des Projekts. „Andi“ zeigt außerdem auf, was hinter rechtsextremistischen Geschichten, Mythen und Symbolen steckt: keine edlen, fleißigen und guten „Kameraden“, sondern oft historische Verklärung von Verbrechen, Selbstdarsteller und Geschäftemacher.

Wie ist „Andi“ entstanden?

Von Beginn an ist die Zielgruppe – also Jugendliche – in das Projekt einbezogen worden. In einer ersten Testphase in 9. bis 11. Klassen verschiedener Schultypen in NRW wurde eine Umfrage unter über 100 Schülerinnen und Schülern darüber durchgeführt, ob Comic als Stilmittel geeignet ist und welche Vorkenntnisse zu den Themen Rechtsextremismus und Demokratie bestehen. Auf dieser empirischen Grundlage wurde auch der Zeichner Peter Schaaff ermittelt, für dessen Probezeichnungen sich eine große Mehrheit der Befragten ausgesprochen hatte. In einer zweiten Testphase wurde eine vorläufige Fassung des Comics 9. bis 11. Klassen verschiedener Schultypen vorgestellt und diskutiert. Die Ergebnisse dieser Befragung sind in die Endfassung des Comic eingeflossen. Darüber hinaus wurde ein Workshop mit Lehrerinnen und Lehrern zu Einsatzmöglichkeiten des Comics in der pädagogischen Praxis durchgeführt – alles in allem ein langer und sorgfältig geplanter Schaffensprozess.

Zum Erscheinen im August 2005 wurden 100.000 Exemplare von „Andi" gedruckt, die Ende 2005 vergriffen waren. Abnehmer waren hauptsächlich Schulen in NRW, die das Heft im Unterricht verwenden. Wie eine Lehrerin aus NRW schrieb, die „Andi" im Unterricht ihrer zehnten Realschulklasse eingesetzt hatte: „Ich möchte Ihnen im Name der Klasse ein Lob für diesen Comic aussprechen, da wir vor allem die Form des Comics gut finden. Eine sehr gute Idee waren unserer Meinung nach die ‚Infoblöcke', die man während sowie nach dem Comic immer wieder findet. Nur wenige Schüler kannten sich mit den rechtextremistischen Zeichen und Symbolen aus und haben diese dank Ihrer Informationen kennen gelernt und kennen nun auch ihre Bedeutung."

Wie kann der Comic in der Schule eingesetzt werden?

- Projektwoche oder Projekttag: Es lohnt sich, die Themen Demokratie und Extremismus zum Oberthema von speziellen Projektwochen oder -tagen zu machen. Wichtig ist dabei, über den Tellerrand der Fächer zu schauen. Warum sollen nicht mal der Musiklehrer und die Deutschlehrerin zusammen mit Schülerinnen und Schülern ein Projekt zu rechtsextremistischer Musik und der Analyse rassistischer Liedtexte durchführen? Es bietet sich an, zum Beispiel Aktionstage aufzugreifen. Projektwochen oder -tage wurden schon mehrmals vom Verfassungsschutz NRW durch Vorträge unterstützt.
- Im Fachunterricht – zum Beispiel im Deutsch- oder Politik-Unterricht – sind folgende Methoden denkbar:
  - Lassen Sie die Schülerinnen und Schüler eine SMS schreiben, in der in 160 Zeichen „Demokratie" oder „Rechtsstaat" erklärt wird. So entsteht eine „Werte-SMS für die freiheitliche demokratische Grundordnung".
  - Lassen Sie die Comicgeschichte in einen Rap/ein Lied umschreiben.
  - Lassen Sie die Comicgeschichte in einen Tagebucheintrag aus der Sicht der verschiedenen Protagonisten umwandeln.
  - Lassen Sie die Comicgeschichte in ein Theaterstück umschreiben, das dann an Ihrer Schule aufgeführt wird.

- Lassen Sie Handlungsalternativen erarbeiten (mit Perspektivenwechsel).
- Arbeiten Sie mit eigenen relevanten Erfahrungen der Schülerinnen und Schüler, und lassen Sie diese beispielsweise zeichnen.
- Lassen Sie die Bildungseinschübe in Jugendsprache umschreiben.

Gibt es „Andi" auch im Internet?

Ja. Mit der Veröffentlichung von „Andi" wurde eine flankierende Web-Präsenz unter www.andi.nrw.de geschaltet. Hier wird nicht nur der Comic in Form einer pdf-Datei verfügbar gemacht *(siehe beiliegende CD-ROM)*, sondern es stehen weiterreichende Angebote vor allem für Jugendliche zur Verfügung. Dazu gehören ausführliche Erklärungen zum Phänomen Rechtsextremismus, seinen Organisationen und Strukturen, zu Ideologie und Symbolen usw. Ferner gibt es auf der Webseite ständig aktuelle Berichte zu jugendrelevanten Veranstaltungen des Verfassungsschutzes NRW – zum Beispiel zum Jugendkongress in Dortmund im April 2006 (vgl. die Projektskizze in diesem Band).

Wie geht es weiter?

Aufgrund der sehr guten Resonanz wurden Ende Dezember 2005 weitere 100.000 Exemplare nachgedruckt. Im Rahmen eines Preisausschreibens haben Schülerinnen und Schüler die Geschichte fortgeschrieben. Im April 2006 hat NRW-Innenminister Dr. Ingo Wolf Jugendliche einer Förderschule mit dem Schwerpunkt Lernen aus Gelsenkirchen als Sieger geehrt. Im Herbst 2006 hat die Hansestadt Hamburg „Andi" übernommen und 20.000 Exemplare einer Hamburger Edition an die Schulen der Stadt verteilt. Für das Jahr 2007 ist eine Fortsetzung von „Andi" geplant – neben dem Rechtsextremismus werden diesmal auch andere Extremismusfelder Thema des Comics sein.

Stefan Glaser und Thomas Pfeiffer

Ansprechpartner(innen) zu den Themen Rechtsextremismus und Fremdenfeindlichkeit

Einrichtungen von Bund, Ländern und Kommunen

Aussteigerprogramme von Bund und Ländern

Der Bund und neun Länder haben Programme eingerichtet, die ausstiegswillige Rechtsextremisten unterstützen. Die Angebote können Hilfe bei der Arbeitsplatzsuche, Eingliederung in Entziehungsmaßnahmen, Umzugshilfen oder Haftbetreuung umfassen. Alle Programme verfügen über eine Hotline, an die sich Ausstiegswillige wenden können.
Kontakttelefon des Bundesamtes für Verfassungsschutz: (0221) 79262
Hotlines aller Aussteigerprogramme der Länder: www.verfassungsschutz.de (Bereich: Arbeitsfelder/Rechtsextremismus)

Bündnis für Demokratie und Toleranz

Am ‚Bündnis für Demokratie und Toleranz' beteiligen sich über 1.000 Gruppen oder Einzelpersonen, die gegen Fremdenfeindlichkeit und Rassismus aktiv sind. Im „Victor Klemperer Wettbewerb" prämiert das Bündnis Beiträge von Jugendlichen, die sich künstlerisch und dokumentarisch mit dem Themenfeld Demokratie auseinandersetzen. Die Website enthält eine umfangreiche Projektdatenbank.

Bündnis für Demokratie und Toleranz
Stresemannstraße 90
10963 Berlin
Tel.: (030) 2363408-0
Fax: (030) 2363408-88
Internet: www.buendnis-toleranz.de

Bundesamt/Landesbehörden für Verfassungsschutz

Neben den Verfassungsschutzberichten veröffentlichen das Bundesamt und die Landesbehörden Broschüren und Online-Informationen zu allen Bereichen des politischen Extremismus in Deutschland. Das Bundesamt hat mehrere, stark nachgefragte Wanderausstellungen zu diesen Themen erstellt – insbesondere Mitarbeiter(innen) der Landesbehörden beteiligen sich vielfach auch an Bildungsveranstaltungen mit Jugendlichen.

Bundesamt für Verfassungsschutz
Merianstraße 100
50765 Köln
Tel.: (01888) 792-0
Fax: (01888) 10-792-2915
E-Mail: bfvinfo@verfassungsschutz.de
Internet: www.verfassungsschutz.de

Kontaktmöglichkeiten zu allen Landesbehörden für Verfassungsschutz: www.verfassungsschutz.de/de/landesbehoerden

Bundesprüfstelle für jugendgefährdende Medien (BPjM)

Die BPjM entscheidet darüber, ob ein Medium als jugendgefährdend eingestuft und indiziert wird – indizierte Medien dürfen Kindern und Jugendlichen nicht zugänglich gemacht werden. Eine vollständige Liste indizierter Publikationen und einschlägiger gerichtlicher Beschlagnahmebeschlüsse enthält das Mitteilungsblatt ‚BPjM Aktuell'. Die Indizierung können alle Behörden und anerkannten freien Träger der Jugendhilfe anregen.

Rochusstraße 10
53123 Bonn
Tel.: (0228) 9621030
FAX: (0228) 379014
E-Mail: info@bpjm.bund.de
Internet: www.bundespruefstelle.de

Die BPjM bietet ein Service-Telefon für Eltern und alle anderen mit Fragen zur Medienerziehung und zum Gesetzlichen Jugendmedienschutz an: (0228) 376631.

Bundeszentrale/Landeszentralen für politische Bildung

Die Zentralen für politische Bildung des Bundes und der Länder bieten eine Fülle von Medien, die zum Beispiel über Rechtsextremismus, Nationalsozialismus, Migration und Demokratie aufklären – darunter Materialien, die dort bestellt werden können, und Informationen im Internet. Häufig veranstalten die Zentralen auch Vorträge und Tagungen zu diesen Themen.

Bundeszentrale für politische Bildung
Adenauerallee 86
53113 Bonn
Tel.: (01888) 515-0
Fax: (01888) 515-113
E-Mail: info@bpb.de
Internet: www.bpb.de

Kontaktmöglichkeiten zu allen Landeszentralen für politische Bildung: www.politische-bildung.net/lpbs.htm

Fritz Bauer Institut

Das Fritz Bauer Institut erforscht die nationalsozialistischen Massenverbrechen interdisziplinär, insbesondere den Holocaust. Zu seinen Zielen gehört es, Arbeitsergebnisse in eine breite Öffentlichkeit zu vermitteln. Das Institut organisiert Ausstellungen, Fachtagungen und publiziert pädagogische Materialien, zum Beispiel Video-Interviews mit Zeitzeugen für die schulische und außerschulische Bildungsarbeit.

Fritz Bauer Institut
Grüneburgplatz 1
60323 Frankfurt am Main
Tel.: (069) 798322-40
Fax: (069) 798322-41
E-Mail: info@fritz-bauer-institut.de
Internet: www.fritz-bauer-institut.de

Jugend für Vielfalt, Toleranz und Demokratie – gegen Rechtsextremismus, Fremdenfeindlichkeit und Antisemitismus

Die drei Säulen des Förderprogramms „Jugend für Vielfalt, Toleranz und Demokratie" der Bundesregierung haben die Nachfolge der Programme Civitas, Entimon und Xenos angetreten. In der Startphase können sich mögliche Antragsteller an eine Kontaktstelle in der ‚Stiftung Demokratische Jugend' wenden. Die Säulen des Programms umfassen: Entwicklung integrierter lokaler Strategien/Lokale Aktionspläne, Modellprojekte in den Bereichen Jugend, Bildung und Prävention sowie Projekte in den Bereichen Steuerung, Kommunikation, Bündnisse, Evaluation, Forschung.

Stiftung Demokratische Jugend
Grünberger Straße 54
10245 Berlin
Internet: www.jugendstiftung-vielfalt.org – aus der Website gehen Kontaktmöglichkeiten zu Berater(inne)n für alle Themenbereiche des Programms hervor.

jugendschutz.net

jugendschutz.net wurde 1997 von den Jugendministerien der Bundesländer als Zentralstelle gegründet. Seither drängt die Einrichtung auf die Einhaltung des Jugendschutzes im Internet und sorgt dafür, dass Anbieter problematische Inhalte rasch verändern, löschen oder für Kinder und Jugendliche sperren. Hinweise zum Beispiel auf pornografische, gewaltverherrlichende oder rechtsextremistische Angebote können über ein Online-Meldeformular oder per E-Mail abgegeben werden.

jugendschutz.net
Wallstraße 11
55122 Mainz
Tel.: (06131) 3285-20
Fax: (06131) 3285-22
E-Mail: buero@jugendschutz.net
Internet: www.jugendschutz.net
Meldeformular: www.jugendschutz.net/hotline

Kommunale Migrant(inn)envertretungen

Kommunale Migrant(inn)envertretungen – Ausländerbeiräte oder Ausländerbeauftragte – kennen die Zuwanderungssituation und Schwierigkeiten vor Ort. Sie sind in der Lage, aus der Perspektive der Betroffenen zu diesen Fragen Stellung zu nehmen. Gespräche mit ihnen können dazu beitragen, Vorurteile durch Information zu ersetzen. Kontaktmöglichkeiten zu den kommunalen Migrant(inn)envertretungen nennen die Stadt- und Gemeindeverwaltungen.

Kommunale Medienstellen/Medienzentren

Bundesweit existiert eine Vielzahl örtlicher Medienstellen, die Filme und andere Materialien für die politische Bildung verleihen. Die Mitarbeiter(innen) können aktuelle Filme aus dem Bestand zu den Themen Rechtsextremismus und Fremdenfeindlichkeit empfehlen. Kontakte zu den kommunalen Einrichtungen vermitteln die Stadt- oder Kreisverwaltungen.
Kontaktmöglichkeiten zu landesweiten Medienzentren: www.bildungsserver.de (Bereich: Medien und Bildung/Bildungsmedien – Anbieter)

NS-Gedenkstätten

NS-Gedenkstätten sind Orte, um sich mit dem historischen Nationalsozialismus auseinanderzusetzen und an die Opfer zu erinnern – sie können auch zur Sensibilisierung gegen heutigen Rechtsextremismus beitragen. Insbesondere Pädagoginnen und Pädagogen in Gedenkstätten sind häufig wichtige Kooperationspartner(innen) für Bildungsprojekte zum Thema Rechtsextremismus.
Kontaktmöglichkeiten zu allen NS-Gedenkstätten:
www.fritz-bauer-institut.de/links/gedenkstaetten.htm

Polizei/Staatsschutz

Die Verfolgung von Straftaten und vorbeugende Maßnahmen zählen zum Aufgabenspektrum der Polizei. Für die politisch motivierte Kriminalität ist der Polizeiliche Staatsschutz zuständig. Vielfach unterstützen Polizeibeamte und -beamtinnen auch Veranstaltungen der politischen Bildung. Wer mögliche (rechtsextremistische) Straftaten feststellt, kann diese bei jeder Polizeidienststelle anzeigen – in allen Notfällen sollte die Polizei unter der Telefonnummer 110 zur Hilfe gerufen werden. Mögliche Ansprechpartner(innen) beim Polizeilichen Staatsschutz und/oder im Bereich der Kriminalprävention vor Ort nennen die Polizeidienststellen.
Programm Polizeiliche Kriminalprävention des Bundes und der Länder:
www.polizei-beratung.de

Regionale Arbeitsstellen zur Förderung von Kindern und Jugendlichen aus Zuwandererfamilien (RAA)

Die RAA sind Ansprechpartner für Menschen mit Migrationshintergrund und für Zuwanderungsfragen. Sie entwickeln und erproben auch Bildungsprojekte – wie die „Interkulturellen Schülerklubs" – und geben Materialien für die pädagogische Praxis heraus.

Hauptstelle RAA NRW
Tiegelstraße 27
45141 Essen
Tel.: (0201) 8328301
Fax: (0201) 8328333
Kontaktmöglichkeiten zu allen RAA in NRW: www.raa.de/raa-in-nrw.html
Kontaktmöglichkeiten zu allen RAA außerhalb von NRW: www.raa.de/raa-außerhalb-nrw.html

Initiativen und Verbände

Amadeu Antonio Stiftung

Die ‚Amadeu Antonio Stiftung' – benannt nach einem der ersten Todesopfer rassistischer Gewalt nach der Wiedervereinigung – unterstützt Initiativen und Projekte, die sich kontinuierlich gegen Rechtsextremismus und für demokratische Strukturen engagieren, insbesondere in den neuen Bundesländern. Zu den Förderschwerpunkten zählen die Opferbetreuung, demokratische Jugendarbeit und Projekte, die Aufklärung im Internet leisten.

Amadeu Antonio Stiftung
Linienstraße 139
10115 Berlin
Tel.: (030) 240886-10
Fax: (030) 240886-22
info@Amadeu-Antonio-Stiftung.de
Internet: www.amadeu-antonio-stiftung.de

Arbeitsstelle Rechtsextremismus und Gewalt (ARUG)

Die ARUG ist der ‚Bildungsvereinigung Arbeit und Leben' angegliedert. Zu ihren Arbeitsfeldern zählen ein Archiv, das auch Medien aus der rechtsextremistischen Szene umfasst, Seminare für Jugendliche und Multiplikator(inn)en sowie Projekte wie die Initiative „Sport statt Gewalt". Zur Arbeitsstelle gehört ein Verlag, der Bücher über Rechtsextremismus und Gewalt veröffentlicht.

Arbeitsstelle Rechtsextremismus und Gewalt
Bohlweg
38100 Braunschweig
Tel.: (0531) 12336-42
Fax: (0531) 12336-55
E-Mail: info@arug.de
Internet: www.arug.de

Exit-Deutschland

Nach skandinavischem Vorbild gegründet, unterstützt die zivilgesellschaftliche Organisation ‚Exit' Personen, die aus der rechtsextremistischen Szene aussteigen möchten. Sie berät auch Eltern und Familienangehörige. Einen neuen Schwerpunkt möchte die Einrichtung darauf legen, Frauen beim Ausstieg aus dem Rechtsextremismus zu helfen.

Exit-Deutschland
Postfach: 870316
13162 Berlin
Tel.: (0900) 12312388
Fax: (012126) 88866600
E-Mail: info@exit-deutschland.de
Internet: www.exit-deutschland.de

Gegen Vergessen – Für Demokratie e.V.

Der Verein erinnert an die Gewaltherrschaft des Nationalsozialismus und die Diktatur in der DDR. Er berät und unterstützt Initiativen, die sich mit dieser Geschichte auseinandersetzen und/oder sich gegen politischen Extremismus und Ausgrenzung von Minderheiten wenden. Er organisiert beispielsweise Zeitzeugengespräche, Filmveranstaltungen und Ausstellungen.

Gegen Vergessen – Für Demokratie e.V.
Stauffenbergstraße 13-14
10785 Berlin
Tel.: (030) 2639 78-3
Fax: (030) 2639 78-40
E-Mail: info@gegen-vergessen.de
Internet: www.gegen-vergessen.de

Informations- und Dokumentationszentrum für Antirassismusarbeit (IDA e.V.)

Der IDA e.V. wurde 1990 auf Initiative demokratischer Jugendverbände gegründet, um ein Zeichen gegen Rassismus zu setzen. IDA betreibt beispielsweise eine Online-Mediathek, erstellt Broschüren und jährlich aktualisierte Verzeichnisse über Referent(inn)en, Filme, Unterrichtsmaterial, Ausstellungen und Spiele. Darüber hinaus führt der Verein Tagungen und Trainings durch – einen Schwerpunkt bilden Veranstaltungen für jugendliche Migrant(inn)en.

Informations- und Dokumentationszentrum für Antirassismusarbeit
Volmerswerther Straße 20
40221 Düsseldorf
Tel: (0211) 159255-5
Fax: (0211) 159255-69
E-Mail: Info@idaev.de
Internet: www.ida-nrw.de

Mach meinen Kumpel nicht an!

Der Verein ‚Mach meinen Kumpel nicht an!' – entstanden nach dem Vorbild der französischen Organisation ‚SOS racisme' – tritt für die Gleichberechtigung von Migrantinnen und Migranten in der Arbeitswelt ein. In diesem Sinne hat er zum Beispiel den Jugendwettbewerb „Im Netz gegen Rechts – Arbeitswelt aktiv!" veranstaltet. Kennzeichen des Vereins ist die Gelbe Hand.

Mach meinen Kumpel nicht an! e.V.
Verein gegen Ausländerfeindlichkeit und Rassismus
Geschäftsstelle:
DGB Bildungswerk, Migration & Qualifizierung
Hans-Böckler-Straße 39
40476 Düsseldorf
Tel.: (0211) 43 01-193
Fax: (0211) 43 01-134
E-Mail: info@gelbehand.de
Internet: www.gelbehand.de

Mobile Beratungsteams gegen Rechtsextremismus

Die Mobilen Beratungsteams begleiten und beraten Initiativen, Organisationen, Politik, Verwaltung, Wirtschaft und Einzelpersonen, die sich gegen Rechtsextremismus engagieren. Sie veranstalten beispielsweise Fortbildungen und Workshops. Mobile Beratungsteams sind vor allem in den neuen Bundesländern aktiv.
Kontaktmöglichkeiten zu allen Mobilen Beratungsteams:
www.mbr-berlin.de/Links/Partner_und_andere_Projekte

Politische Stiftungen

Die politischen Stiftungen, die den im Bundestag vertretenen Parteien nahe stehen, veröffentlichen Studien zum Thema Rechtsextremismus und bieten zahlreiche Veranstaltungen an, die sich zum Teil speziell an Lehrerinnen und Lehrer sowie Fachkräfte aus der außerschulischen Bildung richten.
Kontaktmöglichkeiten zu allen politischen Stiftungen:
http://dbs.schule.de (Bereich: Innovationsportal/Institutionen)

Schule ohne Rassismus – Schule mit Courage

‚Schule ohne Rassismus' greift eine Idee aus den Beneluxstaaten auf: Der Titel wird in einem Festakt verliehen, wenn 70 Prozent aller Personen, die zur Schule gehören, die Initiative unterstützen. Hauptakteure sind die Schülerinnen und Schüler.

Die Koordinationsstellen des Projekts bieten beispielsweise Veranstaltungen über rechtsextremistische Organisationen oder die Musik der Szene an.

Aktioncourage e.V.
Bundeskoordination
Schule ohne Rassismus – Schule mit Courage
Ahornstraße 5
10787 Berlin
Tel.: (030) 214586-0
Fax: (030) 214586-20
E-Mail: schule@aktioncourage.org
Internet: www.schuleohnerassismus.org

Kontaktmöglichkeiten zu allen Schulen ohne Rassismus:
www.schule-ohne-rassismus.org/sor-smc-schulen.html
Träger des Projekts ist:

Aktioncourage e.V.
Kaiserstraße 201
53113 Bonn
Tel.: (0228) 213061
Fax: (0228) 262978
E-Mail: info@aktioncourage.org
Internet: www.aktioncourage.org

Autorinnen und Autoren

Alexandra Beyersdörfer
Jg. 1972, Germanistin und Literaturwissenschaftlerin, Mitarbeiterin bei jugendschutz.net,
E-Mail: ab@jugendschutz.net

Stefan Glaser
Jg. 1969, Dipl.-Pädagoge, Projektleiter für den Bereich Rechtsextremismus bei jugendschutz.net,
E-Mail: sg@jugendschutz.net

Dr. Thomas Grumke
Jg. 1970, Politikwissenschaftler, Wissenschaftlicher Referent beim Verfassungsschutz NRW, Lehrbeauftragter an der Heinrich-Heine-Universität Düsseldorf,
E-Mail: thomas.grumke@im.nrw.de

Thomas Günter
Jg. 1971, Jurist, Justiziar bei jugendschutz.net,
E-Mail: tg@jugendschutz.net

Claus Homm
Jg. 1980, Dipl.-Sozialarbeiter, Wissenschaftlicher Mitarbeiter im Wahlkreisbüro des Landtagsabgeordneten Wolfgang Jörg (Wahlkreis Hagen I),
E-Mail: claus.homm@landtag.nrw.de

Dr. Klaus-Peter Hufer
Jg. 1949, Politikwissenschaftler und Erziehungswissenschaftler, Fachbereichsleiter der Kreisvolkshochschule Viersen, Privatdozent an der Universität Duisburg-Essen,
E-Mail: Klaus-Peter.Hufer@t-online.de

Michael Pechel
Jg. 1950, Politikwissenschaftler, Redakteur des Portals internetgegenrechts.de auf dem Niedersächsischen Bildungsserver (NIBIS), Seminarleiter in der politischen Jugend- und Erwachsenenbildung,
E-Mail: pechel@nils.nibis.de

Dr. Thomas Pfeiffer
Jg. 1970, Dipl.-Journalist und Sozialwissenschaftler, Wissenschaftlicher Referent beim Verfassungsschutz NRW, Lehrbeauftragter an der Ruhr-Universität Bochum,
E-Mail: thomas.pfeiffer@im.nrw.de

Michael Wörner-Schappert
Jg. 1967, Pädagoge, Mitarbeiter bei jugendschutz.net,
E-Mail: mw@jugendschutz.net

Inhalt der Begleit-CD zum Buch Erlebniswelt Rechtsextremismus

1. Einführung

Begriff

- Rechtsextremismus in Deutschland. Begriff – Ideologie – Struktur (Präsentation, Thomas Grumke)

Erlebniswelt

- Erlebniswelt Rechtsextremismus. Menschenverachtung mit Unterhaltungswert (Präsentation, Thomas Pfeiffer)
- Codes und Symbole. Wie erkennt sich die Szene? (Präsentation, Verfassungsschutz NRW)
- Musik – Mode – Markenzeichen. Rechtsextremismus bei Jugendlichen (Broschüre Verfassungsschutz NRW, Neuauflage 2006, PDF)
- Party, Pogo, Propaganda. Die Bedeutung der Musik für den Rechtsextremismus in Deutschland (Aufsatz Verfassungsschutz NRW 2005, PDF)
- Agitationstechniken und politische Botschaften. Informationen zum so genannten „Projekt Schulhof" (Aufsatz Verfassungsschutz NRW 2004, PDF)

Einstellungen

- Fremdenfeindliche und rechtsextreme Orientierungen unter Hagener Schülerinnen und Schülern. Ergebnisse einer empirischen Schülerbefragung im Sommer 2003 (Präsentation, Claus Homm)

2. Internet

Rechtslage

- Recht gegen Rechtsextremismus. Straf- und Jugendschutzrecht im Internet (Präsentation, Thomas Günter)

Entwicklung

- Rechts – Extrem erfolgreich im Netz? (Aufsatz Verfassungsschutz NRW 2005, PDF)
- Rechtsextremismus im Internet. Erfolgreich die Plattform entziehen und eine medienkompetente Auseinandersetzung fördern (Bericht entimon-Projekt von jugendschutz.net 2005, PDF)

- Vernetzter Hass im Web – was tun! (Broschüre Hessische Landeszentrale für politische Bildung 2005, PDF)

Musik

- Rechtsextreme Musik im Internet (Präsentation, Michael Wörner-Schappert)
- Workshop Rechtsrock (Praxisbeispiel)

3. Bildung

- Medienpädagogische Projekte. Wege der Auseinandersetzung mit Rechtsextremismus im Internet (Präsentation, Stefan Glaser)
- Methodenbeispiele aus der pädagogischen Praxis

4. Projekte

- Hintergrundmaterialien (Staatsarbeiten, Arbeitsblätter) zu den Projektskizzen

5. Anhang

- Jugendgefährdende Inhalte auf NPD-Angeboten (Rechercheberichte jugendschutz.net 2006, PDF)
- Annual Report 2005 (Jahresbericht International Network Against Cyber Hate 2006, PDF)
- Hate on the Net. Virtual Nursery for In Real Life crime (Broschüre International Network Against Cyber Hate 2004, PDF)
- Antisemitism on the Internet. An Overview (Broschüre International Network Against Cyber Hate 2004, PDF)
- Verfassungsschutzbericht 2005 (Bundesamt für Verfassungsschutz 2005, PDF)
- Verfassungsschutzbericht des Landes Nordrhein-Westfalen 2006 (Verfassungsschutz NRW 2007, Pressefassung, PDF)
- Verfassungsschutzbericht des Landes Nordrhein-Westfalen 2005 (Verfassungsschutz NRW 2006, PDF)
- Andi (Bildungscomic Verfassungsschutz NRW 2004, PDF)

WOCHEN SCHAU VERLAG

... ein Begriff für politische Bildung

Zivilcourage

Christina Zitzmann

Alltagshelden

Aktiv gegen Gewalt und Mobbing – für mehr Zivilcourage

Das große Praxishandbuch befasst sich mit der Frage, wie zivilcouragiertes Verhalten bei Jugendlichen gefördert werden kann. Alle Vorschläge sind ausgiebig erprobt und sorgfältig bewertet. Das Praxishandbuch „bietet allen, die in Schule und Jugendarbeit mit Gewalt und Mobbing konfrontiert werden, eine wissenschaftliche Grundlage, reichhaltige Materialien und viele Anregungen für die eigene Praxis“ (LANDESJUGENDRING BADEN-WÜRTTEMBERG). Mit allem, was man braucht: viele Kopiervorlagen und Arbeitsmaterialien, die direkt einsetzbar sind, das Ganze im DIN A 4-Format.

ISBN 978-3-89974113-1, 240 S., € 24,80

Klaus-Peter Hufer

Argumente am Stammtisch

Erfolgreich gegen Parolen, Palaver und Populismus

Der Autor stellt Merkmale, Muster und Handlungsmöglichkeiten bei der Konfrontation mit „Stammtischparolen“ dar. Mit dem Buch sollen Menschen ermutigt werden, im Alltag couragiert einzugreifen, wenn sie mit Parolen und Propagandasprüchen konfrontiert werden. Inhaltlich spannt sich der Bogen vom allgemeinen Politikverdruss über antidemokratische Ressentiments, Sexismus, Fremdenfeindlichkeit und Rassismus zum Rechtsextremismus. Die Ratschläge für die Gegenstrategien beruhen auf wissenschaftlich gesicherten Erkenntnissen.

ISBN 978-3-89974245-9, 144 S., € 10,00

www.wochenschau-verlag.de

Adolf-Damaschke-Str. 10, 65 824 Schwalbach/Ts., Tel.: 06196 / 8 60 65, Fax: 06196 / 8 60 60, e-mail: info@wochenschau-verlag.de